Gestaltung: Methode und Konsequenz
Ein biografischer Bericht

Design: Method and Consequence
A Biographical Report

Herbert W. Kapitzki

Gestaltung: Methode und Konsequenz
Ein biografischer Bericht

Design: Method and Consequence
A Biographical Report

Edition Axel Menges

ISBN 3-930698-57-9

Gestaltung/Design:
Herbert W. Kapitzki

Redaktion/Editing:
Linde Kapitzki
Hans-Ludwig Enderle

Übersetzung/Translation:
Babel Translations, London
Linde Kapitzki

Schrift/Font:
Akzidenz Grotesk

Reproduktionen, Druck und Bindearbeiten/
Reproductions, printing and binding:
Daehan Printing & Publishing Co., Ltd.,
Sungnam, Korea

Papier/Paper:
Phoenix-Imperial, 150 g/m2 halbmatt, weiß/
half-matt, white
Papierfabrik Scheufelen GmbH & Co. KG,
D-73250 Oberlenningen

Inhalt

Contents

Vorab gesagt

Preliminary remarks

In unseren Tagen wird viel Geschriebenes produziert. Es wird das Wort geführt, um sich mehr als nur ein Bild zu machen. Zahlreiche Autoren aus der Gestalterzunft haben in beredter Mitteilsamkeit, beflissener Wissensvermittlung und anerkennenswerter Professionalität schon so viele Worte gemacht, daß es mir bedenklich scheint, mich nun auch noch zu melden. Aber mir ist bewußt, daß das, was wir Autoren zeigen und sagen, Geschichte ist. Und wer an Geschichte beteiligt ist, trägt auch Verantwortung für sie. Aus dieser Erkenntnis heraus habe ich versucht, mit aller gebotenen Bescheidenheit darzustellen, daß mir als Gegenwärtiges gilt, was sich in den Jahrzehnten angesammelt hat, was ich an – aus meiner Sicht – Bedeutendem oder Bedenklichem erfahren, was ich als Sinnfälliges oder Sinnvolles erarbeitet habe. Das Buch soll kein Werkverzeichnis sein, denn dann müßte ich mehr zeigen. Es ist kein theoretisches Manifest, dazu ist es zu persönlich formuliert. Es könnte aber als Kreidestrich auf dem Boden meines Zeitlaufs gelten.

Ein solches Vorhaben ist trotz angestrengten Einsatzes aller Eigenmittel nicht ohne wohlgesinnte Freunde und Beteiligte möglich. Ich habe ihre Unterstützung in vielfältiger Weise erfahren. Ihnen gilt mein Dank: Linde Kapitzki, meiner Frau und hilfreichen, in Sachen Wort resoluten, kritischen Partnerin danke ich für die gewissenhafte Redaktion, für die Manuskriptherstellung und gutachterliche Hilfe; Hans-Ludwig Enderle, dem Freund und gelegentlichen Partner aus einer mehr als vier Jahrzehnte dauernden Verbundenheit, für Formulierungshilfe und Sachinformation; Conny Winter, dem ehemaligen "Lehrling", für das Meister-Foto; Manfred Grupp und der Firma Scheufelen für die großzügige Unterstützung; Axel Menges und Dorothea A. Duwe für die verlegerische Betreuung. Mein Dank gilt denen, die mir halfen, die vielen Produktionshemmnisse, die das elektronische Zeitalter mit sich bringt, aus dem Weg zu schaffen, vor allem Rayan Abdullah und Harald Strobel, meinen früheren Studenten und Assistenten.

Nicht zuletzt danke ich allen, die ihren Verdienst daran hatten und haben, daß mir möglich wurde, was für mich persönlich und für mein Tun von existentieller Bedeutung war, weil ich von ihnen lernen konnte. Viele meiner praktischen Arbeiten wären nie zur Ausführung gekommen, hätte ich nicht bei Planung, Konzeption, Gestaltung und Realisation die verläßliche Unterstützung von Wissenschaftlern und Technikern, von Unternehmern und Handwerkern, von Mitarbeitern, Kollegen, Partnern und Freunden gefunden.

A great deal of written material is produced today. Words are used to do more than merely create an image. Numerous authors from the designer's profession – eloquently, expansively, eager to impart knowledge, and commendably professional – have written so many words that it seems to me that I am taking a risk in myself venturing to put pen to paper. But I am aware that what we authors display and say is a part of history. And anyone who has a part in history is responsible for history. Realizing this, I attempted, with all due modesty, to describe that I regard as an experience in present time the things which have accumulated over a period of decades, the things which I consider to be significant or serious, the things which my work has revealed as being striking or meaningful. This book is not intended to be a list of works, because in that case I would have to show more of what I have done. Its method of expression is too personal for it to be a theoretical manifesto. It might though be regarded as a chalk mark on the floor marking my passage through time.

Although I made strenuous use of all my own resources, a project of this sort would not have been possible if some well-disposed friends and other people had not been involved in it. They assisted me in many ways, and I extend my gratitude to them. I have to thank my wife Linde, a helpful partner who acted resolutely and critically where the writing was concerned, conscientiously edited the book, produced the manuscript and provided expert help; Hans-Ludwig Enderle, a friend and occasional partner from an association which has lasted over forty years, who helped with the phrasing and gave factual information; Conny Winter, my former apprentice, who provided the master-photograph; Manfred Grupp and the Scheufelen company for their generous support; Axel Menges and Dorothea A. Duwe for looking after the publishing side. I am grateful to those who helped me to eliminate the many obstacles to production which are the result of the computer era, in particular to Rayan Abdullah and Harald Strobel, my former students and assistants.

Last but not least, I would like to thank all those who – through their professional work, and because I was able to learn from them – enabled me, and are still enabling me, to achieve matters of existential importance both to me personally and to my work. Many of my works produced for practical purposes would never have become a reality if scientists, engineers, business people, craftsmen, colleagues, partners and friends had not given reliable support in planning, conception, design and realization.

Nicht die Vergangenheit und die Zukunft muß man an der Geschichte studieren, sondern die Gegenwart.

History serves the purpose of studying not the past or the future, but the present.

Lebenslauf/Curriculum vitae

1925	geboren in Danzig/born in Danzig
1941–43	Studium in Danzig bei Prof. Fritz Pfuhle/ studied under Prof. Fritz Pfuhle in Danzig
1946–48	in der Arbeitsgruppe für Bildende Kunst Bernstein/in Bernstein Working Group for Pictorial Art
1949–52	an der Akademie der Künste Stuttgart bei Prof. Willi Baumeister/under Prof. Willi Baumeister at Stuttgart Academy of Fine Arts
seit/from 1953	selbständiger Gestalter im Bereich der visuellen Kommunikation/freelance designer in the field of visual communications
1956–68	Tätigkeit für das LGA Landesgewerbeamt Baden-Württemberg – Design Zentrum Stuttgart/worked for Baden-Württemberg Office for the Promotion of Trade and Industry – Stuttgart Design Centre
seit/from 1957	mehrmals Preisträger "Das beste deutsche Plakat"/won "Best German Poster" prize several times
seit/from 1963	Mitglied der Alliance Graphique Internationale AGI/member of Alliance Graphique Internationale AGI
1964	Teilnahme an der documenta III, Kassel/ took part in documenta III exhibition, Kassel
1964–68	Dozent, seit 1965 Leiter der Abteilung Visuelle Kommunikation an der Hochschule für Gestaltung, Ulm/lecturer, and from 1965 Head of Visual Communications Department, at Hochschule für Gestaltung, Ulm
1967	Beteiligung an der Gestaltung des Deutschen Pavillons bei der Weltausstellung Montreal/had a share in designing the German Pavilion at Montreal International Exhibition
1968	Gründung des Instituts für visuelle Kommunikation und Design/founded Institute for Visual Communications and Design
1968	Preisträger des Wettbewerbs "Graphik Design Deutschland" des BDG/prizewinner in "Graphic Design for Germany" competition organized by Association of German Graphic Designers (BDG)
1969	Vizepräsident des Bund Deutscher Grafik Designer e.V./Vice-President of BDG
seit/from 1970	o. Professor für visuelle Kommunikation an der Staatl. Hochschule für bildende Künste SHfbK bzw. Hochschule der Künste Berlin/ Full Professor of Visual Communications at State College of Visual Arts (SHfbK), later University of Art (HdK), Berlin
1974	Stellvertretender Direktor der SHfbK/ Acting Director of SHfbK
1975 und/and 1984–86	Leiter des Fachbereichs 4 der HdK/ Head of Department 4 of HdK
1970–73	Gestaltungsbeauftragter der Stadt Frankfurt/ Main für das Historische Museum Frankfurt/ commissioned by Frankfurt am Main city authorities to design Frankfurt Historical Museum
1973–75	Gestaltungsbeauftragter für das Erscheinungsbild der Schering AG, Berlin/commissioned to design Schering AG company premises, Berlin
1976–77	Mitglied der Jury "Bundespreis Gute Form" des Rats für Formgebung/member of "Federal Prize for Good Design" jury, part of the German Design Council
1981	Gestaltungsbeauftragter für das Informationssystem in öffentlichen Dienstgebäuden der Stadt Berlin (West)/commissioned to design information system in public service buildings in West Berlin
1984	Gastdozent an der Universität El Minia, Ägypten/guest lecturer at El Minia University, Egypt
1990	Emeritierung/retired from academic post
1992–95	Gastdozenturen an der Fachhochschule für Gestaltung, Schwäb. Gmünd/guest lectureships at Fachhochschule für Gestaltung, Schwäbisch Gmünd
1993	Gründungsvorstand des Verbandes Deutscher Grafik Designer e.V. VDGD, Stuttgart/ founder member and on managing board of Registered Association of German Graphic Designers (VDGD), Stuttgart
1994	Gründungsvorstand des "Forum für Entwerfen. Initiative für gebrauchsorientierte Gestaltung und gestaltungsrelevante Wissenschaften e.V.", Ulm/founder member and on managing board of "Forum for Design. Initiative for Function-Related Design and Design-Related Sciences", Ulm
1994	Teilnahme an der 1. Logo Design Biennale, Ostende/Belgien, mit Vorträgen und Ausstellungen/took part in 1st Logo Design Biennial, Ostend, Belgium, held lectures and showed exhibitions

Präsentation eigener Arbeiten in Einzel- und Gruppenausstellungen im In- und Ausland/ Presentations of own works in individual and group exhibitions both inside and outside Germany

Zahlreiche Publikationen in nationalen und internationalen Fachorganen/Numerous publications in German and international trade journals

Wenn Zeichen nicht trügen ...

If signs are not to deceive ...

Ein Sachverhalt ist denkbar, heißt:
Wir können uns ein Bild von ihm machen.
Ludwig Wittgenstein

If a situation is imaginable, it means
that we can make a mental picture of it.
Ludwig Wittgenstein

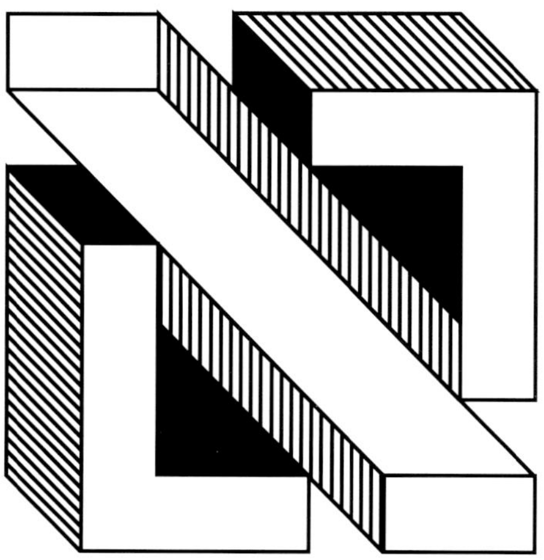

... dann sollten sie nicht dem "schönen Schein" dienen, sondern der richtigen Anschaulichkeit. Worte sollten keine Phrasen sein, sondern den wahren Sachverhalt darstellen. Wenn Erinnerungen Geschichte geworden sind, dürfen Schein und Wirklichkeit nicht leichtfertig vermischt werden. Das gilt auch für die Dinge und Sachverhalte, die zwar nicht die Welt sind, aber Welt veranschaulichen.

Im Rückblick auf ein langes Arbeitsleben, das mit dem Suchen nach einer sinnvollen Anwendung von Gestaltung für die Dinge des täglichen Lebens, mit dem Entwerfen und Gestalten von Objekten, das Sehen betreffend, mit der Vermittlung von Theorie und praktischer Anwendung der Gestaltung angefüllt war, sehe ich, daß fünfzig Jahre Einsichten gebracht haben, die immer auch etwas mit der eigenen Entwicklung, Prozessen des eigenen Fortkommens, aber auch den Dingen dieser Welt zu tun haben. Deshalb bemühe ich mich, die Ereignisse, die für mich wichtig waren und die schon Geschichte geworden sind, so zu beschreiben, wie ich sie erfuhr.

Die Ereignisse, die zu persönlichem Erleben und neuen Erkenntnissen führten, auch die Erfahrungen mit menschlicher Rigorosität oder Zivilcourage, die Bedrückung durch Unvollkommenheiten von Verhältnissen oder Akteuren sollen hier skizziert werden. Aber auch davon soll berichtet werden, was als außergewöhnlicher Zugewinn im persönlichen Bestreben ein Leben bestimmt hat. Alles das in der Gewißheit, daß dem authentischen Wahren gedient wird und die Glaubwürdigkeit nicht leichtfertig aufs Spiel gesetzt werden soll.

Am Ende des Weltkrieges, an diesem Kulminationspunkt der Gewalt und des Ausblutens, der für viele die Befreiung bedeutete, für alle die Rettung aus der Tyrannei, aus einer Fehleinschätzung von Ursache und Wirkung, aus einer Mitmach-Euphorie zu einer Verletztheit mit unterschiedlichen Auswirkungen, der aber auch zur Vertreibung, zum Verlust der Heimat, dem langen Weg in die Gefangenschaft führte, will ich meine Beschreibung beginnen.

Ich gestehe gern, daß es meine angeborene Ungeduld mir schwer macht, mich immer wieder aufs Schreiben einzulassen. Mein Betätigungsdrang bezieht sich auf das "Bilden", nicht auf das "Formulieren". So jedenfalls am Beginn meiner Praxis. Aber dann kam Ulm, da mußte ich auch dieses lernen. Die Zeit an der Hochschule für Gestaltung in Ulm, die man gern als Bauhaus-

...then they should not serve to create a "fine appearance", but should be properly descriptive. Words should not be mere talk, but should describe the true state of affairs. When memories have become history, appearance and reality must not be irresponsibly mixed. This also applies to things and to states of affairs which illustrate the world, although they are not themselves the world.

Looking back on a long working life, which was filled with the search for a meaningful application of design ideas to the things of daily life, with the planning and design of objects relating to vision, with teaching the theory and practical application of design, I can see that fifty years have produced insights which were always also related to my own development, with the processes of my own furtherance, but also to the things of this world. This is why I am now endeavouring to describe, just as I experienced them, the events which were important to me and have already become part of history.

The events which resulted in personal experiences and new realizations are to be outlined here, and so too are firstly the encounters with human rigorousness and personal courage, and secondly the oppression resulting from the imperfections of circumstances and participants. But it is also intended to report on the extraordinary gains which have been produced by personal endeavours and have determined my life. All this will be done in the certainty that it will serve the authentic interests of preservation and that credibility will not be frivolously put at risk.

I would like to begin my description at the end of the Second World War, at that culmination of violence and bleeding to death, at that final point which brought liberation to many and saved everyone from tyranny, from a false assessment of cause and effect, and from the euphoria of joining in the conflict. The end of the war led to differing types of harmful effects, and some of them were that people were expelled, lost their homes and embarked upon a long route into captivity.

I am happy to confess that my innate impatience makes it difficult for me to become repeatedly involved in writing. My desire to be active relates to creating shapes, and not to creating forms of words. At least, this was how it was at the beginning of my practical career. But then I went to Ulm and had to learn how to express myself in words too. My time at the Hochschule für Gestaltung in Ulm, which some people like to classify as an institution to succeed the Bauhaus, was a critical

Nachfolgeinstitution eingeordnet sehen möchte, stellt einen gravierenden Einschnitt in meinem Lebenslauf dar. Trotz inzwischen fortgeschrittenen Alters ist "Ulm" immer noch der maßgebliche Bezugspunkt für mich. Es gibt eine Zeit vor Ulm, es gibt eine Ulmer Zeit, und es gibt eine Zeit nach Ulm – eine Zeitrechnung etwa wie vor der Revolution und nach der Revolution. Und doch ist nichts ohne Ursprung, nichts ohne Folge, nichts ohne Evolution, aus der eine anthropologische Entwicklung erwächst.

Mit Ulm hatte ich die Möglichkeit, zu erfahren, was Folgeleistung, Kontinuität oder Verfremdung erreichen können. Wie die Verhältnisse sich ändern, in Richtungen fortschreiten, die nicht beabsichtigt waren oder die nicht eindeutig dem Menschen dienen. Wie oft hat man erleben müssen, daß äußere Verhältnisse zu Verhaltensentscheidungen herausfordern, von denen man sich die richtige Wirkung erhofft. Aber wie schwer ist es, das Richtige zu tun. In der Geschichte gibt es manchen Beweis dafür, daß das vermeintliche Richtige das Falsche war. Falsch, weil es Lebensverhältnisse beeinträchtigte, Lebenswege störte. Falsch, weil es Not und Elend über die Menschheit gebracht hat. Gerade in unserem Jahrhundert kennen wir Fehlentscheidungen von Politikern – aber auch mutige Reaktionen derjenigen, die davon betroffen waren – in einem überwältigenden Ausmaß, was beweist, daß Menschen sich der Menschen bemächtigen, sie vernichten um ihrer eigenen Selbstsucht willen. Achtung der menschlichen Würde hat sich in Selbstvernichtung verkehrt. Kriege werden nicht mehr als Weiterführung der Politik mit anderen Mitteln begriffen, sondern als Mittel zur Ausrottung des Menschen benutzt. Noch zu keiner anderen Zeit wurde die Vernichtung des Mitmenschen so als zwangsläufige Unwichtigkeit betrachtet wie in unserem Jahrhundert.

point in my life. Although I am now advanced in years, "Ulm" is still, to me, the determinant point of reference. There is to me a time before Ulm, a time in Ulm and a time after Ulm – a chronology resembling a pre- and a post-revolutionary era. But none of it lacks an origin, a consequence or an evolution from which an anthropological development proceeds.

In Ulm, I had the opportunity of experiencing what can be achieved by compliance, continuity and alienation. I saw how circumstances change and proceed in directions which were either not intended or are of no clear benefit to people. How often indeed have people had to experience external circumstances which provoke them into deciding to behave in a way which they hope will achieve the right effect. But how difficult it is to do the right thing. There are many proofs in history showing that what was thought to be right was wrong. It was wrong because it impaired living conditions and disturbed ways of life. It was wrong because it plunged mankind into distress and misery. It is precisely in the twentieth century that we have seen, and on an overwhelming scale, wrong decisions made by politicians, but also courageous reactions to those decisions by those who were affected by them. This proves that people take power over others and destroy them for the sake of their own egoism. Respect for human dignity has turned into self-destruction. Wars are no longer understood as being a continuation of politics by other means, but as a means of exterminating humans. Never except in the twentieth century has the destruction of one's fellow-man been regarded as such a necessary trifle.

Vision der Stadt Danzig. Federzeichnung, 1946

Vision of the town of Danzig. Pen and ink, 1946

Danzig

Meine Kindheit ging zu Ende mit Kriegsbeginn, meine Ausbildung mit dem Eintritt in den Kriegsdienst, den ich mit dem Verlust meines Zuhauses in Danzig und der russischen Gefangenschaft beendete. Als Kriegsinvalide aus dem Inferno entlassen, begann auch für mich die neue Zeit, die gern als Stunde Null bezeichnet wird.

In diesen Jahren der Versuche, sich zu orientieren und etwas zu finden, was wohl am ehesten dazu dienen könnte, das Leben in neue Bahnen zu lenken, war eine meiner Antriebskräfte der Wunsch, im Beruf Kontinuität, Wohlbefinden, und, ja, mehr Sicherheit zu finden, als meine Eltern erfahren haben. Da ich dank des Verständnisses und der weltoffenen Lebenseinstellung meines Vaters schon früh mit ästhetischen Sachverhalten, mit künstlerischen Mitteln und kulturellen Zusammenhängen in Berührung gekommen war, wußte ich sehr bald, was ich zu tun hatte. Wenn andere Kinder den Berufswunsch Lokomotivführer oder Feuerwehrmann nannten, kam für mich nur der bildende Künstler in Frage.

Danzig

My childhood ended when the war began, and my education ended when I entered wartime military service, which I completed when I lost my home in Danzig and went into Russian captivity. When I was released from the inferno as a war-disabled person, a new time, which in Germany is referred to as the hour nought, began for me too.

In those years when I was trying to find my bearings and to discover something which might give the best chance of directing my life into new channels, one of the forces that drove me was the desire to find, in my profession, continuity, well-being, and greater security than my parents had experienced in their lives. My understanding father had an open-minded outlook on life, and this brought me into contact, at an early stage, with aesthetic circumstances, artistic methods and cultural interrelationships. So I very soon knew what I would have to do. Where other children said that they wanted to be engine drivers or firemen in later life, the only job I wanted to have was that of an artist.

Durch Fürsprache meines Vaters hatte ich bereits mit vierzehn Jahren als Privatschüler bei dem verehrungswürdigen Professor Fritz Pfuhle an der Technischen Hochschule in Danzig ein künstlerisches Studium aufnehmen können. Ich hatte schon vorher durch geduldiges Kopieren von Schmuckpostkarten die bildnerischen Mittel autodidaktisch eingeübt und bekam nun den ersten Kontakt mit einem "akademischen Malstil".

Die Nachmittagsstunden, die mir nach der Schule zur Verfügung standen, verbrachte ich also in der Hochschule in Langfuhr, zum Ärger meiner Freunde, die sich begeistert an den verschiedenen HJ-Aktivitäten beteiligten. Mein Vater und ich bekamen wegen meines Fernbleibens von solchen Übungen mit Repressalien seitens der Blockwarte und später auch der Staatspolizei zu tun. Aber das focht uns nicht an, irgendwie ging es immer weiter. Als der Preuße mit traditionsbewußtem Verständnis, der der Maler Pfuhle war, mißfielen ihm die Schwierigkeiten, die ich durch die Teilnahme an seinem Unterricht bekam. Mit Entschiedenheit setzte er seine Persönlichkeit und seine Popularität ein, um den Schaden, den wir von der Staatsmacht zu erwarten hatten, nicht noch größer werden zu lassen.

Hier also lernte ich "sehen", durch das Zeichnen, das dem alten Meister so wichtig war. Meine spezielle Aufgabe bestand darin, eine gedrechselte Wendeltreppe mit geschnitzten Ornamenten im Stil der Alt-Danziger Renaissance, die im Malersaal stand, unter bestimmten Lichtbedingungen abzuzeichnen. Damit war ich monatelang beschäftigt, denn es ging darum, die Licht- und Schattenspiegelungen richtig zu erfassen.

Als ich endlich fertig war, wußte ich, was Perspektive ist und was Licht und Schatten bedeuten. Es war eine wunderbare Zeit, die ich mit Neugier genoß, trotz der ständigen Pflicht des Heranwachsenden, die Tabakpfeifen des Meisters zu reinigen und seine Staffelei zu tragen, wenn er auf Ausflügen mit Studentinnen und Studenten seine Ansichten von Danzig malte.

Die Nachmittagsstunden bei Prof. Pfuhle fanden ein jähes Ende, als ich das tun mußte, wozu alle jungen Menschen meiner Generation herangezogen wurden: Soldat werden in einem schon verlorenen Krieg.

Nach dem Inferno

In dem Durcheinander, das der Krieg im zerschlagenen Deutschland angerichtet hatte, auf der Suche nach einem neuen Zuhause und einer neuen Existenz, die mir die Möglichkeit schaffen sollte, aus den Wirren herauszukommen, von der Verwundung beeinträchtigt, die mir im Kessel von Berlin noch in den letzten Kriegstagen zugefügt worden war, versuchte ich, ein ordentliches Studium zu beginnen. Die Arbeit bei Prof. Pfuhle war eine solide Grundlage für die Gelegenheiten, die mir zur Verfügung standen. Durch die frühe Festlegung meiner Interessen war ich sofort imstande, zielgerichtet die Ausbildung im gestalterischen Bereich anzustreben.

Thanks to my father's intercession, I began studying art at the age of fourteen as a private pupil of Professor Fritz Pfuhle, that venerable figure, at the Technische Hochschule in Danzig. I had previously taught myself some artistic skills by patiently copying picture postcards, and I now gained my initial contact with an academic style of painting.

Thus I spent at the college in Langfuhr the afternoon hours which were at my disposal after school. This irritated my friends, who enthusiastically took part in the various Hitler Youth activities. The leaders of the Nazi party subdivisions, and later the State police, tried to carry out reprisals against my father and me because I was not taking part in those activities. But this did not disturb us, and somehow we always managed to carry on. Pfuhle the painter was a Prussian with an outlook that was conscious of tradition, and he disapproved of the trouble which my attending his classes was causing me. He made determined use of his personality and popularity to prevent the difficulties which we had to expect from the governmental authorities from growing greater still.

It was here – thanks to the technique of drawing, so important to the old master – that I learned to "see". My particular task was to draw, under constant lighting conditions, an old spiral staircase which stood in the painters' studio. It had been turned on a lathe, and was decorated with carved ornaments in the style of the Old Danzig Renaissance. I spent months on this, because it was a matter of capturing the right reflections of the lights and shades.

When I had finally finished it, I knew what perspective was and what light and shade meant. This was a wonderful time for me, and I was inquisitive in my enjoyment of it, even though, as an adolescent, I constantly had the task of cleaning the master's tobacco pipes and carrying his easel when he was painting his views of Danzig while out on excursions with his male and female students.

My afternoon classes with Prof. Pfuhle came to an abrupt end when I had to do what all the young people of my generation were called upon to do: to be a soldier in a war that was already lost.

After the inferno

I tried to start a proper course of study in the midst of the confusion which the war had brought to devastated Germany. I was looking for a new home and a new existence to enable me to escape from the ravages of war. I was impeded by the wound which I had suffered in the Berlin pocket in the last days of the war. The work I had done with Prof. Pfuhle gave me a solid basis for the possibilities that were open to me. Because I had decided at an early stage where my interests lay, I was immediately able to aim at obtaining an education in the field of creative design.

My parents had fled from Danzig to Holstein, and so it was that I was released and sent to

Fritz Pfuhle (1878–1969), Maler in Danzig
Selbstbildnis, Öl, 1923

Fritz Pfuhle (1878–1969), painter in Danzig
Self-portrait, oil, 1923

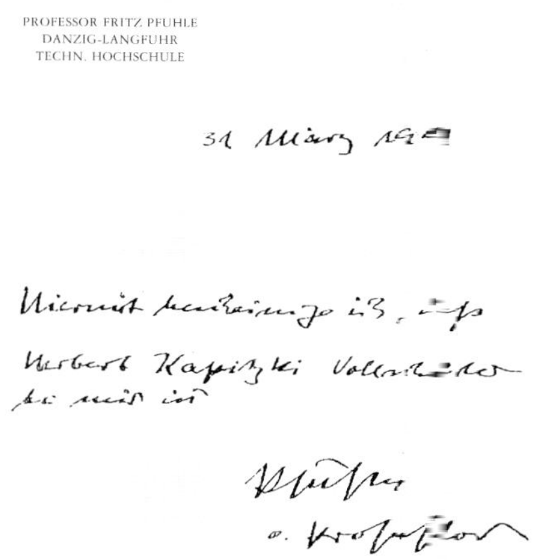

PROFESSOR FRITZ PFUHLE
DANZIG-LANGFUHR
TECHN. HOCHSCHULE

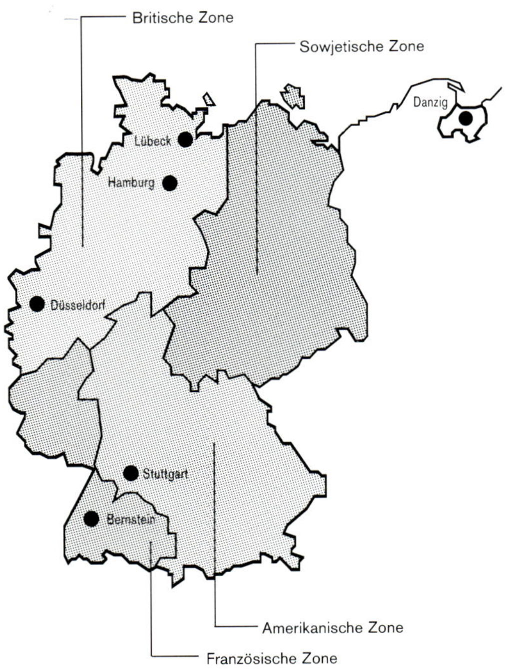

Die vier alliierten Besatzungszonen

The four Allied occupation zones

Meine Eltern waren von Danzig nach Holstein geflüchtet, so wurde ich nach Lübeck entlassen. Von dort brach ich nach Hamburg auf, um mich bei Gerhard Marcks um einen Studienplatz zu bemühen. Diesen hätte ich haben können, es war aber unmöglich, den damals noch unerläßlichen "Zuzug" im zerstörten Hamburg zu bekommen.

Einen weiteren Versuch, ein ordentliches Studium – so weit es die Verhältnisse eben zuließen – aufzunehmen, hoffte ich, in Düsseldorf machen zu können, der Stadt, die nach München das Mekka der Künstler vor dem Krieg gewesen war. Versehen mit einer Empfehlung des Bühnenbildners Cesar Klein, den ich gleich nach der Entlassung aus der Gefangenschaft in Malente besucht hatte, wollte ich mich in der Klasse für Bühnenbild anmelden, die gerade wieder eröffnet worden sein sollte.

Allerdings hatte Klein, noch bevor ich ihm die Arbeitsproben zeigen konnte, zu mir gesagt: "Junger Mann, die ganze Welt ist kaputt, da braucht man kein Theater. Werden Sie Stubenmaler, dabei können Sie etwas verdienen. Der Aufbau braucht Handwerker, Künstler sind nicht gefragt." Solche Worte waren eine Ernüchterung, aber auch ein Ansporn. Also reiste ich nach Düsseldorf, wo ich erfuhr, daß ich wegen der großen Beschädigungen in der Stadt ein Jahr auf einen Studienplatz warten mußte.

Um diese Zeit hörte ich, daß in der französischen Besatzungszone eine Kunstschule mit Internat neu eingerichtet werden sollte. Da die bekannten Akademien im südwestdeutschen Raum zur amerikanischen Zone gehörten, wurde sie von der Kulturabteilung der Französischen Militärregierung gefördert und als "Arbeitsgruppe für bildende Kunst" in einem alten Klostergebäude in Württemberg installiert. Sofort machte ich mich mit meiner Mappe und meinen Krücken auf den mühsamen Weg quer durch alle Besatzungszonen, um mich bei dem Initiator, dem Maler Paul Kälberer, vorzustellen. Hier schien die Welt noch einigermaßen in Ordnung zu sein, Hunger beherrschte nicht alle Gedanken. Kälberer nahm mich auf, und im Sommer 1946, zur Zeit der Ährenlese, siedelte ich nach Bernstein bei Sulz am Neckar über.

Die Beschäftigung mit Naturalien war notwendig und auch einträglich für die etwa zwanzig jungen Kollegen, die ich dort antraf. Denn alles drehte sich um das Besorgen von Lebensmitteln für den täglichen Bedarf. Ähren, die wir auf den abgeernteten Feldern sammelten, brachten wir zum Müller, von dem wir Mehl und andere Tauschmittel bekamen, die unseren Küchenzettel füllten.

Bernstein

Der Aufenthalt in Bernstein war eine wichtige Zeit der Besinnung für mich und ein Aufatmen nach den apokalyptischen Erlebnissen. Nach dem Zusammenbruch waren die neuen Gesichter, die man in Bernstein traf, die alle das gleiche gesunde Interesse an einer erträglichen Zukunft hatten und an das Vergangene nicht erinnert werden wollten, eine Hoffnung.

Lübeck, from where I set out for Hamburg to apply to study under Gerhard Marcks, the sculptor. I could have been admitted, but was unable to obtain permission to move to the devastated city of Hamburg, and such permission was compulsory at that time.

I hoped to be able to make another attempt – as far as circumstances permitted – to start on a proper course of study in Düsseldorf, the town which, before the war, had been second only to Munich as a Mecca for artists. Equipped with a recommendation letter by Cesar Klein, the stage designer whom I had visited in Malente immediately after being released from captivity, I intended to apply to take part in the class for theatre stage design, which was said to have just been reopened.

But before I could even show Klein the samples of my work, he said to me: "Young man, everything has been destroyed, and people do not need a theatre. If you become a room painter, you will be able to make some money. German reconstruction work requires craftsmen. Artists are not in demand." Such words disillusioned me, but they also spurred me on. So I went to Düsseldorf, where I learned that, owing to the large-scale damage suffered by the city, I would have to wait a year to be admitted as a student.

It was at this time that I heard that a new art school with places for boarders was to be set up in the French-occupied zone. The well-known academies in South-West Germany being in the American zone, the new school was supported by the Cultural Department of the French Military Government. It was installed in an old monastery in Württemberg and given the title of "Working Group for Pictorial Art". Grabbing my portfolio of samples and my crutches, I immediately set out on the laborious route through all the occupied zones to make my application to Paul Kälberer, the painter who had initiated the working group. Life seemed to be fairly tolerable here, and one's thoughts were not dominated by hunger. Kälberer accepted me, and it was in summer 1946, during the gleaning season, that I moved to Bernstein near Sulz on the river Neckar.

The group of some twenty young colleagues whom I met there had indeed to deal with natural produce, and also found it lucrative. The whole of life revolved around obtaining food for one's daily requirements. We collected ears of corn in the harvested fields and took them to the miller who in exchange gave us flour and other items which provided us with our bill of fare.

Bernstein

My stay in Bernstein was an important time of reflection for me, when I was able to breathe again after the apocalyptic experiences. After the collapse, the new faces I met in Bernstein gave me hope. We all had the same healthy interest in a tolerable future and did not want to be reminded of the past.

Der verehrte Hans Ludwig Pfeiffer, Maler aus Berlin, war unser Lehrer, Mentor, Animator und Gesprächspartner. Ein pädagogisches Konzept oder einen Lehrplan gab es nicht, nur den Willen, sich mit bildnerischen Mitteln an die unterschiedlichsten Themen heranzuwagen. Für den einen waren das bloße Fingerübungen, für den anderen das Eindringen in eine neue Materie, die zur Sicherung der eigenen Existenz dienen sollte. Man beschäftigte sich mit den verschiedensten Dingen, und um die Mangelzeit zu überbrücken, wurde auch die kunsthandwerkliche Produktion aufgenommen.

Nach der Währungsreform 1948, als die staatliche Ordnung allmählich neu erstand und es wieder möglich war zu reisen und den Wohnort selbst zu wählen, wurden die Verhältnisse in und um Bernstein schwierig. Da es eine Privatschule war, die sich mehr oder weniger selbst finanziert hatte und die kein eindeutiges und zukunftsorientiertes Lehrkonzept besaß, blieben bald die staatlichen Zuschüsse aus, so daß Kälberer sich 1951 ganz aus der Schule zurückzog.

Pfeiffer holte seine Schwester Riccarda Gohr, auch Malerin, nach Bernstein, und beide führten nun die Schule. Sie luden HAP Grieshaber 1951 zunächst als Gastdozenten ein. Er kam danach immer wieder und versuchte, der Schule eine neue, avantgardistische Richtung zu geben, die sich sogar mit der inzwischen in Ulm gegründeten Hochschule für Gestaltung messen sollte, indem er der HfG den Rationalismus "als kapitalistischen Selbstschutz" überließ und dem Bernstein die möglichste "künstlerische Freiheit" unter "Anpassung an marktorientierte Erfordernisse" verordnete. In seinem impulsiven Habitus und Denken hatte er jedoch das, was Ulm wollte, nicht begriffen, weil er sein Kulturverständnis aus seiner eigenen Kunstproduktion ableitete, die sich in expressiver Weise literarischer Themen als Vehikel für Ideologien bediente. Die damals noch nicht vollständig ausformulierte kritische Einstellung zu Umweltproblemen hatte er nicht erkannt.

Hans Ludwig Pfeiffer, a painter from Berlin, was our well-respected teacher, mentor, animator and interlocutor. There was no pedagogical plan or curriculum. There was only the will to use pictorial means with which to venture upon the most widely varying topics. For some of us these were mere finger exercises, while for others they were a penetration into a new matter which was intended to secure the students' economic position. We dealt with the most widely differing subjects, and even started to manufacture commercial craftsmen's products to overcome the period of shortages.

After the currency reform in 1948, when a new system of state government was gradually coming into being and it was once again possible to travel and choose one's own place of residence, conditions in and around Bernstein became difficult. It was a private school which had more or less financed itself and did not have a clear teaching plan oriented towards the future. The government grants were soon discontinued, and in 1951 Paul Kälberer withdrew from the school entirely.

Pfeiffer brought his sister Riccarda Gohr, another painter, to Bernstein, and they then both ran the school. In 1951 they invited HAP Grieshaber to Bernstein, initially as a guest lecturer. He came back repeatedly after that, and tried to give the school a new, avant-garde tendency which was even meant to hold its own with the Hochschule für Gestaltung that had in the meantime been founded in Ulm: Grieshaber left it to the HfG to practise rationalism "as a form of capitalist self-protection", and prescribed for Bernstein the greatest possible "artistic freedom", accompanied by an "adaptation to market-based requirements". But, in his habitually impulsive manner of thinking, he had not understood what Ulm wanted, because he derived his understanding of culture from his own artistic productions, which made expressive use of literary themes as a vehicle for ideologies. He had not recognized what, at that time, was as yet an incompletely stated critical attitude towards environmental problems.

Kloster Bernstein

Bernstein monastery

Malersaal in der Kapelle des Klosters Bernstein, 1947

Painters' studio in chapel of Bernstein monastery, 1947

Willi Baumeister

Immer mehr Bernsteiner verließen nun das bergende Gemäuer und wandten sich der neu aufzubauenden Wirklichkeit zu. 1949 bekam ich einen Studienplatz bei Prof. Willi Baumeister an der Akademie der bildenden Künste in Stuttgart.

Das Zusammentreffen mit ihm war für uns Studenten ein besonderes Erlebnis, dessen wirkliche Bedeutung mir, wie sicher auch vielen anderen, erst später bewußt wurde. Er war ein anregender und umsichtiger Lehrer, ein Fährtensucher und Förderer von Interessen und Begabungen, die oftmals sein eigenes Arbeitsfeld nur am Rande berührten. Er übte eine ganz ungewöhnliche Anziehungskraft auf uns aus, die wir etwas über Kunst erfahren wollten, aber es war nicht seine Absicht, alle, die sich seiner Lehre anvertrauten, auf das Feld der Kunst im engeren Sinne zu fixieren. Es war ihm wichtiger, Zusammenhänge herzustellen und zu zeigen, daß die Gestaltung

Willi Baumeister

One student after the other now abandoned the walls that had sheltered them and addressed themselves to the reality that had to be rebuilt. In 1949 I was admitted to study under Prof. Willi Baumeister at the Academy of Arts in Stuttgart.

To us students, meeting him was a special experience whose true significance I, and certainly many others, did not realize until later. He was a stimulating and circumspect teacher, a searcher after promising leads, a promoter of interests and talents which were often only marginal to his own area of work. He exerted an unusual power of attraction over us students who wanted to learn something about art, but it was not his intention that all those who entrusted themselves to his teachings should be tied to the field of art in the narrow sense of the word. What was more important to him was to establish interconnections and to show that the design of visual processes cannot

Willi Baumeister (1889–1955)

Zeichen für Deutsche Linoleumwerke DLW, 1924

Logo for Deutsche Linoleumwerke DLW, 1924

Briefmarke für die Werkbund-Ausstellung "Die Wohnung", Stuttgart, 1927

Postage stamp for the "Die Wohnung" ("The Dwelling Place"), exhibition held by the Werkbund (Arts and Crafts Society), Stuttgart, 1927

visueller Vorgänge nicht auf die bildende Kunst, die Bilderproduktion beschränkt werden kann. Für ihn war etwa die Entwicklung eines Zeichens für DLW oder einer Anzeige für Tietz ein gestalterischer Vorgang, der ebenso seine rationalen und emotionalen Bedingungen hat wie ein Werk der bildenden Kunst. Die ständig wieder auflebende Streitfrage, ob ein Signet oder ein Plakat als Kunstwerk beziehungsweise als unter den Bedingungen der Kunst entstandenes Werk zu betrachten sei, war ohne Bedeutung für ihn. Insofern stand er in der Tradition des Bauhauses, des De Stijl, der konstruktiven Gestaltung der zwanziger Jahre. Gestaltung war für ihn immer ein ganzheitlicher Vorgang, der die ihm aufgegebenen Funktionen zu erfüllen hat. Ästhetik ist ein wichtiger Bestandteil und hat sich auf die Sache zu beziehen. Schmückendes ist ausgeschlossen, wenn es den Inhalt, auf den es ankommt, überwuchert. Die Sinngebung der Übermittlung ist vorrangig, das war schon in den dreißiger Jahren Baumeisters Maxime.

Die Korrekturen in den Räumen der Akademie fanden vor so vielen Interessierten statt, daß man kaum Gelegenheit zu einem längeren Wortwechsel bekam und froh sein konnte, ein zustimmendes Kopfnicken oder Brummen zu erhaschen. Die Stunden, die mich vor allem geprägt haben, waren die Sonntagvormittage im Hause Baumeister, zu denen man persönlich und feierlich eingeladen wurde. Hier begann mein Interesse für die Typografie, also die gestalterische Anordnung von Zeichen. Bis ins kleinste Detail erklärte Baumeister Satzbeispiele, Firmenzeichen usw. aus seiner Frankfurter Zeit. Ich erfuhr über das eigentliche Kunststudium hinaus viele nützliche Dinge für die Praxis und konnte endlich auch die geschichtlichen Zusammenhänge der Kunst zwischen den beiden Weltkriegen nachvollziehen.

Er war es, der mich auf das Gestalten der Dinge aufmerksam machte, die nicht als eine rein künstlerische Äußerung, als expressive Konfiguration einer selbsternannten Botschaft existent sind, sondern der Dinge des täglichen Lebens, die wir für die Verständigung untereinander oder für die bessere Handhabung unserer Lebensumstände gebrauchen. Es war eine nützliche Zeit und eine interessante Beschäftigung mit Themen, die uns vorher fremd gewesen waren, weil man uns jungen Menschen mehr über den Krieg und das Sterben beigebracht hatte als über das, was das Leben lebenswert macht, über Kultur und ästhetische Zusammenhänge.

Das Landesgewerbeamt LGA

Als ich mein Studium beendet hatte, war der Bedarf an Menschen groß, die etwas von Gestaltung verstanden und sie für die verschiedensten Nutzanwendungen umsetzen konnten. Man wollte Anschluß finden an das, was vor dem Krieg wirtschaftliche Prosperität ermöglicht hatte. "Made in Germany" sollte wieder zum Begriff werden, obwohl man nicht wissen konnte, ob dies nach dem Zusammenbruch der Industrie noch möglich

be limited to pictorial art, to the production of pictures. To him, the design, for example, of a logo for Deutsche Linoleumwerke (German Linoleum Works – DLW) or of an advertisement for the Tietz department store chain was a process of design which was just as much subject to rational and emotional conditions as was a work of pictorial art. The constantly revived contentious question of whether a printer's mark or a poster should be regarded as a work of art or as a work created under the conditions of art was of no significance to him. To this extent he was following in the tradition of the Bauhaus, of De Stijl, of the constructive design of the 1920's. To him, design was always an integral process and has to fulfil the functions imposed on it. Aesthetics are an important component and must relate to the subject matter. Mere decoration is out of the question, because it swamps the all-important subject matter. The inner meaning of what is being conveyed must take precedence: that was Baumeister's maxim, even in the 1930's.

When Baumeister corrected our work in the studios at the Academy, there were so many interested people present that there was hardly the opportunity to hold a debate of any length, and you were pleased if he so much as nodded his head to you or murmured agreement. The hours which had the greatest effect on me were the Sunday mornings at Baumeister's house, to which you were formally invited personally. It was here that I started taking an interest in typography, i. e. the creative arrangement of characters. Baumeister explained to me the minutest details of examples of typesetting, company logos etc., dating from his time in Frankfurt. In addition to my art studies proper, I learned many useful practical facts and also finally succeeded in reconstructing for myself the historical relationships existing in the arts between the two Wars.

It was he who drew my attention to the design of things which exists not as a purely artistic utterance, as the expressive configuration of a message devised by the artist himself, but is instead a configuration of the things of our daily life which we require in order to communicate with one another or in order to handle our living circumstances better. This was a useful time and it included an interesting involvement with topics that had previously been foreign to us because, as young people, we had been taught more about war and dying than about what makes life worth living, about culture and aesthetic interrelationships.

The Office for the Promotion of Trade and Industry LGA

When I had completed my studies, there was a great demand for people who knew something of design and were able to make practical use of it in the most widely varying applications. There was a desire to find a link with the things which, before the war, had made economic prosperity possible. "Made in Germany" was intended to become a well-known phrase again, although it could not be told whether this would be possible

sein würde. Der Wiederaufbau der geschundenen Städte wurde mit dem Anlaufen der Industrieproduktion und eines funktionierenden Wirtschaftslebens verknüpft. Schnell versuchten die neuen Regierenden, die durch nun demokratische Wahlen ins Amt gekommen waren, gewerbefördernde Maßnahmen einzurichten. Noch vergingen aber Jahre, bevor es tatsächlich zu Aktivitäten kam.

Nachdem die Bundesrepublik Deutschland gegründet war, hatte sich im Südwesten das Land Baden-Württemberg herausgebildet. In Stuttgart wurde dem Landesgewerbeamt zu neuem Leben verholfen, einer traditionsreichen Institution, die in einer Stadt, der die Bomben tiefe Wunden geschlagen hatten, zeigen sollte, wozu Menschen fähig sind, die aus Schutt und Asche alles Verwendbare zusammentragen, um dem Leben einen neuen Sinn und Wert zu geben.

Das Landesgewerbeamt, LGA, wie es nun genannt wurde, hatte vor der Jahrhundertwende und mit der wachsenden Industrialisierung begonnen, eine Sammlung von Vorbildern und Mustern für das heimische Handwerk und die Manufakturen zusammenzustellen, um die Möglichkeiten der Formgebung von Gebrauchsobjekten bekanntzumachen. Dies war schon im Königreich Württemberg als gewerbefördernde Maßnahme konzipiert worden und stellte wohl die erste permanente, öffentlich zugängliche Design-Ausstellung in diesem Lande überhaupt dar, obwohl der Design-Begriff noch keine Rolle spielte.

Erste Aufgaben

1954 wurde die erste Landesausstellung für das neue Land Baden-Württemberg geplant. Sie war so etwas wie eine Leistungsschau für die Mitbürger in den unterschiedlichen, nun zusammengeschlossenen Regionen. Sie sollte zeigen, daß es sich lohnt, eine Kleinstaatlichkeit zu bereinigen, die seit dem Wiener Kongreß die Entwicklung in Mitteleuropa beeinträchtigt hatte, und mit fortschrittlichen Konzepten den Neubeginn zu wagen. Generalsekretär der Landesschau war Dr. Thuma, Präsident des LGA.

Ich erhielt die Chance, mich als Gestalter an dieser aufwendigen Veranstaltung zu beteiligen. Mir wurden die Abteilungen "Arbeit" und "Formgebung" zugeordnet. Die Gestaltungsaufgabe, meine erste von solchem Ausmaß, vermittelte mir viele neue Erfahrungen, vor allem aber brachte sie mir die Bekanntschaft mit meinem zukünftigen Mentor Dr. Thuma, der mich nach Ende der Landesschau mit weiteren Gestaltungsarbeiten für das LGA beauftragte. Er hatte früh erkannt, daß die kritiklose Produktion in Industrie und Handwerk die Umwelt nicht erträglicher macht und war einer der ersten Staatsbeamten, der von einer sinnvollen Umweltgestaltung sprach. Als alter Werkbündler wußte er, daß es nicht um die künstlerische Gestaltung von Industrieprodukten ging, die unter dem Begriff "Formgebung" propagiert wurde, sondern um eine grundsätzlich funktionsgerechte Gestaltung der Gebrauchsobjekte, um eine eigene Gesetzlichkeit der Nutzanwendung

following the collapse of industry. The reconstruction of the battered towns was linked to the recommencement of industrial production and of a properly functioning economy. The new rulers, who had been appointed by what were now democratic elections, quickly tried to take steps to promote trade. But years passed before there was any real activity.

After the Federal Republic of Germany was founded, the Federal Land of Baden-Württemberg was formed in the South-West. The Office for the Promotion of Trade and Industry in Stuttgart was given a new lease of life. It was an institution rich in tradition which, in a town where bombs had caused great destruction and suffering, was intended to show what people are capable of when they gather together, from the ruins, anything that can be used to give life new meaning and new value.

Before the turn of the last century, what was now called the LGA had, at a time of growing industrialization, begun to compile a collection of models and patterns for regional crafts and workshops, with the aim of drawing attention to the design possibilities of articles in daily use. This idea had been conceived as a trade-promoting measure at the time of the Kingdom of Württemberg. The centre was probably the first permanent design exhibition in Württemberg to be open to the public, even though the concept of design had no part to play as yet.

Initial tasks

The first exhibition for the new Federal Land of Baden-Württemberg was planned in 1954. It was something like a display of achievements intended for the fellow-citizens of the various regions which had now been combined into one. It was to show that removing the petty states, which had impaired developments in Central Europe ever since the Congress of Vienna, was a worthwhile measure, as was the employment of progressive concepts with which to venture upon a new beginning. The Secretary General of the Exhibition was Dr. Thuma, President of the Baden-Württemberg Office for the Promotion of Trade and Industry.

I was given the opportunity of taking part in this ambitious event as a designer. The "Work" and the "Design" sections were assigned to me. The task was the largest I had so far taken on and brought me many new experiences. Above all, it was how I met Dr. Thuma, my future mentor who, after the Baden-Württemberg Exhibition, commissioned me with other design tasks for the LGA. He had realized early in his life that undiscriminating production work in industry and the arts and crafts does nothing to make the environment more tolerable, and he was one of the first government officials to speak of lending the environment an appropriate shape. As an early member of the Arts and Crafts Society, he knew that it was not a matter of giving industrial products an artistic shape which was advertised as "form giving", but of lending the objects of daily

und Wertigkeit, die dem Menschen dient. Das Prinzip "Gute Form verkauft sich gut" sollte nicht der Hauptnutzen sein, sondern der nachhaltige Gebrauchsnutzen für unsere Umwelt und die Anerkennung des alltäglichen Gebrauchsgegenstands als Kulturobjekt.

Das LGA nahm sich besonders des Design als gewerbefördernder Maßnahme an. Das brachte Kontakte zur neuen Hochschule für Gestaltung in Ulm mit sich. Seit ihrer Gründung 1951 hatte Dr. Thuma die HfG kritisch, aber wohlwollend beobachtet. Im Laufe der Zeit wandten sich Dozenten der HfG immer wieder einmal an das LGA. Da sich die "Ulmer" bei ihren verschiedenen Auftritten in der Öffentlichkeit sehr zurückhaltend verhielten, war schon früh der Eindruck entstanden, sie pflegten eine Art Zweckarroganz, was oft zu eher negativen Beurteilungen führte, auch bei der Frage, ob ihnen ein Auftrag vermittelt werden sollte. Dieses Image war dem Ruf der HfG nicht förderlich. Es ergab sich kaum eine Gelegenheit zur Kooperation, obwohl das LGA damals offen war für neue Ideen, für neue Ansätze der Gestaltung und ihrer theoretischen Kommentierung und immer bereit, Unternehmen zu fördern, die das Thema Gestaltung in den Vordergrund stellten.

In dieser Zeit hatte ich als Gestalter und Mitarbeiter des LGA viele Gelegenheiten, Sachverhalte einzubringen und zu bearbeiten, die schon früh die Errichtung neuer Rahmenbedingungen für die Gestaltung der Gebrauchsobjekte formulierten. Es ging vor allem darum, bei den Konsumenten und bei denen, die Design entwickeln und verantworten sollten, ein neues Bewußtsein zu fördern und bekannt zu machen. Für die neuen Anforderungen an den Gestalter bedeutete das auch, eine andere Gestaltungsqualität anzustreben, die die Bedingungen erfüllt und zum Beispiel eine Kaffeekanne nicht als Plastik und ein Plakat nicht als bedeutendes Kunstwerk ansieht. Für die grafischen Gestalter, die sich noch selbst als Gebrauchsgraphiker bezeichneten, bedeutete das auch, sich von den Darstellungsweisen der Reklame der dreißiger Jahre abzuwenden, deren Biederkeit in der Produktanpreisung noch immer als gültiges Mittel angesehen wurde.

Dr. Josef A. Thuma (1901–1983), Präsident des Landesgewerbeamtes Baden-Württemberg von 1958 bis 1966

Dr. Josef A. Thuma (1901–1983), President of the Baden-Württemberg Office for the Promotion of Trade and Industry from 1958 to 1966

"Lieber, lieber Kapitzki, oft habe ich während der letzten Jahre an Sie gedacht, waren Sie doch der besondere Fall, den ich mir zugelegt hatte. Aus dem kleinen Grafiker wurde der mehr und mehr bewanderte Künstler, mehr und mehr mein begabter Plakatgestalter. Was war ich stolz auf ihn! ..."
Brief von Dr. Thuma vom 13. Juli 1981

"Dear, dear Kapitzki, I have often thought of you over the last few years, because you were the special case I had got myself. Someone who had started out as a little designer turned into an increasingly proficient artist who, by degrees, became my talented poster designer. How proud I was of him!. ..."
Letter from Dr. Thuma dated July 13, 1981

Neue Wirtschaftsperspektiven

Das Marktgeschehen, das vom Nachholbedarf, von der Bedarfsdeckung nach langer Entbehrung gekennzeichnet war und die Mangelwirtschaft der Kriegs- und ersten Nachkriegszeit überwinden wollte, war noch nicht mit verführerischen Werbeaussagen überhäuft. Aber die vom damaligen Wirtschaftsminister Prof. Ludwig Erhard entwickelte soziale Marktwirtschaft griff bald auf die Methoden einer gelenkten Bedarfsweckung und die Mittel einer subtilen Beeinflussung der Konsumgesellschaft durch neue suggestive Formen der Werbung zurück. Schnell wurden die Prinzipien der freien westlichen Welt, des "American way of life" übernommen. Werbung wurde nicht nur als Produktinformation betrieben, sondern auch zur Weckung eines Produktwunsches benutzt. Man

life an essentially function-related shape and of creating a separate legitimacy which related to practical application and to the values which are of use to people. The chief benefit was not intended to be the principle that "good shapes sell well", but rather the enduring practical benefit to our environment, and the recognition that the objects of everyday life are also cultural objects.

The LGA paid particular attention to design as a means of promoting trade. This led to contacts with the new Hochschule für Gestaltung in Ulm. Ever since the HfG had been founded in 1951, Dr. Thuma had looked upon it critically but benevolently. As time passed, lecturers at the HfG again and again turned to the LGA. Since they used to behave rather reticently at their various appearances in public, this gave rise to the impression that they were practising a kind of expedient arrogance. This often resulted in rather negative assessments, even when it was a matter of whether or not they should be commissioned to do some work. This image was not conducive to the reputation of the HfG. There were almost no opportunities for cooperation, although the LGA was open to new ideas, to new trends in design and to theoretical comments on them, and was always prepared to promote companies which gave prominence to the subject of design.

As a designer and free lance member at the LGA, I had at that time many opportunities to introduce and work on new situations which soon provided a formula for the creation of new basic conditions for the design of objects in daily use. It was mainly a matter of promoting and propagating a new awareness among consumers as well as among those whose task was to develop design and be responsible for it. In terms of the new requirements placed upon the designer, this also meant that a new design quality was to be aimed at which met the conditions and did not, for example, regard a coffee pot as a sculpture or a poster as a major work of art. For graphic designers, who still described themselves as commercial artists, it also meant that they were to abandon the modes of depiction used in advertisements in the 1930's, where naiveté was still regarded as a valid method in product advertising.

New economic prospects

Events in the market were shaped by the need to catch up, so that the demand arising after lengthy privations could be met. There was a desire to overcome the time of scarcities during the war and the initial post-war period. The market was not yet flooded with tempting advertising slogans. But the social market economy developed by Prof. Ludwig Erhard, Minister of Economics at that time, soon resorted to the methods of directing the stimulation of demand and subtly influencing the consumer society by new and suggestive forms of advertising. The principles of the free Western world, the "American way of life", were quickly adopted. Advertising was pursued not merely to provide product information, but to arouse a desire for those products.

war damit beschäftigt, den Produkten, auch denjenigen, die dem allgemeinen Konsum dienten, einen Zusatznutzen beizugeben, der den subjektiven Bedürfnissen des Konsumenten dienen sollte, zum Beispiel dem Prestige-Denken.

Früh wurde erkannt, daß sich hier neue Tätigkeitsfelder öffneten, und es entstand eine eigene Dienstleistungsindustrie. In den Agenturen gab es jetzt den Art Director, der sich vorwiegend um die Produktwerbung kümmerte, während der Grafik-Designer sich als "Informationsingenieur" verstand, der sich hauptsächlich mit der Unternehmens- und Produktinformation befaßte.

Diese Umorientierung formulierte das Wirtschaftsgeschehen in seinen wesentlichen Erscheinungsformen neu. Das ergab eine Ausgangssituation, die es mir erlaubte, verschiedene Projekte im LGA anzuregen und auszuführen, die diese neuen Problemstellungen berücksichtigten. So hat eine Reihe von Ausstellungen stattgefunden, die das Design in den verschiedenen Bedeutungsebenen darstellten, in seinem Funktions- und Nutzungsbereich ebenso wie in seiner historischen Entwicklung. Daneben wurden Kooperanten des LGA gefördert, die einerseits ihre Kenntnisse erweitern und bekanntmachen wollten, andererseits ihre Fähigkeiten für die übergeordneten Aufgaben des LGA zur Verfügung stellten. So entstand die enge Zusammenarbeit mit der Gruppe 56 im Bund Deutscher Grafik-Designer, einem Zusammenschluß von jungen Grafikern, die zunächst Anton Stankowski um sich versammelt hatte, und Grafikern, die sich vor dem Krieg schon einen Namen gemacht hatten, wie Lohrer, Ruth, Lämmle und andere. Es wurde eine Arbeitsgruppe initiiert, die sich lapidar "Grafik und Wirtschaft" nannte und mit der Gruppe 56 eng verbunden war. Schon früh schlossen sich ihr Hans-Ludwig Enderle und Fritz Seitz an, mit denen ich viele Projekte gemeinsam bearbeitete.

Fritz Seitz hat sich von Anfang an mit Problemen der bildnerischen Gestaltung befaßt, die sich nicht auf eine expressive oder konkrete Kunst bezieht. Von ihm sind sehr wichtige theoretische Beiträge erschienen, deren Lektüre für die Grafiker der fünfziger Jahre unerläßlich war. Viele hatten ja ein intensives oder – besser gesagt – angebotsreiches Studium nicht verwirklichen können, weil das, was man wissen mußte, verboten oder dem Zugriff entzogen war. Später hatte man sich nicht mit einer Modernisierung der Gestaltung beschäftigt. Diejenigen, die sich in dieser Zeit Gedanken über das Tätigkeitsfeld Design machten, die motiviert waren, etwas Herausragendes und für die Allgemeinheit Erträgliches zu tun, waren überzeugt, daß ein neues Verständnis für unsere Umwelt einsetzen würde.

In den fünfziger Jahren übte das LGA großen Einfluß auf die Wirtschaft aus und erreichte eine wachsende Popularität des Design auch bei der Öffentlichkeit. Das Verständnis von den Zusammenhängen der Gestaltung der Dinge des täglichen Lebens war aber anfangs noch naiver oder auch elementarer als heute. Die Dialektik, die sich in den siebziger Jahren herausbildete und die zur Perversion des "Schönen" und zur Degeneration

Efforts were being made to lend to the products, including those intended for general consumer purposes, an additional benefit which was meant to serve the consumer's subjective needs, for example his desire to acquire status.

It was soon realized that new areas of activity were opening up here, and a separate service industry came into being. The agencies now had an art director who was mainly concerned with product advertising, while the graphic designer thought of himself as an "information engineer" who mainly dealt with company and product information.

This reorientation gave a new formula to the chief external manifestations of economic life. This led to a starting position which permitted me to suggest and carry out, at the LGA, various projects which took these new problems into account. A whole series of exhibitions could be held which depicted design at various levels of significance, showing its functions and practical uses as well as its historical development. Assistance was also given to those who co-operated with the LGA and not only wished to expand and publicize their knowledge, but also made their abilities available to the superordinate functions of the LGA. Thus it was that close co-operation arose with Group 56 within the BDG Association of German Graphic Designers, a group initially gathered round Anton Stankowski. Its members were young graphic designers, and also graphic artists such as Lohrer, Ruth, Lämmle and others who had made names for themselves before the war. A working group was initiated which concisely described itself as "Graphics and Economics" and was closely associated with Group 56. Hans-Ludwig Enderle and Fritz Seitz, with both of whom I worked on many projects together, soon joined it.

From the outset, Fritz Seitz concerned himself with problems of pictorial design as a concept unrelated to an expressive or specific art form. He published some important theoretical works, and graphic designers of the 1950's felt obliged to read and discuss them. This was because many of them had been unable to pursue their studies intensively or – to put it better – had not conducted studies which gave them many offers of work, because the necessary knowledge was either banned or inaccessible. Later, not many efforts had been made to modernize the concept of design. Those who, at that time, were wondering about design as a field of activity, and were motivated to do some outstanding work which would be tolerable to the general public, were convinced that a new understanding of our environment would arise.

The LGA had a great influence on business life in the 1950's, and caused design to become increasingly popular with the public too. But at the outset, people's understanding of interrelationships in the design of everyday objects was still more naive and elementary than it is today. In the 1970's, a debate came about which led to the perversion of what was to be called beautiful and to a degeneration in marketing strategies.

Veröffentlichung des Arbeitskreises "Grafik und Wirtschaft der Gruppe 56 im BDG", 1965

Publication by the working group called "Graphics and Economics of the Group 56 within the Association of German Graphic Designers BDG", 1965

der Marketingstrategien führte, ist inzwischen so verbreitet, daß Design als notwendiger Bestandteil jeden Produktions- und Konsumverhaltens allgemein akzeptiert wird.

Bei meinen Konzepten für die verschiedenen Veranstaltungen im LGA konnte ich immer mit der Kompetenz und Effizienz dieser Kollegen und Kooperanten rechnen und so meine Intentionen verwirklichen. Beispielsweise wurden schon früh Seminare durchgeführt, die berufsfachliche oder -theoretische Fragen behandelten und über die reine Information hinaus auch eine Art Weiterbildung anboten.* Es ging uns vor allem darum, die Öffentlichkeit mit dem Thema der Gestaltung der Dinge unseres täglichen Lebens und ihrer Bedeutung als Wirtschaftsfaktor vertraut zu machen.

*siehe auch Seiten / see pages 110/111

Eine weitere Unternehmung, an deren Einrichtung ich meinen Anteil hatte, war die Gründung des Design Zentrums im LGA. Zahlreiche Plakate, Kataloge und Ausstellungen habe ich in diesem Rahmen gestaltet. Die Ausstellungen und Veranstaltungen machten nicht nur uns als Protagonisten in der Region bekannt, sondern auch das LGA mit seinen Einrichtungen. Dazu gehörte auch die Vorstellung von Gestalterpersönlichkeiten und ihrer Leistung.

This debate is now so widespread that design is generally accepted as a necessary component of all behaviour where production and consumption are concerned.

In my plans for the various events held in the LGA, I was always able to count on the competence and efficiency of these colleagues and co-operators, and thus to put my intentions into effect. For example, seminars were soon being held which dealt with specialized and theoretical questions of the profession and, in addition to mere information, also offered a kind of further training.* Our main concern was to familiarize the general public with the design of the objects used in our daily lives and with the significance of that design as a factor in economics.

Another undertaking in which I played a part was the founding of the Design Centre at the LGA. I designed a large number of posters, catalogues and exhibitions in this connection. Thanks to the exhibitions and other events, it was not only we protagonists who were becoming well known in the region, but also the LGA and its facilities. This included presentations of grown designers and their work.

Anton Stankowski in der Ausstellung "Dokumentation der Grafik", 1962

Anton Stankowski at the "A Documentation of Graphics" exhibition, 1962

Dokumentation der Grafik

Um der neuen Fachöffentlichkeit Unbekanntes vorzustellen und um selber mehr zu lernen und zu erfahren, führte ich die Ausstellungsreihe "Dokumentation der Grafik" ein. Hier präsentierte ich Lucian Bernard, A. M. Cassandre, Man Ray, Jan Tschichold, Ernst Keller, Herbert Matter, auch Ernst Salomon, den ersten Pressefotografen, um nur einige zu nennen. Anton Stankowskis grafische Arbeiten wurden in umfassender Weise hier zum ersten Mal nach dem Krieg wieder in Deutschland gezeigt. Diese Ausstellung war als Wanderausstellung konzipiert und reiste an verschiedene Orte in Europa und Übersee, so auch nach New York. Es war eine für die Publizierung von Gestaltungsergebnissen aus Nachkriegsdeutschland erfolgreiche Maßnahme und trug wesentlich zur internationalen Bekanntheit Stankowskis bei.

Die Ausstellung "Typografie der zwanziger Jahre", bei der mir Eckhard Neumann mit Rat und Tat zur Seite stand, bedeutete für die frühen sechziger Jahre etwas Neues. Wir stellten fest, daß sich in der Nachkriegszeit noch niemand um diesen Teil der Gestaltung gekümmert hatte, allerdings gab es auch noch keine Institution, die sich der Gestaltung aus der Sicht des Design hätte annehmen können.

Alle Persönlichkeiten, die ich in dieser Reihe als verdienstvoll und herausragend vorstellte, habe ich selber aufgesucht und mit ihnen über ihre Entwicklung und Arbeit gesprochen, auch um aus erster Hand zu erfahren, welche Verhältnisse in der Zeit herrschten, als sie ihre Werke schufen. So habe ich viel gelernt, was für meine eigene Arbeit wichtig war, denn ich wollte immer wissen, wie sich die sinnvolle Umsetzung einer visuellen

A Documentation of Graphics

I introduced a new series of exhibitions called "A Documentation of Graphics" which was to acquaint the new trade visitors with matters previously unknown to them, and also in order to learn and experience more for myself. It was here that I presented works by Lucian Bernard, A. M. Cassandre, Man Ray, Jan Tschichold, Ernst Keller, Herbert Matter, and also Ernst Salomon, the first press photographer, to name but a few. Anton Stankowski's graphic works were shown extensively for the first time in Germany since the war. This was conceived as a touring exhibition, and it moved to various places in Europe and overseas, including New York. It was successful in giving publicity to the results of design work in post-war Germany, and played a large part in making Stankowski an internationally known figure.

The exhibition called "The Typography of the 1920's", in which Eckhard Neumann assisted me in word and deed, was something new for the early 1960's. We observed that no one had yet bothered with this aspect of design during the post-war period, but neither was there an institution which could have dealt with the design aspects of typography.

I myself visited all the persons whose work, in this series of exhibitions, I intended to present as being outstanding and distinguished. I discussed with them their development and their work, one aim being to learn at first hand about the circumstances prevailing at the time when they created their works. In this way I learned many things that were important to my own work, because I was always trying to discover the basis upon which a visual communication can be put into practice in

Mitteilung begründet. Hier begriff ich auch, daß man verstehen muß, woher man kommt, um zu wissen, wohin man geht.

Obwohl die Theorien der Kommunikation im Laufe der Zeit immer subtiler und intellektueller geworden sind und sich ganz neue Darstellungsmethoden entwickelt haben – war bei den älteren Gebrauchskünstlern das Wesentliche schon immer vorhanden. Es war lehrreich für mich, zu beobachten, wie diese Altvorderen das Beste gaben und erreichten mit Mitteln, die uns heute vorsintflutlich erscheinen.

A. M. Cassandre

Insbesondere die Begegnung mit Cassandre hat mir dies gezeigt. Ich besuchte ihn zusammen mit Johannes Schubert, dem Fotografen, der sich Jean nannte, seitdem er nach Paris emigriert war, weil er in seiner Heimatstadt Bautzen verfolgt wurde. Denn als junger Mensch war er der Jugendorganisation der Kommunistischen Partei beigetreten und hatte dort eine bedeutende Rolle gespielt. Seit 1934 hatte er in Frankreich gelebt. Von ihm erfuhr ich viel von dem, was in dieser Zeit passiert war. Wir waren ja damals noch Schuljungen gewesen und waren von den Entwicklungen und Ereignissen völlig abgeschnitten und anders indoktriniert. Schubert hatte auch kurze Zeit mit Cassandre gearbeitet und bei ihm die Fotografie erlernt.

Zuerst suchten wir in Versailles, wo Cassandre in den dreißiger Jahren gewohnt hatte. Dort lebte er nicht mehr. Wir fanden ihn schließlich in Paris. Er hatte Wohnung und Atelier im Stadtzentrum, die Gegend schien mir sehr teuer zu sein. In den zwanziger und dreißiger Jahren war er der bestbezahlte Plakatmacher gewesen, und er lebte immer noch wie ein Grandseigneur.

In einem Haus, das mit den dekorativen Elementen der Belle Epoque geschmückt war, schritten wir auf tiefroten Teppichen eine breite Treppe hinauf und kamen an eine Wohnungstür, an der ein winziges goldenes Schildchen angebracht war. Nur der Name "Cassandre" war dort eingraviert, in einer so kleinen Schrift, daß man sie kaum entziffern konnte, aber das Schild funkelte hell und kostbar, ebenso der Klingelknopf von gleichem Material und Glanz.

Wir klingelten, nach einer kurzen Weile öffnete sich die Tür, ein kleiner Herr in weißer Leinenjacke stand vor uns, der Butler. Er führte uns in einen großen Raum, der mit allen möglichen Dingen überladen war. Bilder, Bühnenmodelle, Kostüme, Nippes, Möbel aus dem vergangenen Jahrhundert, bequeme Sitzgelegenheiten, Tische, und überall Aschenbecher, die darauf schließen ließen, daß hier stark geraucht wurde. Wir wurden aufgefordert, uns in die plüschigen Fauteuils zu setzen, ich versuchte, mir die Einzelheiten des Raumes einzuprägen. Wir schienen uns in einem Archiv zu befinden, in dem die Ergebnisse jahrzehntelanger Arbeit versammelt waren, und spürten noch die Luft der vergangenen Zeiten.

Dann öffnete sich eine große Tür – was dahinter war, konnte man nicht sehen –, und es erschien

a meaningful way. It was here that I also realized that a person must understand where he is coming from in order to know where he is going to.

Theories of communication have become more and more subtle and intellectual in the course of time, and entirely new methods of depiction have developed. Despite this, the older commercial artists always knew about the essential matters. It was instructive for me to observe how these predecessors of ours gave their best, and achieved it too, by the use of methods that seem antediluvian to us today.

A. M. Cassandre

It was particularly my meeting with Cassandre that demonstrated this to me. I visited him in the company of Johannes Schubert, a photographer who called himself Jean after emigrating to Paris because he had been persecuted in his home town of Bautzen. The reason for this was that he had joined the youth organization of the Communist Party as a young man and had played an important part in it. He had lived in France from 1934 onwards. I learned much from him about what had happened at that time, because in those days we were schoolboys, were entirely cut off from developments and events, and were indoctrinated differently. Schubert had worked with Cassandre for a short period and had learned about photography from him.

We started by looking for Cassandre in Versailles, where he had lived and worked in the 1930's. He no longer lived there. We finally found him in Paris. He had a flat and a studio in the city centre, in a district which seemed to me to be very expensive. He had been the best-paid poster artist in the 1920's and 1930's, and he still lived like a grand seigneur.

On carpets of deep red, we walked up a broad staircase in a house adorned with the decorative elements of the Belle Epoque, and came to the door of a flat to which a tiny golden sign was attached. Only the name "Cassandre" was engraved on it, in writing so small as to be almost indecipherable. But the sign sparkled brightly and sumptuously, as did the bell push which was of the same material and brilliance.

We rang, and after a little while the door opened and a short gentleman in a white linen jacket appeared before us: the butler. He led us into a large room overloaded with objects of every possible sort: pictures, models for stage designs, costumes, bric-a-brac, 19th-century furniture, comfortable chairs, tables, and ashtrays everywhere, indicating that there was heavy smoking in this place. We were asked to sit down in the plush armchairs, and I tried to make a mental note of the details of the room. We seemed to be in an archive in which the results of decades of work were collected, and we still sensed the air of the previous times.

Then a large door opened – we could not see what lay behind it –, and Cassandre appeared, with the butler following at a suitable distance. Cassandre quickly went up to Schubert and greeted

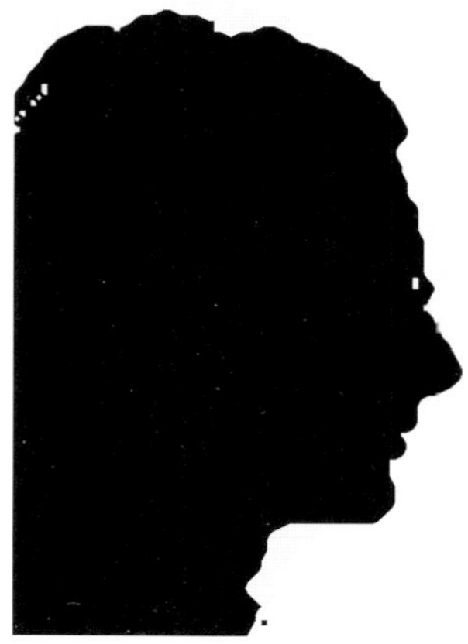

Johannes (Jean) Schubert (1913–1982)

A. M. Cassandre (1901–1968)

Umschlaggestaltung von A. M. Cassandre

Cover design by A. M. Cassandre

à Mr Kapitzki,
en très confraternelle sympathie
Paris, le 10 sept. 1962
A. M. Cassandre

Cassandre, nach ihm in gemessenem Abstand der Butler. Cassandre eilte auf Schubert zu und begrüßte ihn, als seien keine zwei Jahrzehnte seit ihrem letzten Treffen vergangen. Sie redeten sehr schnell aufeinander ein – ich wunderte mich, daß Schubert noch so gut französisch sprechen konnte – ich verstand nicht ein Wort, spürte aber, daß da Erinnerungen an vergangene Zeiten und letzte Neuigkeiten ausgetauscht wurden. Damit verging eine geraume Zeit, endlich konnte Schubert mich vorstellen und auf meine Idee zu sprechen kommen, eine Ausstellung von Cassandre-Plakaten in Stuttgart zu veranstalten.

Cassandre antwortete mit großer Bestimmtheit, daß er keine Plakate mehr mache, sondern sich wieder dem Bühnenbild zugewandt habe. Er zeigte uns auch einige Entwürfe, die nach meiner damaligen Auffassung und Kenntnis nicht die Ausstrahlung der Plakate besaßen, mit denen er weltweit bekannt geworden war.

Meine Begeisterung für seine grafischen Leistungen der dreißiger Jahre gefiel ihm wohl, er zeigte uns sogar eine Mappe mit Plakatentwürfen, die nicht veröffentlicht worden waren. Meine Frage, warum er keine Plakate mehr gestalten wollte, beantwortete er erst nach einer langen Pause. Dann sagte er etwas, was mir erst später verständlich wurde: "Meine Plakate passen nicht mehr in die Zeit. Es waren immer Plakate, die die Menschen auf der Straße von den Plakatsäulen herab wie Bilder mit schnell erkennbarer Aussage ansahen. Die Leute hatten Spaß daran und fühlten sich wie in einer Galerie auf der Straße. Sie gingen noch zu Fuß an den Bildern vorbei. Heute rasen sie mit dem Auto. Heute will man Fotos, die keine Imagination verlangen, die schnell vermitteln, um welche Realität es sich handelt. Sie sollen Wünsche wecken." Den nächsten Satz Cassandres werde ich ebensowenig vergessen: "Ich habe immer den Applaus gebraucht, so beschäftige ich mich heute wieder mit dem Theater, um Applaus zu bekommen."

Wir erhielten die Erlaubnis, seine Plakate auszustellen, ich bekam auch einige Druckexemplare mit, die ich in die LGA-Plakatsammlung eingliederte. Leider sind sie nicht mehr auffindbar.

Später hatten wir keinen Kontakt mehr. Er zog sich von der Welt zurück. Ich war tief erschüttert, als ich erfuhr, daß Cassandre am 17. Juni 1968 sein Leben selbst beendet hat.

him as if it had not been twenty years since they last met. They spoke to one another very fast – I was surprised that Schubert could still speak French so well – I did not understand a word, but I sensed that memories of former times, as well as the latest news, were being exchanged. This took up a considerable time, then Schubert was finally able to introduce me and speak of my idea of mounting an exhibition of Cassandre's posters in Stuttgart.

Cassandre replied very definitely that he was not doing posters any more, but had once again turned his attention to stage design. He showed us some drafts which, on the basis of my views and knowledge at that time, no longer produced an effect as strong as that of the posters by which he had become internationally known.

He was pleased by my enthusiasm for his graphic works of the 1930's, and he even showed us a portfolio of unpublished designs for posters. When I asked him why he did not intend to design any more posters, he only replied after a long pause. Then he said something which I did not understand until later: "My posters are not suited to the present time. They were always posters which people in the streets, looking at the advertisement pillars, always thought of as pictures whose message could quickly be recognized. People enjoyed this and felt as if they were in an art gallery in the street. They walked past the pictures on foot. Today they rush past in their cars. Today people want photographs which leave nothing to the imagination and quickly convey the desired reality. These photographs are meant to arouse wishes." Neither will I ever forget Cassandre's next sentence: "I have always needed applause, and that is why I am now doing theatrical work again, so as to receive applause."

We got the permission to exhibit his posters, and I was also given some printed copies which I included in the poster collection at the Office for the Promotion of Trade and Industry in Stuttgart. Unfortunately they are no longer traceable today.

After that we did not meet again. He withdrew from the world. I was deeply moved when I heard that Cassandre had put an end to his life on June 17, 1968.

Man Ray

Wir haben auf dieser Reise auch Man Ray in seinem Atelier in der Rue Férou besucht. Diesem ersten Besuch sollten noch mehrere folgen, denn Schubert verband mit ihm eine freundschaftliche Beziehung, seit Cassandre sie zusammengebracht hatte. Bis zum Kriegsausbruch hatte Man Ray in Paris gelebt, war dann nach Amerika zurückgegangen und nach Kriegsende wieder nach Paris gekommen. "Von Fotograf zu Fotograf" hatten Schubert und er sich viel zu sagen.

Der Besuch hatte zur Folge, daß ich auch über ihn eine Ausstellung im LGA machen konnte und

Man Ray

During this trip, we also visited Man Ray in his studio in the Rue Férou. This first visit was followed by several more, because Schubert had been on friendly terms with him ever since Cassandre had brought the two of them together. Man Ray lived in Paris until the outbreak of war, returned to the States at that time, and came back to Paris after the war ended. He and Schubert had a great deal to say to one another, as both of them were photographers.

One consequence of the visit was that I was able to mount an exhibition of his works at the LGA,

zum ersten Mal nach dem Krieg die berühmten "Rayographs" in Deutschland zu sehen waren.

Schubert durfte in Stuttgart Vergrößerungen von den Original-Glasplattennegativen anfertigen und stellte eine kleine Auflage von zwölf Rayographs her, die er in Paris an Sammler vermittelte. Wir behielten einige Exemplare, die wir an Freunde weitergeben konnten.

Es war eine gute Erfahrung, mit diesem interessanten Menschen zu arbeiten, der mit Humor und intelligenten Witzen uns viel über das Leben in den zwanziger Jahren erzählte. Er berichtete ausführlich von den Streitereien mit El Lissitzky, von André Gides eitlem Gehabe und von vielen anderen aus der Avantgarde. Sicher wüßte mancher Historiker gern davon, denn immer kam der Mensch zum Vorschein, nicht nur die prominente Persönlichkeit, die Geschichte gemacht und eine visuelle Kultur in diesem Jahrhundert mitgestaltet hat. Man Ray war einer der Protagonisten, die nach dem ersten Weltkrieg neue Tendenzen der Kunstbewältigung entwickelten. Mit Marcel Duchamp hatte er schon früh Kontakt, dieser holte ihn vom Bahnhof ab, als er 1921 in Paris eintraf und begleitete ihn auf seinen ersten Wegen. Er nahm ihn auch mit ins Café Creta, wo sich die Künstler der jungen Dada-Bewegung trafen. So wurde er schnell in diesen Kreis aufgenommen. Man setzte sich mit Dada und seinen Auswirkungen und mit dem Surrealismus auseinander. Es waren alle Künstler und Intellektuellen da, die wir heute aus der Kunstgeschichte kennen.

Man Ray war wie ein wandelndes Lexikon, er kannte alle, die damals zur Kunstszene in Paris gehört hatten, persönlich. Sein Buch "Self Portrait" sagt viel darüber. Er war es, der, ohne es zu wissen, die Sehgewohnheiten verändert hat.

L. Fritz Gruber schreibt*: "Als Man Ray in den zwanziger Jahren jenes Aufglühen von Unbekannt-Vorhandenem und Vertraut-Mysteriöswerdendem, also seine Rayographs, zu einem neuen Darstellungselement zusammenschloß, erwies er sich als ein originaler Künstler und als Stilbildner. Seine Mappe 'Les champs délicieux' dokumentiert ihn zum eigentlichen Vater der nach 1948 vielgefeierten 'subjektiven fotografie'. Heute mögen uns seine Photo-Graphiken nicht mehr sensationell anmuten. Sie waren es aber, als sie im Jahre 1921 an die Öffentlichkeit gelangten und Jean Cocteau zu dem Wort verführten, Man Ray sei ein 'Poet der Dunkelkammer'. Der Adel des Erstmaligen, des wahrhaft Schöpferischen, ist ihnen bis heute geblieben. Die Nachfahren, vor allem die neue Fotografen- und Grafikergeneration seit dem Zweiten Weltkrieg, haben sich Man Rays Werk unbewußt einverleibt und es vielfach als Grundlage ihrer Formensprache verwendet. Die Werbung ist Man Ray Dank schuldig, denn sie wurde zur eigentlichen Nutznießerin seines Werkes. Man Ray als Allgemeinbesitz – welch schöne Anerkennung für einen Künstler, so betrüblich es auch ist, daß sie sich nur ideell und nicht materiell auswirkt."

so that the famous "Rayographs" were on display in Germany for the first time since the war.

In Stuttgart, Schubert was allowed to create enlargements of the original glass-plate negatives, and he produced a small print run of twelve Rayographs, which he passed on to collectors in Paris. We retained a few copies which we were authorized to give to friends.

It was good to work with this interesting man who, making use of humour and clever jokes, told us a great deal about life in the 1920's. He gave a detailed account of the disputes with El Lissitsky, of André Gide's conceited behaviour, and of many other people from the avant-garde. Many historians would certainly like to know of these matters, because it was always the man himself who came to the fore, and not just the prominent personality who made history and contributed to creating this century's visual culture. Man Ray was one of the protagonists who, after World War 1, developed new trends in art work. He had contacts with Marcel Duchamp at an early stage. It was Duchamp who met him at the railway station when he arrived in Paris in 1921, and accompanied him on his initial paths. Duchamp also took him to the Café Creta, where the artists of the young Dada movement used to meet. He was thus quickly accepted into that circle. They discussed Dada, the effects of Dada, and surrealism. All the artists and intellectuals who are today known to us from the history of art were present there.

Man Ray was a walking encyclopaedia who was personally acquainted with everyone that had at that time been part of the Paris art scene. His book "Self Portrait" tells us a great deal about this. Without realizing it, he changed our habits of looking at things.

L. Fritz Gruber writes*: "When Man Ray, in the 1920's, combined into a new element of depiction that glow of things which exist but are unknown, and which are familiar but become mysterious, – that is to say his Rayographs –, he proved to be an original artist and a creator of a style. His portfolio entitled 'Les champs délicieux' documents him as the true father of the 'subjective photography' which has been much praised since 1948. His photographically based designs may not strike us as sensational today. But they were sensational when they were made public in 1921 and tempted Jean Cocteau to say that Man Ray was a 'poet of the darkroom'. They have retained to the present day the nobility of the unprecedented, of the truly creative. His successors, particularly the new generation of photographers and designers since the Second World War, have unconsciously absorbed the work of Man Ray and often use it as a basis for their language of forms. Advertising owes a debt to Man Ray, because it has become the real beneficiary of his work. Man Ray is common property: what a fine recognition for an artist, however distressing it may be that that recognition takes only a spiritual and not a material shape."

Man Ray, "Rayograph"

** im Katalog zur LGA-Ausstellung "Arbeiten von Man Ray und Jan Tschichold", 1963*

** in the catalogue of the LGA exhibition on "Works by Man Ray and Jan Tschichold", 1963*

Man Ray (1890–1976)

"Typografische Mitteilungen", 1925

Jan Tschichold (1902–1974)

Jan Tschichold

Unvergeßlich ist mir auch die Begegnung mit Jan Tschichold. Ich lernte ihn anläßlich der Konzipierung und des Aufbaus seiner Ausstellung im LGA kennen. Er war ein sehr freundlicher und hilfsbereiter Mensch. Korrektheit und Strenge in der Arbeit hatten ihm den Ruf des schwierigen, unnahbaren Charakters eingebracht. Im persönlichen Umgang war er ganz anders. Er hatte früh schon viel Mut und Zivilcourage bewiesen, die seinen Lebensweg nicht eben leichter machten. Nach einer Schutzhaft bei den Nazis 1933 emigrierte er in die Schweiz und ging nach dem Krieg zu Penguin Books nach London. Hier prägte er jahrelang das typografische Erscheinungsbild des Verlages. Aber nicht als der avantgardistische Dynamiker, der er gewesen war, sondern jetzt als Verfechter einer zeitlosen Satzanordnung. Er selbst sah die Willkür der Nazis als Scheidepunkt auch seiner eigenen Entwicklung. Sein Buch "Die neue Typographie", 1928 erschienen, das einem Manifest gleichkam, oder der Beitrag in den "Typographischen Mitteilungen" von 1925, der ein Bekenntnis zur neuen Sachlichkeit darstellte, sind als Kulturbolschewismus diffamiert worden.

In einer Führung durch die LGA-Ausstellung sagte Tschichold zu seinen Arbeiten aus dieser Zeit – die für uns zum Vorbild geworden sind, weil man sich in der Gestaltung wieder dem Konstruktivismus zuwandte – die Typografie der 20er Jahre sei eine notwendige Orientierung gewesen, den Weg in das zwanzigste Jahrhundert zu beschreiten, ohne den Ballast des wilhelminischen Dekors mitzuschleppen. Das Aufkommen der Diktatur in Deutschland habe eine Gleichmacherei, die Uniformierung in allen Bereichen, auch des kulturellen Schaffens und damit auch der grafischen Gestaltung mit sich gebracht, ein Marschieren in Reih und Glied, an dem er sich nicht beteiligen wollte. Sein Interesse galt nun wieder einem individuellen Verständnis von der unterscheidbaren Gestaltungsqualität durch Harmonie und durch Pflege der humanistischen Tradition.

In London hatte er sich also dem Wort, dem Inhalt, dem Satz zugewandt, der Bedeutung des Gedruckten als einer Werte-Bewahrung. Seine Verpflichtung sah er darin, die Schrift, deren Entwicklung er mit der Garamond als abgeschlossen ansah, zu pflegen. Deshalb verwundert es nicht, daß er noch in den siebziger Jahren eine Überarbeitung der Garamond vorgenommen hat. Eine Entwicklung, die Kurt Weidemann als die biblische Wandlung des Saulus zum Paulus beschrieb*.

** im Katalog zur LGA-Ausstellung "Arbeiten von Man Ray und Jan Tschichold", 1963*

Jan Tschichold

My first encounter with Jan Tschichold is equally unforgettable. I made his acquaintance when his exhibition at the LGA was being planned and set up. He was a very friendly and helpful man. The correctness and severity with which he treated his work gave him the reputation of being a difficult, unapproachable character. He was quite different in his personal dealings. He had at an early stage displayed a bravery and personal courage which did not exactly make his path through life any easier. After being kept in protective custody by the Nazis in 1933, he emigrated to Switzerland and, after the war, joined Penguin Books in London where he spent years fashioning the typographical image of that publishing house, not as the dynamic avant-gardist he had previously been, but now as the advocate of timeless typographical design. He regarded the arbitrary behaviour of the Nazis as a point of departure in his own development too. His book "The New Typography" which appeared in 1928 and amounted to a manifesto, and his article published in "Typographische Mitteilungen" (Typography News) in 1925 in which he embraced neorealism, were both defamed as amounting to cultural Bolshevism.

During a guided tour of the exhibition at the LGA, Tschichold said on the subject of his work from that period – it was work that had become a model for us, because ideas in design were once again turning to constructivism – that the typography of the 1920's had been a necessary orientation for pursuing the path into the 20th century without dragging along the decorative ballast from the period of Kaiser Wilhelm II. Tschichold explained that when the Nazi dictatorship arose in Germany, this was tantamount to egalitarianism, to uniformity in all fields including cultural creativity and thus also graphic design, to a unified march in rank and file, and this was something he did not want to be involved in. He was once again interested in arriving by harmony and by cultivating the humanist tradition, at an individual understanding of the various distinguishable qualities of design.

This was why he had, in London, addressed himself to words, to the inner substance, to typography, to the significance of printed matter as a preservation of values. He saw himself as being committed to the cultivation of typefaces, whose development he regarded as having been completed by the Garamond font. It is perhaps not surprising that he revised the Garamond font in the 70's. Kurt Weidemann described this development as a biblical transformation from Saul into Paul*.

** in the catalogue of the LGA exhibition on "Works by Man Ray and Jan Tschichold", 1963*

Alliance Graphique Internationale AGI

1963 wurde ich eingeladen, der Alliance Graphique Internationale beizutreten und hatte eine höchst lehrreiche Begegnung mit Hermann Eidenbenz, die zur kollegialen Zusammenarbeit führte, als wir gemeinsam eine Ausstellung von Mitgliedern der AGI gestalteten. Sie wurde zuerst

Alliance Graphique Internationale AGI

In 1963, I was invited to join the Alliance Graphique Internationale and had a most instructive encounter with Hermann Eidenbenz which led to a very friendly cooperation when we designed and mounted an exhibition of the members of AGI. It was shown first at the Museum of Arts and

1964 im Kunstgewerbemuseum Hamburg gezeigt. Mit der aktiven Unterstützung durch Dr. Thuma konnte ich Mittel des Landes Baden-Württemberg beschaffen, um sie auch ins LGA zu bringen.

Mit dieser Ausstellung wurde zum ersten Mal in Deutschland eine Übersicht über die Arbeitsergebnisse dieser internationalen Gruppe von Grafikern gegeben, die auf Initiative französischer Kollegen 1952 gegründet worden war. Der erste Präsident war Jean Carlu, ein berühmter Plakatkünstler aus Paris. Sehr lange behauptete sich die frankophone Dominanz in der AGI, schließlich wetteiferten die amerikanischen und englischen Kollegen um die Hegemonie. Bis heute. So ist es vielleicht erklärlich, daß FHK Henrions Sammelband zum 35. Jahrestag der Allianz 1987 (1989 erschienen) eine Reihe Fehlstellen enthält. Ob aus Vergeßlichkeit oder Nachlässigkeit oder anderen Gründen, läßt sich nicht mehr rekonstruieren.

Die jährlichen Treffen der AGI-Mitglieder spiegeln in ihrer Bedeutung immer die allgemeine Lage und das Rollenverständnis des Berufsstandes in internationaler Sicht wider, aber auch die Durchsetzungskraft des jeweiligen Präsidiums. Leider hat der Verband an Ausstrahlung verloren, vielleicht lassen die individuellen Interessen der nationalen Gruppen keine progressive Solidarität mehr zu. In den letzten Jahren sind die Jahresversammlungen rein gesellschaftliche Treffen geworden.

Die HfG Ulm

Wer sich mit wachen Sinnen und viel Engagement mit Gestaltung befaßt, wird besonders aufmerksam auf die fünfziger Jahre blicken, die ja noch zur Periode des Neubeginns nach einer ausgehöhlten Zeit gehören. Damals hatte man die Vorstellung, daß man den Menschen eine bessere, wahrere, sachgerechtere Umwelt anbieten könnte, indem man eine Gestaltung verwirklicht, die ohne die Versatzstücke des Machtanspruchs und der Indoktrination auskommt. Deshalb galt auch einer Einrichtung, wie sie die Hochschule für Gestaltung HfG in Ulm darstellte, besondere Aufmerksamkeit. Zu einer Zeit, die allgemein von Wiederaufbau, Neueinrichtung, Neuorientierung gekennzeichnet war, wurde Ulm zur Anlaufstelle und zum Fixpunkt für interessierte Gestalter und auch für die Industrieklientel. Es entstand ja etwas Neues, und es waren Menschen beteiligt, die etwas Neues machen wollten, trotz der Vorurteile, die ihnen von außen entgegengebracht wurden.

Amtsleitung und Berater des LGA versuchten schon früh, Ulm in die Strategie des Hauses einzubinden. So gestalteten Herbert Lindinger und Meret Lindinger-Mitscherlich eine Ausstellung zur "Geschichte des Design" für das Design Zentrum, wenn auch ohne großes Echo. Inzwischen war nämlich der erste Lehrstuhl für industrielle Formgebung an der Staatlichen Hochschule für bildende Künste in Berlin eingerichtet worden, damals noch in der Abteilung Angewandte Kunst angesiedelt. Auf ihm saß Wilhelm Braun-Feldweg. (Daß ich ihn später dort als Kollegen wiedertreffen würde, hätte ich mir in den fünfziger Jahren

Crafts in Hamburg in 1964. With Dr. Thuma's active support I managed to get some financial means from the Government of Baden-Württemberg which allowed to show it at the LGA, too.

For the first time in Germany, this exhibition gave a survey of the works of this international group of graphic designers that had been initiated in 1952 by French colleagues. Jean Carlu, the famous poster artist from Paris, was the first president. Francophone dominance was maintained for a long time, until American and British colleagues began to compete for hegemony. To date. This perhaps explains why FHK Henrion's AGI Annals on the occasion of the 35th anniversary of the Alliance in 1987 (published in 1989) contains a number of misinterpretations. Whether this is due to forgetfulness or to carelessness or to other reasons, cannot be reconstructed now.

The yearly meetings of AGI members always reflect the general situation and the specific role and significance of the profession on an international scale as well as the ability of the respective International Executive Committee to assert its aims. Meanwhile the association seems to have lost much of its charisma, it is probably the individual interests of the national groups that do not allow a progressive solidarity any more. The annual meetings of the last few years have turned into mere social events.

The Ulm Hochschule für Gestaltung

Anyone who studies design with alertness and commitment will be particularly attentive when considering the 1950's, as they were part of the period of a new beginning after a time of apathy. At that time the idea prevailed that people could be given a better, truer and more adequate environment by creating a design which could manage without the set pieces associated with indoctrination and the claim to power. This was why special attention was paid to such an institution as the Hochschule für Gestaltung HfG in Ulm. Ulm became a place to which people flocked, and was a fixed point for interested designers as well as industrial clients. This was at a time that was generally characterized by reconstruction, refitting and re-orientation. Something new was coming into being, and people were involved who wanted to create something new, in spite of the prejudices being displayed to them from the outside.

The government officials who ran the LGA, and the consultants there, soon attempted to include the Ulm College within the strategy of the institute. Thus it was that Herbert Lindinger and Meret Lindinger-Mitscherlich mounted an exhibition on the "History of Design" for the Design Centre, but it did not meet with a great response. One reason was that the first professorship for industrial design had by then been set up at the State College of the Visual Arts in Berlin, as a part of the Department of Applied Art. The professorship was held by Wilhelm Braun-Feldweg. (In the 50's, I would never have dreamt that I was later to meet him in Berlin again as my colleague.) His "Design Today" paperback, published

Hermann Eidenbenz (geb. / born 1902)

Der Künstler will die Welt verändern, der Gebrauchsgraphiker will sie schöner machen.
Hermann Eidenbenz

The artists wants to change the world, the graphic designer wants to brighten it up.
Hermann Eidenbenz

auch nicht träumen lassen!) Sein Rowohlt-Taschenbuch von 1966 über "Design heute" wurde von den Studenten viel gelesen. Ob Bauhaus oder HfG, beide Einrichtungen und viele andere mehr verwarf er als unzulänglich, vielleicht in dem Versuch, sich als Nestor (Jahrgang 08) des Design in der Nachkriegszeit zu etablieren.

Lindingers Ausstellung war zu meiner Zeit die einzige Arbeit eines Ulmers für das LGA und ermöglichte mir auch einen frühen Einblick in die HfG. Andere Verbindungen entstanden anläßlich von Jury-Sitzungen, Ausstellungseröffnungen oder Konferenzen, bei denen ich Otl Aicher und Tomás Maldonado kennenlernte. Meine Bemühungen um eine Gestaltung, die schon früh auf objektbezogene Sachlichkeit ausgerichtet waren, auf die Darstellung des jeweiligen Sachverhalts in einer Weise, die eine Information sachgerecht an den Empfänger bringt oder dem Betrachter eine sinnvolle Präsentation anbietet, fanden zu meiner Freude in den Grundlagen der HfG-Arbeit ihre Entsprechung, vor allem in der Differenzierung, die auch in Ulm angestrebt wurde.

Ulmer Modell

Inzwischen war Ulm in der Öffentlichkeit bekannt geworden, nicht nur, weil anscheinend eine neue Gestaltungsdoktrin, ein neues Ausbildungsprogramm entwickelt worden war, nicht nur wegen der Erfolge in der praktischen Umsetzung, sondern auch auf Grund der internen Auseinandersetzungen und querulatorischen Attacken, die von der Presse natürlich begierig aufgegriffen wurden. Ich konnte mich um die Einzelheiten solcher Vorgänge damals nicht kümmern, da mich meine Arbeit für das LGA zeitlich voll in Anspruch nahm. Aber mir ist heute klar, daß die Geschichte der HfG schon mit einem, so wie ich ihn sehe, Autokraten begonnen hatte: Max Bill, der den besonderen Ehrgeiz entwickelte, an der Spitze zu stehen, wo immer er war. Sein weitgefächertes Interesse an Gestaltung, das sehr eigenwillig war und sich aus der Tradition des Bauhauses speiste, wollte unbedingt eine didaktische Orientierung in der Art des Meister-Schüler-Systems erneuern. Auch die dort entwickelte Kunstproduktion sollte in Ulm einziehen, er wollte Maler- und Bildhauerklassen und auch Goldschmiedewerkstätten einrichten. 1952 sagte er: "Wir betrachten die Kunst als höchste Ausdrucksstufe des Lebens und erstreben, das Leben als ein Kunstwerk einzurichten. Wir wollen, ähnlich wie es seinerzeit Henry van de Velde proklamierte, gegen das Häßliche ankämpfen mit Hilfe des Schönen, Guten, Praktischen. Als Nachfolgerin von Van de Veldes Weimarer Kunstinstitution hatte das Bauhaus dasselbe Ziel. Wenn wir etwas weiter gehen als damals, indem wir in Ulm einerseits der Gestaltung von Gegenständen noch mehr Wert beimessen, den Stadtbau und die Planung weiter ausbauen, die Abteilung Visuelle Gestaltung auf den heutigen Stand bringen und schließlich eine Abteilung Information angegliedert haben, so kommt dies aus den natürlichen Bedürfnissen unserer Zeit."*

by Rowohlt in 1966, was much read by students. He rejected as inadequate both the Bauhaus and the Hochschule für Gestaltung, as well as many other institutions. He may have been trying to establish himself as the Nestor (born in 1908) of post-war design.

Lindinger's exhibition was the only piece of work which, in my time, was done for the LGA by a member of the Ulm Hochschule für Gestaltung, and it gave me an early insight into the workings of the College. Other links were formed at jury sessions, exhibition openings, and conferences, at which I made the acquaintance of Otl Aicher and Tomás Maldonado. I was endeavouring to achieve a design which, at an early stage, was aimed at object-related functionality, at depicting the particular situation in a way which adequately imparts information to the recipient or offers the onlooker a meaningful presentation. To my delight, these endeavours met with their equivalent in the principles on which the work of the HfG was based, particularly in the differentiation which was also aimed at in Ulm.

The Ulm model

Ulm had by then become known to the public, not only because a new design doctrine and a new training programme had been developed there, not only by reason of the successes achieved with practical realization, but also because of the internal disputes and querulous attacks which the press of course eagerly seized upon. I was not able at the time to bother myself with the details of such happenings, as my work for the LGA was taking up all my time. But it is clear to me today that the history of the Hochschule für Gestaltung began with a person whom I regard as an autocrat. This was Max Bill, who had a particular ambition to stand at the top, wherever he was. His extensive and very original interest in design was nurtured by the Bauhaus tradition and he definitely wished to renew the idea of didactic guidance after the manner of the master-pupil system. The artistic production developed under that system was also intended to be introduced to Ulm. Max Bill wanted to set up painting and sculpting classes and also goldsmiths' workshops. In 1952 he said: "We regard art as the highest degree of expression in life, and we are striving to establish life as a work of art. In similar fashion to what was proclaimed by Henry van de Velde in his time, we want to oppose what is ugly with the aid of what is beautiful good and practical. The Bauhaus, being the successor of van de Velde's institute of art in Weimar, pursued the same aim. If we are going somewhat further than they did in those days, and if, in Ulm, we are attaching even more importance to the design of objects, are expanding planning and urban construction, are bringing the Visual Design Department up to date, and have also incorporated an Information Department, then this results from the natural requirements of our times."*

Max Bill (1908–1994)

*Max Bill, "Bauhaus-Chronik. Vom Bauhaus in Weimar zur Hochschule für Gestaltung in Ulm", in: "Deutsche Universitätszeitung", Nr. 23–24, 1952, S. 14 f.

*Max Bill, "History of Bauhaus. From the Bauhaus in Weimar to the Hochschule für Gestaltung in Ulm", in: "Deutsche Universitätszeitung", No. 23–24, 1952, p. 14 f.

Das wollten die jungen Mitbegründer der HfG nicht, deren Motto lautete: “Keine Kunst mehr. Die Straße ist wichtiger als das Museum.” Und, um das weiterzuspinnen, denen ein Artikel im Wirtschaftsteil der Zeitung wichtiger war als ein Beitrag im Feuilleton, auch sprachlich. “Die Kreativität im Bereich der Technik ist wichtiger als im Atelier.” Man wollte ein Bewußtsein dafür entwickeln, daß die Qualität einer Gesellschaft bestimmt wird durch ihre Produkte, ihre Bedarfsprogramme und Kommunikationsweisen. Max Bills Konzept dagegen war hierarchisch, er sah Ingenieure und Produzenten als Ausführungsorgane des Designers. Das war im Ulmer Modell nicht unterzubringen. Denn der Designer kann nicht der übergeordnete Künstler sein, er hat im Entscheidungsprozeß einer industriellen Produktion seinen Beitrag im Team gleichwertiger Partner zu leisten. Das Ulmer Modell, das gegen Max Bill von jungen Dozenten wie Otl Aicher, Walter Zeischegg, Hans Gugelot, Tomás Maldonado, eingeschlossen die wissenschaftlichen Kooperanten, durchgesetzt wurde, ist dadurch gekennzeichnet, daß Technik und Wissenschaft in die Design-Ausbildung integriert werden.

Ein Jahr nach der offiziellen Eröffnung der HfG trat Bill zurück und schied 1957 ganz aus, mit viel Aufsehen und harten Worten von allen Seiten, aber damit waren die Konflikte noch nicht gelöst.

Die ersten Jahre, von 1953 bis 1957, waren vom Fehlen eines festen Lehrplans und von der Übernahme der gemeinsamen Vorlehre, wie sie im Bauhaus praktiziert worden war, gekennzeichnet. Die Billsche Auffassung vom Handwerklichen, Praktischen in Verbindung mit ästhetischem Ausdruck herrschte vor.

Nach der Anfangsphase entstand allmählich das Ulmer Modell, das in vielen Auseinandersetzungen korrigiert wurde. In den Jahren 1957 bis 1960 wurde das Ausbildungsprogramm präzisiert, eine Reihe von theoretischen Fächern eingeführt, die zwar summarisch schon früher im Programm der HfG aufgeführt, aber noch nicht in den Unterricht eingegliedert worden waren. Die HfG gewann jetzt an internationalem Einfluß, die Zusammenarbeit mit der Industrie wurde intensiviert, eine Reihe von beispielhaften Produkten entstand.

In den Jahren bis 1962 konnte man feststellen, daß die theoretischen Fächer gegenüber der praktischen Gestaltungsarbeit höher bewertet wurden. Das führte zu Differenzen in der Auffassungen, im Vordergrund stand die Frage, welche Rolle den analytischen Methoden bei der Entwurfsarbeit zuzubilligen sei. Die Ansicht setzte sich durch, daß Gestaltung mehr ist als eine nur analytische Methodik, ohne damit die wissenschaftliche Einordnung der Entwurfsarbeit zu schmälern.

Vieles ist über die Turbulenzen geschrieben worden und im Nachhinein sprechen auch die Protagonisten von damals in unterschiedlichster Weise über diese Zeit. Viele Geschichtsschreiber gehen den bequemen Weg und filtern eine Darstellung daraus, die von den Tatsachen weit entfernt ist. Hinzu kommt noch die leichtfertige Jagd

The young co-founders of the Hochschule für Gestaltung did not want this. Their motto was: “No more art. Roads are more important than museums.” And to continue the idea: to them, an article in the business section of a newspaper was more important, from the language point of view too, than one in the feature supplement. “Creativity is more important in technology than in the artist’s studio.” The idea was to develop a new awareness that the quality of a society is determined by its products, by its programmes for arousing consumer demand, and by its means of communication. Max Bill’s plan, on the contrary, was hierarchical. He regarded engineers and producers as the designer’s executive organs. This could not be incorporated within the Ulm model, because a designer cannot be a superordinate artist: in the decision-making process required in industrial production, the designer must make his contribution as a member of a team of partners equal in status. The younger lecturers such as Otl Aicher, Walter Zeischegg, Hans Gugelot and Tomás Maldonado, together with the scientific co-operators, brought about the acceptance of the Ulm model in opposition to the ideas of Max Bill. This model is characterized by the integration of technology and science into a training course for designers.

Bill resigned one year after the official opening of the Hochschule für Gestaltung, and withdrew from it entirely in 1957 to the accompaniment of uproar and harsh words on all sides. But the conflicts were still not resolved.

The first few years, from 1953 to 1957, were marked by the absence of a fixed curriculum and by the adoption of the combined teachings as previously practised in the Bauhaus. Max Bill’s concept of practical craftsmanship combined with aesthetic expressiveness prevailed.

After the initial phase, the Ulm model gradually came into being. It was corrected in the course of many disputes. In the years from 1957 to 1960, the training programme became more precisely defined, and a number of theoretical subjects were introduced which, although they had previously been summarily listed in the programme of the HfG, had not yet been integrated into the class work. The HfG was now gaining in international influence, co-operation with industry was intensified, and a number of exemplary products were created.

In the years up to 1962, theoretical subjects were more highly rated than practical design work. This led to differing opinions, the chief question being that of which rôle was to be assigned to analytical methods in design work. The view prevailed that creative design is more than a system of analytical methods, but that this did not detract from a scientific classification of the design work.

Much has been written about those turbulent disputes. When the protagonists of those days look back on the period, they speak about it in the most widely differing ways. Many historians follow a convenient path and extract from this a description which is far removed from the facts. There is also the frivolous hunt for news, the daily journalism that wishes to describe a new reality. It will thus

“... ich habe mir überhaupt keine Nachfolger vorgestellt. Ich wußte, daß diese Geschichte noch ein paar Jahre schnauft und dann zu Ende geht ... Ich war damals im Vorstand. Und ich habe den Vorschlag gemacht, man solle schließen ... Diesen Krüppel habe ich gern beerdigt ... Ich hatte die Absicht, die Hochschule als Außeninstitut an die Universität Stuttgart anzuhängen. Innerhalb der Uni Stuttgart war die Bereitschaft da ... Aber die Behörden waren nicht dafür. Und ihre Vertreter saßen im Stiftungsrat. Der Stiftungsrat behauptete, ich wolle die Schule verschenken. Da war es aus ... Die Hochschule hätte funktionieren können als ein Gebilde, das ... an eine TH angegliedert ist, als Außeninstitut. Mit gewissen Freiheiten, aber auch unter gewissen Gesetzen ...”

Max Bill im Gespräch über Anfang, Ende und Erbe der HfG Ulm, “form”, Nr. 144 (1993)

... I did not imagine that I would have any successors at all. I knew that this business would chunter along for a few more years and then come to an end ... I was on the board of management at that time. I proposed that the HfG be closed ... I enjoyed abolishing this ailing institution ... I intended that the College should be a research institute attached to the University of Stuttgart. There were people at the University willing to do this ... But the authorities were not in favour. And their representatives were members of the board of trustees. The board of trustees claimed that I wanted to give the HfG away for nothing. That was the end of the matter ... The College could have functioned as a body ... attached to a Technical college as a research institute. It would have had certain liberties, but would have had to follow certain laws ...

Max Bill in an interview on the beginning, end and heritage of the Ulm Hochschule für Gestaltung, “form”, Nr. 144 (1993)

U-L-M schreibt sich H.f.G.
Ein Besuch in Ulm heißt nur eins in unseren Kreisen. Hochschule für Gestaltung geht nicht so leicht von den Lippen wie Bauhaus - Ulm, so schlecht es auch ausgesprochen wird, ist einfacher zu sagen als Schule für das Unübersetzbare...
Richard Hamilton

U-L-M spells H.f.G.
A visit to Ulm means only one thing in our circle. Hochschule für Gestaltung doesn't roll off the tongue like Bauhaus - Ulm, however badly pronounced, is easier than college for the untranslatable...
Richard Hamilton

auf die Nachricht, der Tagesjournalismus, der eine neue Wirklichkeit beschreiben will. So wird man nie mehr genau feststellen können, welche "crashs" im einzelnen zu der Legendenbildung um die Auseinandersetzungen in und über "Ulm" führten.

Die Beschreibung dessen, was hätte sein können, was hätte sein sollen, bleibt spekulativ. Der Anschein ist heute wichtiger als die Wahrheit, die Form wichtiger als der Inhalt. Wir erleben täglich, wie mit Wort und Bild umgegangen wird in einer Umwelt, die von Überfluß gekennzeichnet ist. Die Unantastbarkeit der Wahrheit wird genauso wenig beachtet wie die Unantastbarkeit der Freiheit. Sie sind in ihrer Bedeutung und Wertigkeit verschoben, weil die individuelle Auslegung von Sachverhalten, die subjektive Interessenwahrung vorherrschen.

War es hauptsächlich Max Bense, der aus der Informationsabteilung, die sich den mehr praxisorientierten Texturen widmen sollte, eine Abteilung machte, die sich den informationstheoretischen Analysen zuwandte? Hier kam es bald zur Trennung, Otl Aicher setzte sich durch, sagt man.

War es der nachhaltige Konflikt, der zur Phase des kybernetischen Design und des Positivismus führte? Die Mathematisierung der erfaßbaren Prozesse, die Horst W. J. Rittel einführte, setzte einen Streit in Bewegung, der die Opposition gegen eine "technokratische Ideologie" etablierte.

Die Diskussionen über Kommerzialismus und marktorientierten Formalismus wurden zu Glaubenskämpfen hochstilisiert. Man fragte sich, ob Werbung notwendig ist, ob die HfG Design als Beeinflussungselement des Marktes entwickeln oder als Mittel zur Orientierung im Markt betrachten sollte. Die Auseinandersetzungen über die Unterschiede zwischen naturwissenschaftlichen und sozialwissenschaftlichen Zusammenhängen und ihre Kausalitäten bauten Fronten auf.

Wie gesagt, das alles spielte sich zu einer Zeit ab, als ich die Schule noch von außen beobachtete. Die Details der Auseinandersetzungen erschwerten die Interpretation, denn es gab Vieldeutigkeiten, und die unterschiedlichen Aussagen erlaubten keine Festlegung. Aber sie ließen Feindschaften entstehen, die bis heute gepflegt werden.

Wer die anthropologischen Eigenarten studiert, wird feststellen können und wissen, daß es ein herausragender Wesenszug des *homo sapiens* ist, gegenüber seinen Artgenossen eine machtbezogene Differenzierung anzustreben. Dies wird dadurch begründet, daß die eigene Wertigkeit durch allerlei Vorteilnahmen erhöht wird. Die Differenzierung artet dann leicht in Geltungssucht und Machtstreben aus. So sind die beschriebenen Krisen und daraus entstandenen unterschiedlichen Deutungen keine Spezialität der Ulmer Protagonisten. Auch das Bauhaus hatte seine Meinungsfraktionen, andere markante Einrichtungen, die in unserem Jahrhundert zum Thema der Modernisierung der gestalteten Umwelt ihre Stimme erhoben, hatten und haben ihre inneren wie äußeren Schwierigkeiten. Und immer lag es an diesem Differenzierungsgehabe, das gelegentlich so weit geht, bewußt auch falsche Darstellungen in Kauf zu nehmen. Wenn man sich die Aus-

never be possible to determine precisely what the individual clashes were that led to the legends about the disputes in and concerning the HfG.

The description of what could and should have happened must remain speculative. Today, appearance is more important than truth, and form is more important than content. We see everyday how words and images are used in an environment characterized by surplus. Just as little attention is paid to the inviolability of truth as to the inviolability of freedom. The significance and value of truth and freedom have become displaced, because the dominant factors are prone to an individual interpretation of situations and a subjective way of protecting one's interests.

Was it mainly Max Bense's responsibility – he who turned the Information Department, which was intended to devote itself to more practice-related textures, into a department which concerned itself mainly with analyses of information theory? A split soon arose here, and Otl Aicher's viewpoint prevailed, so it is said.

Was it this enduring conflict that led to a phase of positivism and cybernetic design? Horst W. J. Rittel introduced the idea of reducing recordable processes to mathematics, and this set off a dispute which established an opposition to "technocratic ideology".

Discussions about commercialism and market-oriented formalism were formulated in such a way that they turned into disputes about belief. Such questions were asked as whether advertising was necessary and whether the HfG should develop design as a factor influencing the market, or instead as a means of guidance in the market. There were disputes on the differences between scientific and sociological interrelationships and on their causalities. This led to the establishment of opposing viewpoints.

As I have mentioned, all this happened at a time when I was not yet a member of the HfG. The details of the disputes made interpretation more difficult, because there were ambiguities, and the differing statements made it impossible to be definite. But they caused enmities to arise which are still cultivated today.

Anyone who observes anthropological characteristics will observe and be aware of the fact that one prominent feature of *homo sapiens* is that he aims to differentiate himself, in a power-related way, from other members of his species. The reason given for this is that his own value is increased when he takes all kinds of advantages. The differentiation can then easily degenerate into a craving for recognition and into a striving after power. Thus the crises and resultant differing interpretations described above are not unique to the protagonists at the HfG. There were also holders of differing opinions within the Bauhaus; other prominent institutions, which have in our century raised their voices on the subject of the modernization of design in the environment, have had and still do have their internal and external difficulties. The reason for them was always this affected differentiation, which occasionally went so far as to deliberately accept false descriptions.

sagen einzelner Bauhausmeister im Laufe der Jahrzehnte vor Augen hält, sieht man sofort, daß hier genauso so viele Unwägbarkeiten mitspielen wie heute in den unterschiedlichen Deutungen der HfG-Aussagen.

Die Auseinandersetzungen fanden, so lange die Hochschule für Gestaltung existierte, in aller Öffentlichkeit statt, kaum ein Detail blieb der Presse verborgen. Dadurch konnten die Beteiligten den Eindruck gewinnen, das Ulmer Modell entwickele sich in den ideologischen Streitereien weiter und wachse an seinen Schwierigkeiten.

When the statements made over the years by individual masters of the Bauhaus are considered, it immediately becomes apparent that there are just as many imponderables involved in them as there are today in the differing interpretations contained in the statements made by the HfG members.

While the HfG was still in existence, the disputes took place in public. Hardly a single detail was concealed from the press. This might have given those involved the impression that the Ulm model was continuing to develop within the ideological quarrels and was growing even as a result of its difficulties.

Ulmer Eindrücke

Mein Weg auf den Kuhberg begann in Stuttgart in der Schlosserstraße, wo ich damals mein Büro hatte. Eines Tages Anfang 1964 rief Frau Rösner aus der Hochschulverwaltung an und bereitete mich auf den Besuch von Inge Aicher-Scholl und Otl Aicher vor. Ich war überrascht, dachte zunächst, sie wollten mit mir ein Problem in Zusammenhang mit dem LGA besprechen.

Der Tag kam, beide besahen sich aufmerksam mein Büro und die Arbeiten, mit denen ich gerade beschäftigt war. Bald stellten sie mir die Frage, ob ich als Gastdozent ein Trimester im Bereich der "Kommunikationstechniken" übernehmen könnte.

Für mich, der zwar im Laufe der Praxis sehr viele Menschen in die Tätigkeit der Gestaltung eingeführt hatte, kam der Vorschlag überraschend – mit Gedanken an eine pädagogische Aufgabe hatte ich mich nie beschäftigt.

Nach ein paar Tagen Bedenkzeit und einigen aufmunternden Telefonanrufen von Otl Aicher, aber auch nach Überprüfung der Aufträge, die ich für das Design Zentrum schon angenommen hatte, sagte ich schließlich zu, zumal sich die Verhältnisse im LGA verändert hatten. Hier war das Aufgabenvolumen so groß geworden, daß es sich auf die Arbeitsbedingungen auswirkte. Außerdem wollte sich Dr. Thuma aus Altersgründen zurückziehen: Jetzt konnte die Bürokratie Einzug halten.

Im Frühjahr 1964 übernahm ich also meinen ersten Lehrauftrag an der HfG in Ulm. Es war eine große Anstrengung, den Lehrbetrieb ordentlich zu organisieren, meine Arbeit für das LGA weiterzuführen und andere Aufträge in der gewohnten Weise abzuwickeln. Zu der Zeit hatte ich interessante Auftraggeber, so die Tageszeitung "Stuttgarter Nachrichten", die Farbenfabriken Kast + Ehinger, die Deutsche Lufthansa, die ich nicht vernachlässigen wollte.

Die Studenten, die ich im ersten Trimester antraf, waren mir sehr fremd. Schließlich schien meine eigene Studienzeit noch nicht allzu lange zurückzuliegen, und ich meinte, es könnte sich in der Studentenmentalität nicht allzu viel verändert haben, in der Mentalität von Werdenden, die sich der Gestaltung zugewandt haben. Die Studenten, mit denen ich in Ulm zusammentraf, hatten eine andere Einstellung zu den Dingen, zu ihrer Ausbildung, zur Institution, zu dem, was man ihnen sagen wollte, als jene, an die ich mich aus meiner

Impressions of Ulm

My journey to Kuhberg hill began in Schlosserstrasse in Stuttgart, where I had my studio at that time. Frau Rösner from the HfG administration rang me up one day in early 1964 and informed me that Inge Aicher-Scholl and Otl Aicher were going to visit me. I was surprised, my first thought was that they wanted to discuss with me a problem relating to the LGA.

The day arrived, and they both looked with attention at my office and the jobs I was engaged on. They soon asked me whether I would be able, for one term, to work as a guest lecturer teaching communication techniques.

I had introduced many people to design work in the course of my career, but this proposal came as a surprise to me, as I had never considered the idea of working as a teacher.

After thinking the matter over for a few days and receiving some encouraging telephone calls from Otl Aicher, and also after re-examining the commissions which I had already received from the Stuttgart Design Centre, I finally accepted, especially as things had changed at the LGA, where the volume of work had grown so great that it affected the working conditions. In addition, Dr. Thuma intended to retire because of his age. Bureaucracy was now able to take over.

Thus I took on my first teaching assignment at the Hochschule für Gestaltung in Ulm in spring 1964. It was a great strain to organize the lectures properly while continuing my work for the LGA and carrying out other commissions in my accustomed manner. I had some very interesting clients at that time, including the "Stuttgarter Nachrichten" daily newspaper, the Kast + Ehinger paint factory, and the Deutsche Lufthansa airline, and I did not want to neglect them.

Among the students I met in my first term I felt a complete stranger. It did not seem so long ago that I had myself been a student, and I did not think that very much could have changed in the thinking of students, of learners devoted to creative design. The attitude which the students I met in Ulm had towards things, towards their studies, towards the HfG as an institution and towards what was going to be said to them was different from the attitude I remembered from my own student days. The twenty years which had passed since the end of the war had formed them

Otl Aicher (1922–1991)

Am 15. Dezember 1962 trat die neue Verfassung der HfG in Kraft. Otl Aicher wurde am 20. Dezember 1962 zum Rektor für die Studienjahre 1962/63 und 1963/64 gewählt. Prorektor wurde Tomás Maldonado.

On December 15, 1962, a new constitution for the HfG came into effect. On December 20, 1962, Otl Aicher was elected Director for the academic years 1962/63 and 1963/64. Tomás Maldonado was Vice-Director.

Studentenzeit erinnern konnte. Die zwanzig Jahre, die seit Kriegsende ins Land gegangen waren, hatten sie anders geprägt. Sie waren ganz an den herrschenden Verhältnissen orientiert, die man schon Wirtschaftswunder nannte. Die aufkommenden politischen Turbulenzen produzierten kritische Haltungen, die ich als Arroganz empfand und mit denen ich mich schwertat. Wir durchlebten die ersten Lernprozesse, die uns die neu erworbene Demokratie und die Wertsetzungen des Grundgesetzes aufgaben.

Auch an ein gewisses elitäres Bewußtsein mußte ich mich erst gewöhnen, es hält bis auf den heutigen Tag bei allem an, was Ulm war und ist. Vielleicht war es eine Art Schutzhaut gegen eine Unsicherheit, die vor jedem Außenstehenden verborgen werden mußte. Diese Eigenart wurde schnell besonders von solchen Studenten angenommen, die selbst fühlten, daß ihre Erfindungsgabe, ihre Imagination, ihre Kreativität den vorgegebenen oder angenommenen Anforderungen nicht ganz entsprach.

Bei der Projektarbeit, HfG Ulm, 1966

Project work, HfG Ulm, 1966

Die erste Zeit in Ulm war, trotz aller Professionalität, die ich mir durch die Praxis als selbständiger Gestalter und durch die Arbeit für das LGA angeeignet hatte, eine ausgesprochene Lernzeit für mich. Das wurde natürlich durch das Verhalten der Studenten noch gefördert. Bei den Aufgaben, die ich ihnen stellte, ging ich zunächst davon aus, daß sie mit mir zusammen als gleichberechtigte Partner an die Arbeit gehen würden. Die Studiensituation, die ich selbst erfahren hatte, nämlich daß Lehrende und Lernende einer organisatorischen Hierarchie unterworfen sind, wollte ich nicht praktizieren. Das war nicht leicht, es gab Studenten, die nicht einmal den Durchschnitt der geforderten Leistungen erbringen konnten – trotz der besonderen Einstellung, die man von ihnen erwartete, da sie eine Ausbildungsstätte gewählt hatten, die als Ulmer Modell etwas Besonders darstellte. Das führte auch dazu, daß einige sich selbst später als Ulmer Absolventen bezeichneten, obwohl sie sich diese Qualifikation während ihrer Studienzeit nicht erworben hatten.

Bei derartigen Erfahrungen spielen die Eigenheiten des menschlichen Strebens nach Bedeutsamkeit und Herausgehobenheit eine besondere Rolle. Ulm forderte dies sozusagen heraus. Wenn diese Situation früh genug erkannt und richtig eingeschätzt wird, ist sie auch in einem solchen Konglomerat, wie es die HfG war, beherrschbar. Gewiß müssen manche Details als überwindbar betrachtet werden, weil sie immer aufkommen, wenn verschiedene Mentalitäten in einem engen sozialen Verband aufeinanderprallen, und das gilt besonders im pädagogischen Bereich. Aber sie bereiten Schwierigkeiten, wenn der Sachverhalt ernstgenommen und als gruppendynamischer Prozeß bearbeitet werden will.

Dennoch: Die Mehrheit der jungen Leute, mit denen ich im Laufe meiner Lehrtätigkeit zu tun hatte, kann ich als positive Begegnungen verbuchen. Mit vielen Studenten aus meiner Ulmer und später meiner Berliner Zeit habe ich bis heute Verbindung gehalten, es sind sogar Freundschaften entstanden. Ich denke an Michael Klar,

differently. They were entirely oriented on the prevailing circumstances, which were already being described as an economic miracle. The political turbulences which were brewing resulted in critical attitudes which I felt to be arrogant and found hard to accept. We were going through the initial learning processes imposed upon us by our newly acquired democracy and by the values laid down in the German Basic Law.

I also had to accustom myself to a certain élitist way of thinking which still continues today in everything which the Hochschule für Gestaltung was and is. It may have been a kind of protective coating for a feeling of insecurity which had to be concealed from every outsider. This characteristic was very quickly adopted by such students as themselves felt that their inventive talent, their imagination and their creativity did not quite accord with the existing or supposed requirements.

Despite the professionalism I had acquired in my career as a free-lance designer and in my work for the LGA, this initial period in Ulm was a decided period of learning for me. This was encouraged by the students' behaviour. When assigning tasks to them, I began by assuming that they would, together with me, set about the work as partners having the same rights as I myself. I did not wish to impose the situation which I had myself experienced as a student, where the teachers and students were subjected to an organizational hierarchy. This was not easy, as there were young people who did not even come up to average requirements, even though they might have been expected to adopt a particular attitude because the place of education they themselves had chosen was the Ulm model and was therefore something special. One result was that some of them later called themselves graduates of the Ulm College although they had not obtained any such qualification when they were students.

The way people use to behave when striving to attain importance and prominence played a particular part in these experiences. The HfG positively provoked such striving. If this situation is recognized early enough and correctly assessed, it is possible to gain control of it, even in such a conglomeration as the HfG. Some difficulties of behaviour must certainly be regarded as surmountable, because they always occur when different mentalities clash with one another in a close social association. This applies especially in the field of education. But they cause trouble if it is intended to take the situation seriously and treat it as a process of group dynamics.

Nevertheless, I had positive encounters with most of the young people with whom I dealt in my teaching work. I have maintained contacts to the present day with many of the students from my time in Ulm and, later, Berlin, and some friendships arose from this. One example is Michael Klar, who was a student of mine in Ulm, and then became my assistant, working in Herbert Ohl's and my own development groups when we had been commissioned to design the German Pavilion at the 1967 Montreal Inter-

in Ulm mein Student, dann Assistent, der in den Entwicklungsgruppen von Herbert Ohl und mir am Gestaltungsauftrag für den Deutschen Pavillon auf der Weltausstellung Montreal 1967 mitarbeitete. Er hat sich dann sehr intensiv an der 68er Studentenbewegung beteiligt, die ja die HfG auch erschütterte. Unsere Wege trennten sich daraufhin in einem kurzen, dafür um so heftigeren Prozeß. Später hat er die Fachhochschule für Gestaltung in Schwäbisch Gmünd zu Ausbildungsmodellen geführt, die eine gewisse Kohärenz mit dem Ulmer Modell anstreben. Das war ein Grund, warum ich es sehr begrüße, daß er nach meiner Emeritierung meinen Lehrstuhl an der Hochschule der Künste Berlin übernommen hat. Hier haben sich Verbindungen erhalten, die von der gegenseitigen Anerkennung der Gestaltungsauffassungen gekennzeichnet sind, und bei aller Unterschiedlichkeit der persönlichen Ausprägung denke ich, daß wir beide gestalterische Souveränität erkennen lassen.

Zu Beginn meiner Tätigkeit in Ulm hatte ich nur einen begrenzten Lehrauftrag übernommen. Feste Berufungsverfahren mit Ausschreibung, so wie das an anderen Hochschulen praktiziert wurde, gab es in Ulm nicht. Das gehörte sicher auch zu den Besonderheiten dieser privaten Schule. Bürokratische Verfahren wurden nicht gepflegt. Hier wurden Gespräche geführt und Angestelltenverhältnisse eingegangen.

Eines schönen Sommertags – ich war noch in Stuttgart tätig, wohnte während des Trimesters in einem der sogenannten Dozentenhäuser – lud Otl Aicher mich zum Essen ein. Mir schien dies eine erste gute Gelegenheit zu sein, um einige Dinge zu besprechen, die mir aufgefallen waren und deren Erörterung mir notwendig erschien. Man hatte ja wenig Zeit für ausführliche Gespräche, während des Lehrbetriebs ging es zu wie in einem Bienenstock. So fuhren wir in ein altes Dorfwirtshaus in der Nähe Ulms, wo wir unter Linden im Garten saßen und uns das typisch schwäbische Essen und einen guten Wein munden ließen. Mir fiel auf, daß Otl Aicher bei aller ästhetischen Rigorosität ein volkstümliches Ambiente und regional angesiedelte Romantik liebte. Er glaubte zu wissen, was eine Bevölkerung benötigt, die ihren Lebensraum verstärkt in urbaner Umgebung sucht, während er selbst sein Zuhause in ländlichen Gefilden fand. Letztlich besaß er eine Art Einsiedlermentalität. Urbanität, Mobilität waren nicht sein persönliches Bedürfnis, obwohl er in seiner Arbeit davon Gebrauch machte und viel dazu zu sagen hatte.

Aicher war sehr gut gelaunt und kam auf viele Themen zu sprechen, erzählte Anekdoten, lieferte scharfsinnige Beschreibungen der Zustände an der Hochschule mit ihren unterschiedlichen Persönlichkeiten. Er war ja kaum zu bremsen, wenn er einmal das Wort ergriffen hatte. Als ich von meinen Plänen zu sprechen begann, die darauf hinausliefen, daß ich im kommenden Jahr ein Angebot der UNESCO in Paris annehmen wollte, kam er mir zuvor und bot mir eine feste Stelle als Dozent in der Abteilung Visuelle Kommunikation an. Er erklärte mir auch, es sei notwendig, mich schnell zu entscheiden, weil die Stiftung eine neue

national Exhibition. He was then heavily involved in the students' movement of 1968, which also convulsed the Ulm Hochschule für Gestaltung. We thereupon went our separate ways, in a short but violent process. He later induced the Fachhochschule für Gestaltung in Schwäbisch Gmünd to practise some educational models which aimed at a certain coherence with the Ulm model. This was one reason why I very much applauded his taking over my professorship at the Berlin University of Art after I retired from it. Here, links have been preserved which are marked by each of us acknowledging the other's design concepts. Despite all the differences in our personal characters, I believe that an independent creativity can be discerned in both of us.

I only took on a limited teaching assignment when I began working at the HfG. There were in Ulm at that time no fixed procedures for staff appointments, including the advertising of posts. This differed from the practice all the colleges adopted, and was one of the peculiarities of this private school. Bureaucratic procedures were not maintained. All that happened was that interviews were held and staff appointments made.

One fine summer day – I was still keeping my studio in Stuttgart and working there and lived in one of the so-called lecturers' houses during the term – Otl Aicher invited me for dinner. This seemed to me to be a good initial opportunity to talk about some things which I had been struck by and which appeared to me to require discussion. There was little time for detailed discussions, as the work of teaching during the term was like living in a beehive. So we went to an old restaurant in a village near Ulm, where we sat beneath linden trees in the garden and enjoyed some typically Swabian food and a good wine. I noticed that Otl Aicher, despite all his aesthetic rigorousness, enjoyed a folkloric ambience and regional romanticism. He thought he knew what was required for people who increasingly sought their living space in urban surroundings while he himself found his home in more rural districts. Ultimately, his was something of a hermit mentality. Urbanity and mobility were not personal requirements of his, although he made use of them in his work and had a great deal to say on the subject.

Aicher was in a very good mood. He spoke of many topics, related anecdotes and gave penetrating descriptions of conditions at the HfG and the different personalities working there. Once he had started talking he could hardly be stopped. When I tried to begin speaking of my plan of accepting, the following year, an offer made by UNESCO to work for them in Paris, he anticipated me and offered me a permanent post as a lecturer in the Visual Communications Department. He told me that I would have to decide quickly, because the trust had approved a new post which would go to another department or be cancelled altogether if it was not filled immediately. He added that there were other arguments that made it necessary to announce the appointment very soon. His strategy was to appoint people of

Stelle genehmigt hatte, die an eine andere Abteilung fallen oder ganz gestrichen werden sollte, wenn sie nicht sofort besetzt würde. Es gebe auch noch andere Argumente, die es notwendig machten, die Berufung schnell auszusprechen. Seine Strategie lief darauf hinaus, den Dozentenstamm in der Abteilung Visuelle Kommunikation qualitativ hoch zu besetzen, um diese Abteilung gegenüber den anderen aufzuwerten.

Aicher versuchte, mich noch während des Essens im Biergarten zur Entscheidung zu veranlassen. Aber dazu war ich nicht bereit, denn mir war bewußt, daß meine persönliche Entwicklung und meine Lebensumstände eine neue Richtung nehmen würden und daß der Weg nach Ulm langfristige Auswirkungen haben mußte. Er würde auch die Übersiedlung meines Büros bedeuten. Solche weitreichenden Entscheidungen sollten nicht spontan getroffen werden. Damals konnte ich mir nicht vorstellen, daß irgend jemand schon an das Ende der HfG dachte.

In den folgenden Tagen bemühte ich mich, die persönlichen Dinge zu klären, auch die Aufträge, die ich schon angenommen hatte. Den Weg zur UNESCO verfolgte ich nicht weiter, obwohl mir der Verzicht schwerfiel. Das LGA war froh über meine Zusage, zunächst weiterzuarbeiten. So war die Entscheidung gegeben. Ich rief Aicher an, er schien nicht überrascht, er hatte mit meiner Zusage gerechnet. Am nächsten Tag bereits lag der Vertragsentwurf in meiner Post. Eine weitere Reise nach Ulm und ein Gespräch mit dem Verwaltungsdirektor besiegelten meine Berufung.

high quality to the permanent staff of lecturers at the Visual Communications Department, in order to make that department increase in value against the other departments.

Aicher tried to make me decide on the matter while we were still having our meal in the beer garden. But I was not prepared to do so, because I knew that my personal development and the circumstances of my life would be given a new direction altogether, and that the move to Ulm would certainly have its long-term effects. It would also mean moving my studio to Ulm. Decisions as important as these should not be made spontaneously. I could not yet imagine at that time that anyone was already thinking about the end of the Hochschule für Gestaltung.

In the days that followed I made efforts to clear up some personal matters, including the work which I was already committed to do. I took no further steps to work for UNESCO, although I did not find it easy to abandon that plan. The Office for the Promotion of Industry and Trade was pleased with my agreement to continue working for it for the time being. So my decision had been made. I rang Aicher up. He did not sound surprised, he had expected me to accept. I received the draft contract in the post the very next day. My appointment was sealed by another trip to Ulm and an interview with the head of administration.

Ulmer Entwicklungen

Die feste Dozentenstelle verlangte von mir – so dachte ich jedenfalls – die ständige Präsenz auf dem Kuhberg. Ich löste also mein Atelier in Stuttgart auf, die Räume, die ich seinerzeit von Fritz Seitz übernommen hatte und die ein sehr produktives Refugium gewesen waren. Die Vorstellung, Tabula rasa zu machen, kam mir in diesem Augenblick sehr gelegen. Eine neue Wirkungsstätte in neuer Umgebung einzurichten, neue Menschen kennenzulernen, neue Erfahrungen zu sammeln, half mir, auch in den familiären Verhältnissen zur Entscheidung zu kommen.

Ich packte alles zusammen und zog in eines der Dozentenhäuser, erst in ein kleines, später in das Haus von Hans Gugelot, der ja leider 1965 verstorben war. Seine Gastprofessur in Ahmedabad (Indien) hatte er gerade beenden wollen, um sich wieder mehr um die Entwicklungsarbeit in Ulm zu kümmern. Da wurde er aus dem Leben gerissen. Für die HfG war das ein herber Verlust, weil er als Pragmatiker gelegentlich die besonders artikulierte Wissenschaftlichkeit einiger Protagonisten und das Übergewicht der Theoriebildung durch sein "Machen" hinterfragen konnte. So habe ich ihn selbst erlebt, noch vor meiner eigenen Ulmer Zeit, als er bei verschiedenen Gelegenheiten im LGA auftrat. Sein ehemaliges Haus machte ich also zu meinem Wohnhaus und Entwicklungsbüro. Zwar lebte ich etwas beengt, aber der Raum

Developments in Ulm

The permanent lecturer's post required my constant presence on Kuhberg hill – or so I imagined. So I gave up my studio in Stuttgart. I had installed it in the rooms which I had taken over from Fritz Seitz and which had been a very productive place of refuge. The idea of making a clean sweep suited me very well at that moment. Setting up a new place of work in new surroundings, making the acquaintance of new people, and gathering new experience, all helped me to come to a decision in my familiar circumstances as well.

I packed up my belongings and moved into one of the lecturers' houses. The first one was a small house, later I moved into the house of Hans Gugelot, who had died in 1965. He had been about to finish off his guest professorship in Ahmedabad, India, in order once again to devote more time to the work of planning in Ulm. But then he departed this life. This was a bitter blow to the HfG, because he had been a pragmatist who was sometimes able by his actions to question not only the over-scientific character of the opinions specifically articulated by some of the protagonists, but also the preponderance of theory. This was how I myself experienced him before my own time in Ulm, when he appeared at the LGA on various occasions. I turned his former house into the house where I lived and

reichte sogar noch für zwei Mitarbeiter, man hatte ja damals noch keine Computerarbeitsplätze vorzusehen.

Zu Beginn meiner Lehrtätigkeit waren starke interne Vibrationen bemerkbar, obwohl sich die Lage in den Jahren 1964/65 nach außen hin zusehends beruhigt hatte. Dennoch konnte man wahrnehmen, daß die erste Generation der Lehrenden sich schon anderweitig orientierte, sie waren die Anstrengungen müde, die sie hinter sich hatten. Vor allem war das Interesse groß, die Außenbeziehungen auf eine Praxis auszurichten, die sich aus dem Marktgeschehen ergab. Heute denke ich, daß viele die "Zeit der Ernte" für angebrochen hielten. Die übernommene soziale Verpflichtung, dem gesellschaftlichen Bedarf an Gestaltung zu dienen, konnte nicht in der Weise erfüllt werden, wie man sich das zu Anfang vorgestellt hatte. Wenn man bei verschiedenen Aufgaben im einzelnen noch den Eindruck haben konnte, es gehe vorwiegend um Problemlösungen zur Erfüllung von Grundbedürfnissen, verfolgten die Gestalter doch auch immer merkantile Ziele. So hatte Tomás Maldonado Beziehungen mit italienischen Unternehmen angeknüpft, unter anderem mit dem Kaufhauskonzern La Rinascente. Er vermittelte Herbert Ohl nach Mailand, um für ihn ein großes Einkaufszentrum zu planen. Ohl zog später mit Familie nach Italien. Walter Zeischegg unternahm große Anstrengungen, um mit einer Kunststoffabrik zusammenzuarbeiten und hatte endlich Erfolg. Bei seinen Kenntnissen und Fähigkeiten, denke ich, hätte er ein bedeutenderes Aufgabenfeld verdient gehabt, als an einem Produkt, das zum Konsumgut degeneriert war, Gestaltungsvarianten zu zeigen. Herbert Lindinger baute gute Beziehungen zu Olivetti auf.

Für mich war es besonders aufschlußreich, Otl Aichers Interessenentwicklung zu beobachten. Als ich nach Ulm kam, war er Leiter der Abteilung Visuelle Kommunikation, nachdem er das Rektoramt 1964 an Maldonado abgegeben hatte. Kaum hatte ich mich einigermaßen eingelebt, offenbarte er mir, daß er sich aus Krankheitsgründen zurückziehen müsse und daß ich die Abteilungsleitung zu übernehmen hätte. Das war eine Herausforderung, aber auch eine überaus anstrengende zusätzliche Aufgabe, die meine Lehr- und Entwicklungstätigkeit beeinträchtigen mußte. Erst nach langem Bohren kam er damit heraus, daß er einen Forschungsurlaub dazu benutzen wollte, über Architektur und Städtebau zu schreiben. Diese Beiträge wurden dank seiner freundschaftlichen Beziehungen zu Manfred Sack in der "Zeit" veröffentlicht. Ich konnte mich nicht weiter um den Sachverhalt kümmern, denn die Arbeit, die auf mich zukam, nahm mich voll in Anspruch. Ich empfand Aichers Haltung aber als Ausdruck einer rigorosen Pflege des Eigeninteresses, das nicht nur auf ausgeprägtem Engagement beruhte. Einerseits hatte ich Verständnis für sein unvermitteltes Ausscheren, zumal er bis 1966 zwischendurch auch immer noch Lehraufträge wahrnahm, auf der anderen Seite aber – und da war ich ja besonders betroffen – ließ er uns mit den vielfältigen Problemen der Abteilung allein.

had my planning office. Although I was living in cramped quarters, there was still space for two employees, as computerized workplaces did not yet have to be provided.

Strong internal vibrations were perceptible at the beginning of my time as a teacher although, when viewed from the outside, the situation had become noticeably calmer in the years 1964/65. It was nevertheless discernible that the first generation of teachers were orienting themselves in a different way and were tired of the efforts that lay behind them. They were interested in making their relations with the outside world conform with a more practical outlook on the events in the markets. Today I am inclined to think that many of them believed that a "harvest season" had begun. The social obligation to serve society's need for creative design could not be fulfilled in the way that had been imagined at the outset. Although, in connection with various detailed tasks, the impression could arise that it was mainly a matter of solving problems in order to meet basic requirements, the designers were nevertheless pursuing mercantile goals. Tomás Maldonado had established relations with Italian companies, including the La Rinascente department store group. He gave Herbert Ohl the job in Milano to plan a large shopping centre for La Rinascente there. Ohl later moved to Italy with his family. Walter Zeischegg made great efforts to work for a plastics factory, and finally succeeded. I think that, given his knowledge and abilities, he deserved to be performing a more distinguished task than that of displaying different designs for a product which had degenerated into a consumer item. Herbert Lindinger built up a good relationship with Olivetti.

To me, it was particularly instructive to see Otl Aicher's interests developing. When I came to Ulm he was the head of the Visual Communications Department, having handed the office of Rector over to Maldonado in 1964. Hardly had I accustomed myself, at least to some extent, to life in Ulm when he disclosed to me that he was going to have to resign for health reasons and that I would have to take over the running of the Department. This was a challenge, but it was also a very strenuous additional task which was bound to have an adverse affect upon my work as a teacher and planner. Only after lengthy prodding did he reveal that he intended to use the research leave which he had been granted to write about architecture and town planning. These articles were published in "Die Zeit" weekly newspaper, thanks to his friendly relations with Manfred Sack. I was not able to deal with this situation in detail, as the work I had to do kept me very busy. But I felt that Aicher's attitude was the expression of a rigorous pursuit of his own interests, which were not based solely on a strong commitment on his part. On the one hand, I could understand his sudden departure, especially as he still took on occasional teaching assignments up until 1966, but on the other hand – and this affected me in particular – he left us to deal with the Department's various problems on our own.

Erst später erkannte ich, daß es sich schon um eine Art Fahnenflucht handelte. Die Flucht von einer Fahne, die bis zum letzten Augenblick hochgehalten werden sollte, wie Claude Schnaidt noch in den letzten Tagen der HfG lautstark immer wieder forderte. Die Fahnenträger verkrümelten sich. Bei Otl Aicher handelte es sich um eine feingliedrige Vernetzung von taktischem Verhalten und opportuner Planung. Er hatte wohl als erster das Sinken des Schiffes vorausgeahnt. So dienten alle seine Handlungen seit 1965 der Vorbereitung der großen Aufgabe als Gestaltungsbeauftragter für die Olympischen Spiele in München 1972. Die Artikel in der "Zeit" stellten seine generalistische Übersicht vor und gehörten zur Imagebildung. Gute Verbindungen allerorten, auch zum agilen Münchner Oberbürgermeister Dr. Hans J. Vogel, führten denn auch zur Auftragserteilung.

Das Ergebnis bestätigt allerdings, daß die Gestaltung des Erscheinungsbildes der Spiele in den richtigen Händen gelegen hatte – trotz der kleinkarierten Kritik, die nicht auf sich warten ließ. Einmal wurde der Veranstaltung der sonst übliche vielfältige Zivilisationskitsch erspart, zum anderen ist eine neue Art der Gestaltung von Massenveranstaltungen initiiert worden. Daß in den folgenden Jahren solche Veranstaltungen doch zum Kommerz-Happening wurden, ist der hemmungslosen Hingabe an das Marketingprinzip zuzuschreiben, das von Aicher so sicher nicht gewollt war.

Er war sehr zufrieden, diese Gestaltungsaufgabe erhalten zu haben, obwohl er sie durchaus auch kritisch betrachtete. Allerdings ging seine Euphorie doch so weit, daß er sagte, wenn er die Olympischen Spiele bearbeitet habe, würde er gern der katholischen Kirche zu einem neuen Corporate Design verhelfen. Nicht ohne Grund also erhielt er den Beinamen "Design-Jesuit".

Ich bedauerte, daß er Ulm so früh aufgab. Ja, es war eine Art Aufgeben, denn wenn auch das Projekt "Olympische Spiele" seinen ganzen persönlichen Einsatz erforderte, hätte er doch, wenn er an die Zukunft der Schule geglaubt hätte, die Bearbeitung als Projekt in seine Entwicklungsabteilung an der Hochschule einbringen können. Das hätte die Bedeutung der HfG gestärkt und sie auch wirtschaftlich weitergebracht. Es ging ja um Millionensummen in der fünfjährigen Bearbeitungszeit. Und wenn man die Verpflichtung gegenüber der HfG ernstgenommen hätte, einen bestimmten Prozentsatz der Einnahmen der Entwicklungabteilung an die Schule abzuführen, wäre dies gut und gern der Betrag gewesen, der ausgereicht hätte, um die politischen Zwangsvollstrecker, die den jährlichen Fehlbetrag als Schließungsbegründung benützten, abzuschmettern. Jedoch wurde in der Familie Aicher-Scholl wohl anders gedacht. Man war vom Wirtschaftsdenken in einer immer intensiver werdenden Leistungsgesellschaft beeinflußt. Auch stand die Planung von Rotis wahrscheinlich schon am Horizont, zumindest waren Konzepte für diese Design-Enklave bereits früh angedacht worden. Auch die Einrichtung eines Design-Labors stand in der Soll-Liste. Ich will nicht unterstellen, daß nur

Only later did I realize that this was a kind of desertion already: a desertion of the flag which should be held on high until the last moment, as Claude Schnaidt repeatedly and loudly demanded during the last days of the HfG. The former bearers of the flag were slipping away. With Aicher, it was a matter of the delicate interlinking of tactical manoeuvring and expedient planning. He was probably the first to have a premonition that the ship was going to sink. Thus, all his activities from 1965 onwards served to prepare him for his great task as the artist commissioned to carry out the designs for the 1972 Olympic Games in Munich. His articles in "Die Zeit" weekly presented his generalized overview and contributed to establishing his image. And it was his good connections in many places, including his links with Dr. Hans J. Vogel, the energetic mayor of Munich, that led to the commission being awarded.

But the results confirm that the design of the outer shape of the Olympic Games was in the right hands, despite the narrow-minded criticism which soon made its presence felt. Firstly, this event was spared the cheap finery of civilization, otherwise so customary; secondly, a new way of designing mass events was initiated. Such events did – unfortunately enough – turn into commercial happenings in the years that followed; this must be attributed to an unrestrained dedication to the principle of marketing, something which Aicher certainly did not intend.

He was very contented with having been given this design task, although he also looked on it critically. But his euphoria went so far as to make him say that when he had finished with the Olympic Games, he would like to help the Roman Catholic church obtain a new corporate design. Thus it was not for nothing that he was given the nickname of "Jesuit designer".

I was sorry that he abandoned his post in Ulm so early. It was a kind of abandonment, because even though the Olympic Games design project required all his personal energies, he might – if he had believed that the HfG had a future – have incorporated the work on the Games as a project at his planning department at the HfG. This would have made the College more important and would also have benefited it economically. It was a question of millions of marks over the five years allowed for work on the project. If the undertaking to pass on to the HfG a certain percentage of the receipts achieved by the planning department had been put into effect, this amount would easily have been enough to beat off the politicians who were trying to foreclose the HfG and were using the annual deficit as a reason to shut it down. But the Aicher-Scholl family thought differently. They were probably influenced by the business mentality of what was becoming a more and more intensely meritocratic society. Plans for setting up a centre in Rotis had probably already been envisaged. At any rate, concepts for this enclave of design had been thought of at an early stage. The setting-up of a design laboratory was another impending project. I am not trying to

merkantile Gründe zu dieser Haltung führten. Die Aufträge stellten sicher eine Herausforderung dar, die wie keine andere belegen konnte, daß Gestaltung für gesellschaftsrelevante Anlässe eine politische Aufgabe ist. Das war ja immer das Anliegen der HfG gewesen, sich den Objekten zu widmen, die dem täglichen Leben dienen und nicht der Gestaltung von Luxus- und Geschmacksgütern.

Trotz seines unbestrittenen Engagements hatte Otl Aicher eine besondere Art zu überzeugen, von sich zu überzeugen, um seine eigenen Interessen durchzusetzen. Wir waren immer wieder beeindruckt von seiner Beredsamkeit und Überzeugungskraft. Das gilt insbesondere für seine späteren Jahre. Wenn er zu den Veranstaltungen seines "Instituts für analoge Studien" nach Rotis einlud, waren die Gäste von seinen wortreichen Vorträgen regelmäßig so beeindruckt, daß sie sich, in ihre eigene Region zurückgekehrt, erst einmal den Kopf wieder freimachen mußten von der Fülle der Gedanken, Vorschläge und Ideen, die sie gehört hatten.

Er war darauf bedacht, ein "Aicher-Totaldesign" zu installieren, koste es, was es wolle. Diese Absolutheit, die ihn in seinen Aktivitäten nicht behinderte, habe ich selbst erfahren. Ich hatte von der "AGV – Arbeitsgemeinschaft der Deutschen Verkehrsflughäfen" den Auftrag erhalten, das Orientierungssystem auf deutschen Flughäfen zu überarbeiten. Nach Überwindung vieler Hemmnisse durch administrative Zwänge und internationale Vorschriften lieferte ich es ab, um dann zu hören, daß Aicher die Piktogramme, die er inzwischen für den Flughafen Frankfurt/Main und die Olympischen Spiele entwickelt hatte, meinen Auftraggebern zur Verwendung angeboten hatte, ohne mit mir zu sprechen oder Martin Krampen zu befragen, den ich zu diesem Gestaltungsprojekt hinzugezogen hatte.

Besondere Anforderungen haben die HfG oft in schwierige Situationen gebracht, weil permanent Widersprüche auszuhalten waren. Die Hochschule lebte sozusagen von Widersprüchen. Sie stellten eine Art Selbsterhaltung und Selbstreinigung dar, auf die sich die Ulmer immer wieder einließen. Die Widersprüche provozierten Auseinandersetzungen zwischen den Dozenten, die sich in internen Krächen äußerten. Der Streit um Theorien und Personen förderte die Entwicklung, ob es nun um Methoden der Lehre, um Wissenschaftshörigkeit oder Pragmatismus ging. Die Symmetrie zwischen Realität und Utopie, zwischen Design und Verpackung, zwischen Funktionalität und Redundanz, zwischen sozialer Verpflichtung und kommerzieller Ausbeutung, zwischen Theorie und Praxis wurde stets angestrebt und war Anlaß für Worte, denen Taten folgen sollten, die allerdings auf Grund von Mißverständnissen und Widersprüchlichkeiten oft ausblieben.

So kam es auch, daß immer wieder kolportiert wurde, jegliche Werbung sei in Ulm verpönt. Man beschäftigte sich zwar früh mit Kommunikationstheorie, mit der Produktion und dem Transport von Botschaften, so zum Beispiel Gui Bonsiepe in seinen theoretischen und praktischen Kursen zur visuellen Rhetorik, und behandelte weitge-

suggest that it was only mercantile reasons that led to this attitude. The commissions he was receiving were certainly a challenge which provided the best possible proof that creative design for socially relevant purposes is a political task. The HfG had always wanted to concern itself with everyday objects and not with the design of luxury goods and items of personal taste.

Despite his undoubted commitment, Otl Aicher had a particular way of convincing people of his opinions in order to gain acceptance for his own interests. We were impressed by his eloquence and convincingness. This is particularly true of his later years. When he invited people to come to Rotis to attend events held at his "Institute for Analogous Studies", his guests were regularly so impressed by his verbose lectures that, after returning to their own regions, they had to free their minds from the abundance of proposals, notions and ideas that they had heard.

He seemed anxious to establish a "total Aicher design" at all costs. I myself experienced this absolute insistence, which never hampered him in his activities. The Association of German Airports had commissioned me to rework the orientation system at German airports. After overcoming the hurdles caused by administrative necessities and international regulations, I submitted my design, only to be told that Aicher had offered my clients the opportunity of using the pictographs which he had in the meantime created for the Frankfurt am Main airport and the Olympic Games. He did this without first speaking to me about it or consulting Martin Krampen, whose experience I had employed on this design project.

Special requirements often put the HfG in a difficult position arising from the permanently contradictory opinions to be heard at the HfG. In a manner of speaking, the HfG lived by contradictions. They were a kind of self-preservation and self-purification which the College members repeatedly embarked upon. Contradictions provoked disputes among the lecturers which found their expression in internal quarrels. Disputes about theories and persons were a spur to further development, whether it was a matter of teaching methods, of obedience to science, or of pragmatism. The symmetry between reality and utopia, between design and packaging, between functionality and redundancy, between social commitment and commercial exploitation, between theory and practice, was constantly aimed at and always gave rise to words which were meant to be followed by deeds. However, the latter seldom did take place, due to misunderstandings and contradictions.

This was why it was repeatedly rumoured that advertising was a taboo topic at the HfG. Nevertheless, communications theory and the production and transport of messages were dealt with at an early stage. For example, Gui Bonsiepe did this in his theoretical and practical courses on visual rhetoric. Widely differing topics relating to advertising were worked on. However, the public wrongly equated advertising with persuasive communication, and the result was that any kind of consumer advertising was discriminated against

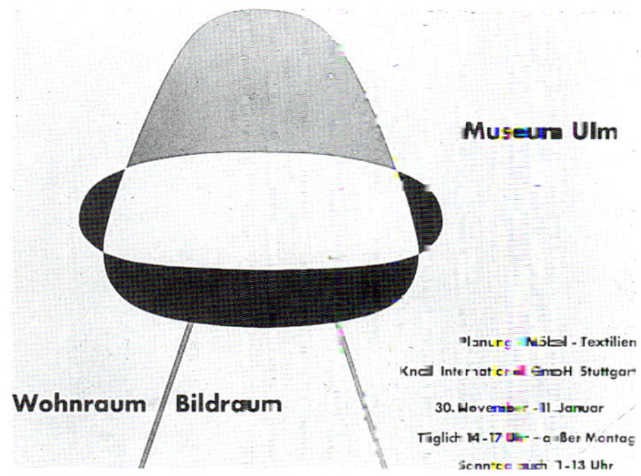

Plakat von Otl Aicher, 1952

Poster by Otl Aicher, 1952

fächerte Themen der Werbung. Jedoch wurde in der Öffentlichkeit Werbung fälschlicherweise mit persuasiver Kommunikation gleichgesetzt, und das führte zu dem Ergebnis, daß jede Art der Konsumwerbung als Waschpulverwerbung diskriminiert wurde. Wir entwickelten eine Dialektik der Gestaltung der medialen Anwendung, die die visuelle Kommunikation unterschied in "erträglich", also Nachricht, und "unerträglich", sprich Überredung. Plakate, die in den einzelnen Unterrichtsprojekten entworfen wurden, hatten danach mit Botschaft zu tun, nicht mit Verführung. Werbung, wie man sie in Ulm verstand, ließ dennoch Raum für emotionale Deutungen. So vermittelte etwa ein Lufthansa-Plakat durchaus ebenso viel unterschwellige Indoktrination (Fernweh, Traum) wie vordergründige Persuasion.

as being mere soap-powder advertising. We developed contrary opinions regarding how design was applied in the various media. These opinions divided visual communications into "tolerable", that is to say information, and "intolerable", that is to say persuasion. Accordingly, the posters designed in the individual teaching projects were meant to provide information and not temptation. Nevertheless, advertising as understood in Ulm still allowed space for emotional interpretations. For example, the amount of subliminal indoctrination (wanderlust, dreaming) imparted by a Lufthansa poster is certainly equal to the amount of obvious persuasion.

Ulmer Lehrbetrieb

Als ich die Abteilungsleitung mitten im laufenden Studienjahr übernahm, fand ich nicht einmal Informationen über schon eingeleitete Verpflichtungen von Gastdozenten vor. So wäre mir die ordentliche Weiterführung des Lehrbetriebs in der Abteilung Visuelle Kommunikation kaum möglich gewesen ohne die Hilfe von Johanna Rösner, die in der Hochschulverwaltung einen dominierenden Platz einnahm. Auf sie kam die Organisation und Durchführung der Lehrplanung zu, und diese Aufgaben bewältigte sie souverän. Ohne ihr Wissen und ihr Organisationstalent wäre der Lehrbetrieb wahrscheinlich bald zusammengebrochen. Es gibt ja immer wieder den Glücksfall, daß man eine Persönlichkeit findet, die ihre ganze Kraft, ihr Einfühlungsvermögen und ihre Kreativität in den Dienst einer Sache stellt, ohne zu fragen und ohne Forderungen zu stellen. Ich bin dieser immer freundlichen und mit viel Herzenswärme ausgestatteten Frau sehr dankbar. Sie half mir über Schwierigkeiten hinweg, von denen kein Kollege auch nur Notiz nahm.

Beim Kramen in Erinnerungen für diese Aufzeichnungen kommen mir Einzelheiten in den Sinn, denen ich damals kaum Bedeutung beimaß. Aber im Zusammenhang mit den Ereignissen und in der Rückschau auf die Zeitläufte erhalten sie doch substantiellen Charakter. So wird mir heute ganz deutlich, daß mich weder Otl Aicher noch der Assistent mit Lehrberechtigung, Nick Roericht, in die currikularen Bestandteile des Lehrplans oder in spezifische Konzepte oder Fakten anstrebenswerter Lehrinhalte einweihten. Es gab keine ausführlichen Gespräche über Ausbildungsanforderungen oder Problemstellungen in Zusammenhang mit der Lehrorganisation. Ich mußte viel Zeit und Mühe aufwenden, um meine Konzeption eines Curriculums zu planen, das den Anforderungen an die Qualität der HfG-Ausbildungsziele genügen konnte, und um mögliche Gastdozenten zu besuchen und für die Lehre zu gewinnen. Sicher waren es nicht in allen Fällen solche, die den Ansprüchen der HfG und ihren Gestaltungsauffassungen völlig entsprachen. Alle brachten aber ihre Loyalität der HfG gegenüber zum Aus-

Teaching activities in Ulm

When I took over the post of head of department in the middle of the current academic year, I could not even find any information about the obligations which guest lecturers by that time had been asked to carry out. I would therefore hardly have been able to continue the teaching activities at the Visual Communications Department in a proper manner had it not been for the help of Johanna Rösner, who held a dominant position in the College administration. It became her task to organize and carry out the planning of the classes, and this she did in masterly fashion. Teaching activities would probably soon have come to a standstill had it not been for her knowledge and organizational talent. It often happens that one is lucky enough to find someone who serves a cause with all of his or her strength, empathy and creativity, without asking questions or making demands. I shall always be very grateful to this woman, who was always friendly and very warm-hearted. She helped me overcome difficulties which none of my colleagues paid any attention to.

When reminiscing to find material for this writing, details occur to me to which at the time I hardly attached any importance. But they attain substance when seen in connection with the events and when the trends of the times are considered in retrospect. Thus it is quite clear to me today that neither Otl Aicher nor Nick Roericht, an assistant who was qualified to teach, acquainted me with the details of the curriculum or with specific plans or facts relating to matters which it was desirable to teach. Detailed discussions on educational requirements or on problems relating to the organization of teaching were never held. I had to expend a great deal of time and trouble, as I was not only planning my conception of a curriculum which came up to requirements where the quality of the educational objectives of the HfG was concerned, but had also to visit potential guest lecturers to persuade them to become teachers. It is certain that not all of them were people who entirely met the requirements of the HfG and its concepts of creative design. But they all expressed their loyalty to the HfG. I intended,

druck. Meine Absicht war, mit ihrer Unterstützung eine Lehre anzubieten, die von der Überzeugung ausgeht, daß für die sachgerechte Übermittlung von Information die funktionsgerechte Anwendung von Gestaltungselementen unabdingbar ist. Wahrhaftigkeit ist wichtiger als artistische Spielerei, Überprüfbarkeit bedeutender als ästhetische Verschlüsselung.

Zu Beginn wählte ich die Einzuladenden aus meinem engeren Kollegenkreis aus, weil ich damit rechnen durfte, daß sie am ehesten mit den engen administrativen Bedingungen einverstanden sein würden. So kam der unvergessene Wolfgang Schmidt, der ein besonderes Verhältnis zu Studenten aufbauen konnte. Ernst Hiestand gab einen Verpackungskurs. Manfred Kröplien, der für IBM hervorragende Arbeit geleistet hat, übernahm typografische Lehraufgaben. Fritz Seitz vermittelte seine Farbtheorie.

Mit dem als exzellenter Konzeptionär und Texter bekannten Bodo Rieger bot ich zum ersten Mal in Ulm eine Lehrveranstaltung an, die sich mit der Einführungskampagne für ein Lebensmittel befaßte. Die Studenten nahmen sie mit großem Interesse an, denn es war für sie etwas Neues, am Beispiel der immer aggressiver werdenden Konsumwerbung zu erfahren, wie die Strukturen und Anwendungsbereiche funktionieren. Das war die Zeit, in der Wolfgang Fritz Haug seine einflußreiche "Warenästhetik" herausbrachte, eine aus marxistischer Sicht formulierte Kritik der Wirtschaftswerbung, wie sie in Ulm schon früh als Instrument der Konsumentengängelung erkannt worden war. Vergessen wurde dabei, daß von individuellen wirtschaftlichen Interessen geprägte Aufgabenstellungen auch ihre Berechtigung haben, sie wurden kaum bearbeitet, statt dessen vorzugsweise solche, die gesellschaftliche oder kulturelle Bedeutung haben. Das Tätigkeitsfeld Visuelle Kommunikation berücksichtigt den Tatbestand, daß in weiten Bereichen des sozialen Lebens die Menschen angesprochen, gelenkt oder miteinander in Kontakt gebracht werden. Hier ist insbesondere die funktionsgerechte Gestaltung von Massenkommunikation gemeint.

Diese Definition rief immer wieder Konflikte vor allem mit Kritikern des Ulmer Modells hervor. Aber auch Studenten fragten, ob visuelle Gestaltung sich in der Weise äußern müsse, daß scheinbar gleiche visuelle Elemente für unterschiedliche Inhalte eingesetzt werden.

Ich begründete die Einladung Bodo Riegers mit dem Argument, daß man in der Ausbildung nicht das ignorieren dürfe, womit ein qualifizierter Gestalter in der Zukunft täglich konfrontiert sein würde. Er sollte zumindest Kenntnis von allen Facetten der Kommunikation haben. Erst die Behandlung der Herstellungs- und Verbreitungsmethoden versetzt ihn in die Lage, kritisch und mit Fachkenntnis zu entscheiden, welche der verkaufsfördernden Mechanismen mit seiner eigenen Gestaltungsauffassung vereinbar sind. Eine nur ideologisch begründete Askese macht blind. Später wurde mir vorgehalten, ich hätte die Konsumwerbung in die Gestaltung einführen und damit die Grundsätze der Ulmer Gestaltungsauf-

with their assistance, to offer a course of teaching based on the conviction that the properly functional use of design elements is indispensable if information is to be suitably imparted. Truthfulness is more significant than artistic playfulness, and it is more important that an art work should be properly examinable than that it should be produced in a kind of secret aesthetic code.

At the outset, those who were to be offered posts were selected by me from my immediate circle of colleagues, because I expected them to be the most likely to agree to the strict administrative conditions imposed. This was how the unforgettable Wolfgang Schmidt was invited, who was able to develop a particular relationship with students. Ernst Hiestand gave a course in packaging. Manfred Kröplien, who did outstanding work for the IBM, taught typography. Fritz Seitz imparted to students his theory of colour.

Together with Bodo Rieger, who was known to be an excellent copywriter and creator of design concepts, I offered, for the first time at the HfG, a class dealing with the campaign to introduce a food product to the market. The students took great interest in this class, because to them it was something new to learn – by the example of consumer advertising, which was becoming increasingly aggressive – how the structures and areas of application operate. This was at the time when Wolfgang Fritz Haug published his influential work "The Aesthetics of Merchandise", a criticism – formulated from a Marxist standpoint – of advertising in business. At the HfG, it had been realized at an early stage that such advertising was an instrument with which to lead the consumer by the nose. It was forgotten in this connection that some design tasks imposed by individual business interests are nevertheless justified. Such tasks were hardly worked on here. Instead, it was mostly socially or culturally significant design work that was handled. The area of work called Visual Communications takes into account the fact that people are spoken to, guided or brought into contact with one another in many spheres of social life. This refers particularly to the properly functional design of mass communication.

This definition repeatedly gave rise to conflicts, particularly with critics of the Ulm model. But students also asked whether it was compulsory in design that seemingly identical visual elements should be used to express different meanings.

The argument I used when I had to justify my inviting Bodo Rieger was that it was not permissible, when designers were being trained, to ignore the things with which a qualified designer was going to be daily confronted in future. He should at least have a knowledge of all the facets of communication. Only when he has studied the methods of manufacture and distribution will he be able to use his specialized knowledge to decide critically which sales promotion mechanisms are reconcilable with his individual concept of design. Ideological asceticism makes a person blind. I was later rebuked for wanting to introduce consumer advertising into creative design, and thus for intending to turn the Ulm concept of design upside

"Instant-break", Konzeption und Gestaltung der Werbekampagne für ein Lebensmittel. Manfred Winter, 3. Studienjahr, 1966/67

"Instant break", conception and design of the advertising campaign for a food product. Manfred Winter, a third year student, 1966/67

Titelblatt von "ulm report", 1966

Title page of "ulm report", 1966

fassung umstülpen wollen. Meine Initiative war aber durch das Streben nach offener, informativer und pädagogischer Vermittlung bestimmt.

Ich will keine biografische Agenda und kein Arbeitsprotokoll über die zu meiner Zeit beschäftigten Gastdozenten erstellen, obwohl ich ihnen Dank schuldig bin. Leider ist dieser meines Wissens an keinem Ort und zu keiner Zeit, weder von der Hochschulleitung noch durch die Geschwister-Scholl-Stiftung, je abgestattet worden. Jeder, der sich erinnert, wie die HfG arbeitete und wirtschaftete, weiß auch, daß ohne die Beteiligung von Gastdozenten – natürlich sollte man in diesem Zusammenhang die angestellten Dozenten und engagierten Mitarbeiter nicht vergessen – der pädagogische Betrieb nicht das gewesen wäre, was er war und wie er in den Annalen dokumentiert ist.

In der Phase, als ich die Abteilung leitete, gab auch Herbert Lindinger Lehrveranstaltungen im Grundstudium. Er war einer der frühen Studenten, der fleißig zwei Studienbereiche absolviert hatte: Zunächst Visuelle Kommunikation und danach Produktgestaltung. Dann wurde er Mitarbeiter von Gugelot und Assistent mit Lehrberechtigung. Später wurde er als Dozent berufen und arbeitete in beiden Abteilungen. Nach Gugelots Tod hatte er seine eigene Entwicklungsabteilung.

Nick Roericht, der in Aichers Entwicklungsabteilung gearbeitet hatte und 1965 Assistent der Abteilung mit Lehrberechtigung geworden war, verließ die HfG bereits 1966. Zunächst ging er nach Amerika, nach seiner Rückkehr beschäftigte ihn Otl Aicher bei der Gestaltung der Olympischen Spiele. Seine ausgeprägte Persönlichkeit war mit dem, was ab 1965 in der Abteilung vorging, nicht einverstanden. Er war allen Situationen gegenüber aufgeschlossen, aber im Umgang sehr schwierig. Und er litt sichtlich unter dem Widerspruch zwischen den sich entwickelnden Tendenzen an der HfG und seinem eigenen Anspruch.

Auch Thomas Gonda stand einige Zeit für die Lehre zur Verfügung, ging aber bald nach Mailand und später nach New York, wo er viel zu früh verstarb. Von Geburt Ungar, mußte er in den dreißiger Jahren wegen seiner jüdischen Herkunft nach Argentinien emigrieren. Maldonado holte ihn nach Deutschland zurück, aber er fühlte sich hier nicht wohl, schon gar nicht in Ulm. Er war ein ausgezeichneter Gestalter, der auch viel zu seiner Arbeit zu sagen wußte. Ich war froh, daß er mir mehrmals als Gastdozent zur Seite stand, obwohl ich immer den Eindruck hatte, daß er nicht sehr gern mit Studenten arbeitete.

Zu dieser Zeit holte ich auch Martin Krampen wieder nach Ulm. Er war einer der ersten Studenten an der HfG gewesen und kannte noch den Studienbetrieb in behelfsmäßigen Räumen in der Stadt. Zu seiner Zeit waren die Gebäude am Kuhberg noch nicht fertig, geschweige denn eingerichtet. Nach dem Diplom 1958 ging er nach Amerika. Da er gern nach Europa zurückkehren wollte, akzeptierte er meine Einladung zu Gastdozenturen und übernahm ab 1968 in fester Stellung eine Reihe von Lehrveranstaltungen, in denen mehrere Wissenschaftsbereiche behandelt

down. But my initiative was the result of a striving after open, instructive and pedagogical ways of imparting information.

I do not intend to draw up a set of biographical notes, or a work record, on the guest lecturers who were employed during my time in Ulm, although I do owe them a debt of gratitude. To my knowledge, neither the College management, nor the Geschwister-Scholl board of trustees, ever extended such gratitude to them anywhere or at any time. Anyone who remembers how the HfG operated and was managed will also know that if there had been no guest lecturers taking part – the lecturers on the permanent staff and their dedicated assistants should of course not be forgotten here –, the teaching activities would not have been what they actually were as documented in the records.

During the phase when I was head of the Department, Herbert Lindinger was giving classes in basic studies. He had been one of the early students and had diligently completed two courses of study, first visual communications and then product design. He then worked with Gugelot and became an assistant who was qualified to teach. He was finally appointed as a lecturer and worked in both departments. After Gugelot died, Lindinger had his own planning department.

Nick Roericht, who worked in Aicher's planning department and, in 1965, became the department's assistant qualified to teach, left the HfG in 1966. He initially went to America, and after his return Otl Aicher engaged him on the design work for the Olympic Games. He had a strong personality, and he did not agree with what went on in the department from 1965 onwards. He was receptive to all situations, but was very difficult to deal with. He obviously suffered from the disagreements between the trends developing at the Hochschule für Gestaltung and what he himself wanted.

Thomas Gonda was also available as a teacher for a time, but soon went to Milano and later New York, where he died much too early. A Hungarian by birth, he had to emigrate to Argentina in the 1930's, due to his Jewish origin. Maldonado brought him back to Germany, but he did not like it there, and liked it even less in Ulm. He was an excellent designer who was also able to explain a great deal about his work. I was pleased when he several times assisted me as a guest lecturer although I always had the impression that he did not very much like working with students.

I also brought Martin Krampen back to Ulm at this time. He had been one of the first students at the HfG, and remembered how studies had been pursued in makeshift rooms in the town. In his day, the buildings on Kuhberg hill had not yet been completed, let alone fitted out. After obtaining his diploma in 1958 he went to America. Since he wanted to return to Europe he accepted my invitation to work as a guest lecturer. From 1968 onwards he held a permanent post in which he gave a series of classes dealing with different branches of science. To maintain continuity when planning the curriculum, it was important to have

wurden. Für die Kontinuität der Lehrplanung war es wichtig, einen Dozenten zu haben, der einzelne Wissenschaftstheorien bearbeiten konnte, zum Beispiel die Wahrnehmungspsychologie, die Kommunikationstheorie, die Semiologie der visuellen Kommunikation und andere Fächer.

Ein bis in die letzten Tage engagiert arbeitender Gastdozent war Abraham Moles. Er lebte in Paris, hatte einen Lehrstuhl in Straßburg und pendelte jahrelang zwischen Ulm und Frankreich. Ihm gehören meine uneingeschränkte Hochachtung und Dankbarkeit. Ich habe sehr viel von ihm gelernt, besonders in der Zusammenarbeit bei den Studien- und Forschungsprojekten über die Superzeichenbildung und die Semiologie der Zeichen. Seine intellektuellen Höhenflüge machten das Verstehen oft schwierig, aber er half uns immer wieder über die Barrieren hinweg.

Ich darf hier auch Eckhard Neumann erwähnen, der als Student in Ulm begonnen hatte. Von 1965 bis 1967 lehrte er als Gastdozent die Geschichte der visuellen Kommunikation. Seine Kenntnisse der Typografie der zwanziger Jahre und der verschiedenen Unternehmungen und Persönlichkeiten des Bauhauses hat er in Veröffentlichungen zu diesem Bereich in einer Weise erweitert, die ihn zu einem exzellenten Kenner der Epoche macht.

Ulmer Schwierigkeiten

In diesen Jahren, 1966 bis 1968, warfen die Veränderungen der politischen Bedingungen in der Bundesrepublik eine Reihe von Problemen auf, die auch die HfG beeinflußten. Die politischen Instanzen übten immer stärkeren Druck aus, der sich neben Verständnisproblemen vor allem in Etatfragen äußerte. Die Kürzung der Mittel wurde insbesondere in der Einsparung von Dozentenstellen bemerkbar, aber auch die Zahl der Veranstaltungen mußte verringert werden. Bekannte Persönlichkeiten konnten nicht mehr in so reichlicher Zahl zur Lehre oder zu Mittwochsseminaren eingeladen werden, wie es in den Anfangszeiten üblich und möglich gewesen war. Reisekosten für Vortragende oder Gastdozenten aus dem Ausland und besonders aus Übersee konnten nicht mehr erstattet werden. Die Inflation tat das ihrige.

Die Stiftung versuchte, den Schwierigkeiten dadurch zu begegnen, daß sie im Frühjahr 1968 dem Kleinen Senat der HfG kurzerhand empfahl, die Abteilung Industrielles Bauen zu schließen. Ein Aufschrei ging durch den Kuhberg. Eine Kommission versuchte, einen Sparetat aufzustellen. Aber die inneren Verhältnisse waren schon so ambivalent geworden, daß nun der Kampf "jeder gegen jeden" verstärkt einsetzte. Die Studenten fingen ebenfalls an, das Konzept der HfG in Frage zu stellen. Die Pariser Studentenrevolte wurde ihr Vorbild im Rollenverständnis. Sie begannen mit Konfrontationen gegen die Dozenten, die mit Unterstützung manches Lehrbeauftragten und auch Gastdozenten an die Öffentlichkeit getragen wurden. Die Hoffnung war wohl, daß eine Wachablösung erfolgen würde.

Tomás Maldonado zog sich 1967 mit Aplomb aus diesem Kleinkrieg zurück. Während einer gut

a lecturer who was able to deal with several scientific theories, such as perceptual psychology, communications theory, and the semiology of visual communications and so on.

One guest lecturer who worked with commitment until the very last days was Abraham Moles. He lived in Paris, had a professorship in Strasbourg and commuted for years between Ulm and France. My unlimited respect and gratitude go out to him. I learned a very great deal from him, particularly when we were co-operating in projects studying and researching into the formation of super-signs and the semiology of signs. His lofty intellectual ideas often made him hard to understand, but he again and again helped us to surmount the barriers.

At this point I may also mention Eckhard Neumann, who had started in Ulm as a student. From 1965 to 1967 he worked as a guest lecturer teaching the history of visual communications. Thanks to the books and articles he published on 1920's typography and on the various undertakings and personalities associated with the Bauhaus school, he expanded his knowledge of that field, and this made him an outstanding authority on that epoch.

Difficulties in Ulm

In those years, 1966 to 1968, changes in the political circumstances of the Federal Republic of Germany gave rise to a number of problems which also had their effect on the HfG. The political authorities exerted increasing pressure, which manifested itself in questions of artistic understanding as well as in those of the budget. The reduction in funding made itself particularly felt in the cancellation of lecturing posts, the number of classes also had to be cut down. It was no longer feasible to invite quite so many well-known personalities to teach or to take part in the Wednesday seminars as had been possible and customary in the initial period. The travelling expenses of visiting lecturers or guest lecturers coming from outside Germany, especially from overseas, could no longer be refunded. Inflation played its part too.

In spring of 1968, the trustees tried to meet the difficulties by abruptly advising the Lower Senate of the HfG to close the Department of Industrial Construction. A cry of dismay rang through Kuhberg. A commission tried to draw up an economizing budget. But the internal circumstances had become so ambivalent that a more intense battle of all against all now began. The very students started to cast doubts on the concept of the HfG. The Paris students' revolt became a model to them as regarded their understanding of their own rôle. They started with confrontations which were directed against the permanent lecturers and, with the help of some assistant lecturers and guest lecturers, were brought before the public. It was probably hoped that those who ran the College would be replaced.

Abraham A. Moles (1920–1992), 1967

Seit die HfG besteht, hat sie vor der Alternative gestanden, entweder den Konformismus oder die Revolution zu wählen.

Tomás Maldonado beim Abschied von der HfG am 30. Juni 1967

From its very beginning, the HfG has been confronted with the alternative of conformism or revolution.

Tomás Maldonado when leaving the HfG on June 30, 1967

besuchten Versammlung in der Mensa stieg er auf einen Tisch und hielt eine kurze Rede des Inhalts, daß er mit den Verhältnissen nicht mehr zurechtkomme und daß eine ordentliche Lehre wegen der Aufkündigung des Vertrauensverhältnisses der Gremien untereinander, die jeweils eigene Interessenebenen hätten, nicht mehr möglich sei. Er gehe daher nach Mailand zurück. Mir kam das bekannte Bild von Lenin bei seiner Revolutionsrede in den Sinn. Mit ausgebreiteten Armen stand Maldonado da oben und rief: "Diese HfG ist eine unvollkommene Hochschule, aber es ist die beste, die es gibt."

Nach meinen Beobachtungen war Maldonado derjenige, der am intensivsten und nachhaltigsten an der Erhaltung der Existenzgrundlage der HfG gearbeitet hatte. Trotz aller fraktionellen Auseinandersetzungen und theoretischen Streitigkeiten hat er die meisten Reformen und Entwicklungsfakten durchgesetzt. Das ist in der Öffentlichkeit nicht entsprechend registriert worden, weil sich andere Persönlichkeiten besser in den Vordergrund stellen und reden konnten. Als Kollege und Dozent war er immer von respekteinflößender Noblesse. Er war Rektor, als Aicher mich an die HfG holte, und wir haben oft über Probleme der Gestaltung besonders im visuellen Bereich diskutiert. Immer ist das Gespräch mit ihm ein Gewinn für mich. Er verfügt über ein großes Wissen und kennt die Entwicklungen zur Modernisierung der Gestaltung in Mitteleuropa. Die Ereignisse, die sich seit der Jahrhundertwende und davor abgespielt haben, sind ihm vertraut. Er besitzt auch einen Humor, der von subtiler Feinsinnigkeit gekennzeichnet ist. So sagte ich ihm bei meinem Antrittsgespräch, daß ich nicht so recht davon überzeugt sei, daß der Entschluß, mich nun auch in der Lehre zu betätigen, der richtige sei, denn ich glaubte nicht, ein duldsamer Pädagoge werden zu können. Er lächelte mich nur an und erklärte in seiner melodisch südamerikanisch gefärbten Sprache: "So wie Sie aussehen, Sie sind Pädagoge!"

Tomás Maldonado (geb. / born 1922)

Herbert Ohl übernahm nun das Rektorat. Von Anfang an waren wir freundschaftlich verbunden, haben viele Projekte gemeinsam bearbeitet und in der letzten Phase für das Weiterbestehen der HfG gekämpft. Unsere Freundschaft hält bis heute an und ist in ihrer Festigkeit ein Zeugnis für ein Vertrauen, das gerade bei den "alten" Ulmern nicht allzu häufig anzutreffen ist. Die ehemaligen Dozenten sind in alle Winde verstreut, haben mehr oder weniger erfolgreiche Unternehmungen angefangen, ein unverkennbares Klima ist nicht erhalten. Herbert Ohl ist der agile und einfallsreiche Gestalter geblieben, als den ich ihn kennenlernte, mit Temperament und in ewiger Jugendlichkeit. Wenn es überhaupt ein Wort gibt, das ihn in seiner ganzen Bedeutung benennt, dann kommt nur "Genie" in Frage. Seine Konzepte und Entwürfe, die immer Erfindungen sind, hat er in intelligenter und hoher Fachlichkeit dargestellt. Leider sind nicht alle verwirklicht, angewandt oder ausgeführt worden. Ob es die Entwicklungen seiner Abteilung und seines Instituts waren, das im Bereich der industrialisierten Bauweise weltweit

Herbert Ohl (geb. 1926) als Demonstrant in Stuttgart, 1968

Herbert Ohl (born 1926) as a demonstrator in Stuttgart, 1968

Tomás Maldonado withdrew with aplomb from this petty war in 1967. He climbed on to a table at a well-attended meeting in the students' canteen, and gave a brief speech to the effect that he could no longer cope with circumstances and that it was not possible to teach properly any more because there was no longer any mutual trust between the various administrative bodies, each of which had its own separate interests. He said he was therefore going back to Milan. I was reminded of the well-known picture of Lenin holding his revolutionary speech. Maldonado, his arms extended, stood up there and called out: "This HfG is an imperfect College, but it is the best one there is."

According to my observations, Maldonado was the one who had worked the hardest and most persistently to preserve the basis for the existence of the HfG. Despite all the quarrels between the different factions, and the theoretical disputes, he carried through more reforms and achieved more results in terms of the HfG's development than anyone else. This was not appropriately registered by the public, because there were other people who were better at putting themselves forward and speaking. As a colleague and lecturer, he always displayed a nobility which instilled respect. He was Rector of the HfG at the time when Aicher gave me a post there, and we often discussed questions of design, especially in the visual field. I always gain from talking to him. He is very well informed and knows the history of the modernization of design in Central Europe. He is familiar with the events which have occurred since the turn of the century and before then. His sense of humour is marked by a subtle sensitivity. At the interview he gave me when I took on the job, I told him that I was not so very convinced that my decision to work now as a teacher was correct, because I did not think that I could become a tolerant teacher. He only smiled at me and said in his German with its melodic South American tinge: "To judge by your appearance, you are a teacher!"

Herbert Ohl now took over the post of Rector. We were friends from the start. We worked on many projects together, and in the final phase we both strove for the continued existence of the HfG. Our friendship still continues today, and its permanence bears witness to a mutual trust not to be met with so very often among those who were early members of the HfG. The former lecturers have been scattered to the four winds and have embarked upon more or less successful undertakings. No unmistakable atmosphere has been preserved. Herbert Ohl is still the same active and ingenious designer he was when I first met him, high-spirited and eternally youthful. If there is a word which could describe his entire significance, it can only be "genius". His plans and designs are always inventive, and he displays them intelligently and with a specialist's great skill. Unfortunately, not all of them were put into practice, applied or carried out. Whether it is the development work done by his department and his institute – the latter is internationally acknowledged in the field of the industrialized mode of construction – whether it was the "spherical

anerkannt ist, ob das "Kugelkino", die Wohnanlage in Saarbrücken, das Verwaltungsgebäude für La Rinascente in Mailand, – alle Entwürfe, die er entwickelte, sind dem jeweiligen Kenntnisstand über Materialisierung und Gebrauch einer industrialisierten Bauweise weit voraus.

Wir haben gemeinsam den deutschen Beitrag zur Weltausstellung Montreal 1967 mitgestaltet. Da war es sehr beeindruckend zu beobachten, wie er in dem Konglomerat von Mitbeteiligten und Mitwissern unser Konzept durchsetzen konnte. Die "Ulmer Eier", Projektionseinheiten für Dia-Projektion, fanden sich zum Beispiel später auf Präsentationen internationaler Unternehmen wieder. Heftige Auseinandersetzungen gab es mit dem Architekten Rolf Gutbrod, der nach Hans Schwipperts Erkrankung die Gesamtgestaltung des Deutschen Pavillons koordinierte. Gutbrod, der mit Frei Otto an dessen Zeltkonstruktionen gearbeitet hatte, wurde auf Grund seiner Beredsamkeit mit der Innengestaltung beauftragt, weil Peter von Siemens, der Generalkommissar der Bundesrepublik, und der Leiter des Bundespresseamtes Günter Diehl jemanden brauchten, der die schon entstandenen Probleme durch Kompromißbereitschaft lösen konnte. Uns schien seine Auffassung, die vom Bild der "Hängenden Gärten der Semiramis" ausging, eine Verniedlichung des Inhalts. Herbert Ohl war sowieso Frei Otto gegenüber kritisch eingestellt, weil er dessen in den Jahren 1954–57 zusammen mit Konrad Wachsmann entwickelter verspannten Tragwerksysteme kategorisch ablehnte.

Bei dieser gemeinschaftlichen Arbeit habe ich aber auch den "Arbeitsjähzorn" erlebt, den Ohl entwickeln konnte und der ihn oft in Konfrontation mit seinem Umfeld brachte. Es waren jedoch immer engagierte Spontaneität und Temperament, die ihn dazu brachten, alle verbalen Rücksichten zu vergessen. So kam es auch bei einer der vielen Besprechungen und Sitzungen zu dem Aufschrei, der den Widerstand der Studenten in der letzten Phase der HfG auf die Spitze trieb: "Die Studenten sind schizophren!"

Als diese die HfG in "Karl-Marx-Hochschule" umbenennen wollten und den SDS Sozialistischen Deutschen Studentenbund als neuen Schulträger vorschlugen, gingen die Wogen hoch. Der Kampf der Studenten gegen die Dozenten, der Dozenten gegen die Stiftung, der Studenten gegen die etablierten politischen Kräfte wurde unübersichtlich, man wußte nicht mehr, wo die Fronten verliefen. Dazu kam die Sensationspresse, die wohl aus provokationsträchtigem Kalkül die Studenten noch aufstachelte. Die Situation war tatsächlich unhaltbar, zumal Hochschulkonzept und Lehrplanung zwingend die Beteiligung der Studenten vorsahen. Diese sägten sich mit ihren Aktionen, die sie als revolutionär empfanden, selbst die Äste ab, auf denen sie zu sitzen glaubten. Der "Marsch durch die Institutionen" sollte verhindern, was sich wieder zu etablieren begann: Willkür und Totalitarismus. Aber die Zeit war nicht bereit für neue Gesellschaftsmodelle. Und fünfundzwanzig Jahre später haben diejenigen, die sich in den Institutionen eingerichtet

cinema", the residential structure in Saarbrücken, or the office building for La Rinascente in Milano – all the designs he produced were well ahead of the state of knowledge existing at the particular time regarding the materialization and use of an industrialized mode of construction.

We worked together on designing part of the German contribution to the 1967 Montreal International Exhibition. It was very impressive to see him gaining acceptance for our design in the teeth of competition from the groups of participants and people in the know. For example, the "Ulm Eggs", which were slide projection units, were later often seen again at presentations by international companies. There were fierce disputes with Rolf Gutbrod, the architect who, after Hans Schwippert fell ill, coordinated the overall design of the German pavilion. Gutbrod, who had worked with Frei Otto on the latter's tent designs, was, owing to his eloquence, given the task of interior design because Peter von Siemens, the General Commissioner of the Federal Republic, and Günter Diehl, head of the Federal Press Office, needed someone who, by being prepared to compromise, could solve the problems that had already arisen. Gutbrod's conception, which was based on the picture of the "Hanging Gardens of the Semiramis", seemed to us to belittle the substance of the matter. Herbert Ohl was in any case critical of Frei Otto, because he categorically rejected Otto's system of braced supporting frameworks, which the latter had developed in 1954–57 together with Konrad Wachsmann.

In the work which we did together, I also had to experience the sudden outbursts of temper which Ohl was capable of in connection with his work and which often led to confrontations with those surrounding him. But it was always his committed spontaneity and his temperament that made him forget to have a care to what he was saying. Thus, at one of the many discussions and meetings that were held, he permitted himself the exclamation, which caused the students' resistance to come to a head during the final stages of the HfG: "The students are schizophrenic!"

When the students wanted to rename the HfG as the "Karl Marx College" and proposed that the German Socialist Students' Association should be offered the College's management, there was a great uproar. The struggle of the students against the lecturers, of the lecturers against the board of trustees, and of the students against the political establishment, became unclear, and nobody was able to say how the lines of battle were drawn. Then there were the sensational newspapers, which probably deliberately acted provocatively in goading the students on. The situation really was untenable, especially as the plan laid down for the college and for the teaching there ruled that the students must play a part. By their campaigns which they themselves regarded as revolutionary, the students deprived themselves of the supports upon which they thought they were resting. The "march through the institutions" was meant to prevent what was once again starting to become established: arbitrariness

Ein Mensch mit Charakter – ein Charaktermensch – in allen Fasern seines Lebens und seiner Arbeit – und diese bedeuten ihm das Gleiche – Herbert Kapitzki ... Er war Ulmer, bevor er nach Ulm kam, denn er war stets er selbst – offen für die Zukunft, frei von Vorurteilen, und forschend, um die Gegenwart neu zu erfinden. Er kam nach Ulm bereits als erfahrener Gestalter, er hat dort neue Erfahrungen aus seiner Arbeit heraus gemacht, und er hat danach durch seine folgerichtige Weiterentwicklung nicht nur in die Tiefe, sondern zugleich in die übergreifende Breite gearbeitet und grundsätzliche, nachvollziehbare Beispiele gegeben. Theorie und Praxis sind in seiner Arbeit stets gemeinsame, einheitschaffende Kräfte – seine theoretische Arbeit ist dadurch voll von vitaler Kraft und seine Praxis ist dadurch voll von Sinngehalt...

Herbert Ohl, "Kapitzki in Ulm", in "Herbert W. Kapitzki Visuelle Gestaltung. Zur pädagogischen Arbeit 1964–1990" Berlin 1990

Herbert Kapitzki is a man of character in all the threads of his life and work – and to him these are both the same ... He was an HfG man before he went to Ulm, because he was always himself: open to the future, free of prejudice, and searching how to rediscover the present. He was already an experienced designer when he came to Ulm, and it was there that he drew new experience from his work. Later, thanks to his consistent further development, he worked to attain not only depth, but also an overlapping breadth, and he provided some essential examples which can be reconstructed in retrospect. In his work, theory and practice are always joint forces that create unity, and this means that his theoretical work is full of vital force and his practical work is full of meaning ...

Herbert Ohl, "Kapitzki in Ulm", in "Herbert W. Kapitzki Visuelle Gestaltung. Zur pädagogischen Arbeit 1964–1990", Berlin 1990

Umbenennung der HfG durch die Studenten, 1968

The HfG renamed by the students, 1968

Walter Gropius (1883–1969), Gründer des Bauhauses, bei der Eröffnung der Bauhaus-Ausstellung in Stuttgart, 1968

Walter Gropius (1883–1969), founder of the Bauhaus school, at the opening of the Bauhaus exhibition in Stuttgart, 1968

und eingefügt haben, keine Miene verzogen, als die Bastionen des Weltkommunismus fielen.

Die Strategie der CDU-Fraktion im baden-württembergischen Landtag, die mit der NPD zusammen gegen die HfG vorging, führte schließlich zur Vorlage eines Siebenpunkte-Programms, welches das Ulmer Modell unwirksam machen würde. Einer der Punkte war, die HfG der Fachhochschule Ulm anzuschließen. Hierin sahen wir den Hauptgrund für unsere Ablehnung des gesamten Programms. Für die politischen Kräfte machte dies die Schließung einfacher – trotz Unterstützung durch verschiedene Verbände und Gründung eines Fördervereins, die geschichtliche Vorbilder hatten.

Immer wieder versuchten wir, die Öffentlichkeit zu mobilisieren, indem wir auf die Tatbestände hinwiesen, die sich ja nur aus den herrschenden Verhältnissen ergeben hatten. So fanden sich alle Angehörigen der HfG im Frühjahr 1968 anläßlich der Eröffnung der Bauhaus-Ausstellung in Stuttgart zu einer Protestveranstaltung zusammen. Wir wollten auf die Parallelität der Ereignisse der Schließung des Bauhauses Dessau beziehungsweise Berlin und der bevorstehenden Liquidierung der HfG aufmerksam machen. Neben vielen Amtsträgern und Honoratioren war auch Walter Gropius zur Ausstellungseröffnung erschienen. Für viele von uns war es enttäuschend zu bemerken, daß er durch seine Anwesenheit in dieser zugespitzten Situation dazu beitrug, die Haltung der Regierenden zu legitimieren. Dieser Eindruck wurde noch verstärkt, als er vor die Menge trat und durchs Megaphon dazu aufrief, bei allen Auseinandersetzungen um die Hochschule für Gestaltung die Politik aus dem Spiel zu lassen. Das war ein Schlag ins Gesicht, ein Mythos brach in sich zusammen.

and totalitarianism. But it was not the right time for new social models. 25 years later, those who had made themselves at home in the institutions and adapted to them did not turn a hair when the bastions of international communism came tumbling down.

The parliamentary group of the Christian Democratic Union party in the parliament of the Land Baden-Württemberg pursued a strategy of allying itself to the right-wing National Democratic Party in opposing the HfG. This strategy finally led to the presentation of a seven-point programme which would render the Ulm model ineffective. One of the points was that the HfG would be joined to the Ulm Technische Hochschule. We regarded this as the main reason for rejecting the entire programme. This made it easier for the political authorities to close the HfG down, despite the support provided by various associations and the foundation of a promotional co-operative based on historical models.

We repeatedly tried to mobilize the public by making them aware of the situation, which had arisen from the prevailing circumstances. In spring of 1968, all the members of the HfG met for a protest meeting in Stuttgart on the occasion of the opening of the Bauhaus exhibition there. We wanted to draw attention to the parallels between two events: the closing of the Bauhaus schools in Dessau and Berlin, and the impending liquidation of the HfG. Along with many office-holders and notables, Walter Gropius came to the opening of the exhibition. Many of us were disappointed to note that, in this situation which had now become critical, he helped by his presence to legitimize the position of the authorities. This impression was strengthened when he stepped up and, through a megaphone, called upon everybody to leave politics out of any disputes concerning the HfG. That was a slap in the face for us: a myth collapsed.

Letzte Vollversammlung vor der Schließung der HfG im Jahr 1968

The last general meeting before the HfG was closed in 1968

Ulmer Exitus

In einer der letzten Sitzungen beschlossen die Mitglieder des Kleinen Senats, noch einmal alle Anstrengungen zu unternehmen, um einen anderen Förderer oder Stiftungsträger, auch einen anderen Ort zu finden, an dem die HfG weitergeführt werden könnte. Warum sollte es in dieser reich gewordenen Bundesrepublik nicht eine Stadt geben, die die nun weltweit bekannte HfG aufnehmen und fördern würde?

So fuhren wir nach Ingolstadt. Der Bürgermeister dieser aufblühenden Industriestadt hatte Interesse bekundet, aber wir bemerkten bald, daß wir die Hochschule nicht in eine Kleinstadt verpflanzen konnten. Der Gemeinderat und die dahinterstehenden Meinungsträger hatten kein wirkliches Verständnis für die Grundanliegen der Hochschule. Sie suchten lediglich ein PR-Vehikel und dazu wollten wir die HfG nicht mißbrauchen lassen. Hier war der Provinzialismus noch größer.

Auch in Bern verhandelten wir. Die Schweiz hätte ein Standort sein können, der der Internationalität der HfG entsprach. Aber wir hörten, daß in den schweizerischen Fachverbänden großes

The end of Ulm

The members of the Lower Senate, at one of the last meetings it held, decided once again to undertake every effort to find another promoter or trustee, or another place where the HfG could continue to exist. Why, in the Federal Republic of Germany, which was by now a rich country, should there not be a town which would accept and promote the HfG, given that the latter was now known the world over?

So we went to Ingolstadt. The mayor of this industrial town, which was beginning to flourish, had shown an interest, but we soon noticed that we would be unable to transplant the HfG to a small town. The municipal council, and the holders of the ruling opinions behind it, had no real understanding for the basic concerns of the HfG. They were only looking for a PR vehicle, and we did not want the College to be abused for that purpose. Provincialism was still greater in this town.

We also conducted negotiations in Berne. Switzerland could have been a site to accord with the internationality of the HfG. But we learned that, despite the international spread of German

Ressentiment gegen deutsche Gestaltung trotz ihrer internationalen Entwicklung vorhanden war. Der Krieg lag ja erst zwanzig Jahre zurück. Das vermeintlich Teutonische übte immer noch mächtigen Druck auf das Schweizer Design aus.

Angesichts der politischen Großwetterlage hätte es damals eines ganz besonderen Balanceakts bedurft, um für die Hochschule einen anderen Ort zu finden. Der Kalte Krieg war in vollem Gange, und man hatte sich an den Zustand gewöhnt. Die HfG hatte von Anfang an unter einem politischen Aspekt gestanden, der schon durch den Stiftungsnamen bezeichnet war. Keiner wollte die wahren Hintergründe kennen oder benennen.

Wir fuhren sogar nach Berlin und sprachen mit Klaus Wittkugel, Mitglied der Akademie der Künste der DDR und des SED-Zentralrats, den ich von verschiedenen internationalen Tagungen her kannte. Er ließ durchblicken, daß die DDR dabei war, das Bauhaus zu rehabilitieren, und bereits von der Einstufung seiner Gestaltungsauffassung als dekadent abgerückt war. Das Bauhaus sollte als ein Institut anerkannt werden, welches sich "schon immer" gesellschaftlichen Aufgaben gewidmet hatte. Die Rekonstruktion der Gebäude in Dessau war zu dieser Zeit bereits geplant, wenn auch noch nicht begonnen, da konnte das Ulmer Modell nur stören. Man wollte auch kein Risiko eingehen, einige Ulmer "Strategen" hatten schließlich die Revolution nicht so verstanden, daß gleich eine Vereinigung mit dem "real existierenden Sozialismus" stattfinden sollte. Der hatte ja selbst nichts, da war es schon besser, auf der marktwirtschaftlichen Seite zu bleiben. In dieser Zeit mußten wir hautnah erfahren, wie unaufrichtig erfolgsorientierte Systemhalter sein können. Das Brechtsche Motto "Erst kommt das Fressen, dann die Moral" traf hier zu, es ging oft nur um das persönliche Fortkommen, nicht um das Gemeinnützige, das der Sache dienen könnte.

Dann war es soweit, Ende 1968 wurden wir abgewickelt, wie man heute sagen würde. Die Kündigungen enthielten die Begründung, daß die Geschwister-Scholl-Stiftung, die unser Arbeitgeber war, aufgelöst werden sollte. Sie existiert bis heute, wenn auch unter geändertem Namen und jetzt nur noch als Immobilienverwaltung mit hervorragender Kapitaldecke und guten Verbindungen zur Stadt Ulm. Keiner kümmert sich darum, wo das angehäufte Kapital hinfließt. Im Zeitalter der Filbingers, der Amigos und Spätzle-Connections ist alles möglich.

Die Auflösung der Schule und der allgemeine Exodus vom Kuhberg ging schnell vor sich, bis auf diejenigen, die dablieben, weil sie sich zumindest günstige Mietkonditionen erhofften. Alexander Kluge mit seinem Filminstitut, das er noch zum Schluß abgekoppelt und verselbständigt hatte, bewies wohl von allen die größte Ausdauer, bis in diese Tage zieht er Vorteile aus den Immobilien und aus den Zuschüssen des Landes, die er erhalten hat. Roericht kam bald auf den Kuhberg zurück und nahm die große Mensa in Beschlag, auch Krampen lebt heute noch da. Aicher ging 1972, nach Beendigung der Olympischen Spiele, nach Rotis.

design, great resentment towards it existed in the Swiss professional associations. The war had only been over for twenty years. Supposedly Teutonic influences still exercised powerful pressure on Swiss design.

In the general political situation of those times, a very special balancing act would have been required to find another site for the College. The Cold War was in full swing, and people had become accustomed to conditions. The HfG had, from the outset, been subject to a political point of view which was characterized by the very name of the board of trustees. No one wanted to know or give a name to the true facts behind the matter.

We even went to Berlin and spoke to Klaus Wittkugel, member of the East German Academy of Arts and of the Central Council of the East German Communist Party. I had met him at various international conferences. He intimated that East Germany was in the process of rehabilitating the Bauhaus school and no longer classified its interpretation of design as decadent. The Bauhaus was to be recognized as an institution which had "always" devoted itself to social tasks. The reconstruction of the buildings in Dessau was already planned at that time although it had not yet actually begun, and this meant that the Ulm model could only be a disturbing influence. It was not intended to take any risks. After all, some "strategists" in Ulm had not understood the revolution as meaning that there should immediately be a union with "socialism as it really existed". That socialism did not itself have anything, so that it was better to stay on the side of the market economy. We had a direct experience at that time of the insincere way in which success-oriented supporters of a system can behave. Bertolt Brecht's saying "Food first, and then morality" was applicable here. It was often only a matter of personal advancement, and not of the common benefit which might serve the cause.

At the end of 1968, the stage was reached where our affairs were finally wound up. One of the reasons given in the notices terminating our employment was that the Geschwister-Scholl board of trustees, which was our employer, was going to be liquidated. It still exists today, even though its name has been altered, and it is now a plain real estate management organization with an excellent capital base and good connections with the Ulm municipal authorities. No one bothers about where the accumulated capital flows to. Anything is possible in the age of Filbingers, amigos and Spätzle connections.

The liquidation of the HfG and the general exodus from Kuhberg hill both took place quickly, with the exception of those who stayed there because they could at least hope for favourable rental conditions. Alexander Kluge probably displayed greater perseverance than anyone. He had a film institute which, at the end, he separated from the HfG and operated independently. He still derives advantages today from the real estate and from the grants which he received from the Land of Baden-Württemberg. Roericht soon came back and took over the former students' canteen.

"Über die Lage der HfG
Am 23. Februar 1968 beschlossen die Mitglieder der HfG, ihre Tätigkeit ... mit Wirkung vom 30. September 1968 als beendet zu betrachten, falls Regierung und Landtag von Baden-Württemberg auf ihren bis heute bekanntgewordenen Plänen und Bedingungen für eine Weiterführung der HfG beharren sollten... Die Auseinandersetzungen um den Fortbestand der HfG begannen bereits, bevor die Bauten standen. Neben der politisch motivierten Ablehnung, die durch den dezidierten Antinazismus der HfG verursacht wurde, wirkten auch purer provinzieller Unverstand und kulturkonservative Gesinnungen gegen diese Institution ... Doch (zur Sicherung ihrer Existenz) hätte die HfG eines freieren Klimas bedurft und nicht um die Gunst der Volksvertreter zittern müssen, die ihre Hände an den Geldhebeln haben und denen die Neuerungswünsche und Experimente der HfG von jeher nicht geheuer vorgekommen sind. Die HfG ist also fast am Ende. Es steht zu hoffen, daß ihr nicht dasselbe widerfährt wie dem Bauhaus, nämlich als entschärfter Ausstellungsgegenstand ins Beinhaus der Kulturgüter überführt zu werden. Auch sollte die Resolution der Mitglieder der HfG nicht mit dem Dekor einer heroischen Geste ausgestattet werden. Heroisch war nicht das Ende der HfG, sondern die Hoffnung am Anfang. Die HfG ist nicht zu messen an dem, was sie erreichte, sondern an dem, was zu erreichen ihr verwehrt blieb."

Gui Bonsiepe in: "ulm, Zeitschrift der Hochschule für Gestaltung", 21, 31.3.1968

"On the situation of the HfG
On February 23, 1968, the members of the HfG decided to regard their activities ... as terminated from September 30 1968 onwards if the government and parliament of the Land of Baden-Württemberg persisted in their plans and conditions – which they are known to be imposing – concerning the continued existence of the HfG... Arguments about the continued existence of the HfG began before even a brick had been laid. Apart from the politically motivated hostility caused by the decided anti-nazism of the HfG, this institution also had to contend with sheer provincial ignorance and cultural conservativism ... But ... the HfG would have required a freer atmosphere, and would have needed not to fear for the favour of the people's representatives whose hands control the purse strings and who have never found the HfG's desire for innovations and experiments congenial. The HfG is almost at an end. It is to be hoped that it will not suffer the same fate as the Bauhaus, i. e. that of an exhibit, which, after being rendered harmless has been transferred to the charnel house of our cultural assets. Neither should the resolution passed by the members of the HfG be given the trappings of a heroic gesture. What was heroic was not the end of the HfG, but the hope that presided at its inception. The HfG is to be gauged not by what it achieved but by what it was prevented from achieving."

Gui Bonsiepe in: "ulm, Zeitschrift der Hochschule für Gestaltung", 21, 31 March 1968

Die Zeit nach der Schließung war turbulent. Ich kam mir vor wie auf einer rotierenden Scheibe. Im Zentrum herrscht Ruhe und relative Übersicht, je weiter man an die Peripherie getragen wird, desto mehr muß man sich dem Tempo des längeren Weges anpassen. Die Übersicht wird schwieriger, mehr Reaktionsfähigkeit ist gefordert, damit man nicht ins Rutschen kommt.

Mit Herbert Ohl und Herbert Lindinger gründete ich 1969 in Frankfurt/Main das "Institut für Umweltplanung". Wir hofften, so etwas wie eine Weiterentwicklung des Ulmer Modells als Postgraduate-Studium installieren zu können. Unsere Pläne waren jedoch von Anfang an viel zu euphorisch. Die 68er Verhältnisse schlugen auch in Frankfurt durch. Die Arbeit ging nicht gut voran, weil alle Zusagen von Stadtverwaltung und privaten Sponsoren unverbindlich blieben und sich letztlich jeder bemühte, zunächst einmal seine eigenen Töpfe zu füllen. Unsere Planungsträume blieben Träume, die Entwicklungsprojekte kamen auch nicht so üppig herein wie erhofft, so daß wir mit Müh und Not die Personalkosten decken konnten. Als erster von uns dreien erhielt ich 1970 meine Professur, Lindinger folgte 1971, und Ohl ging bald danach als Fachlicher Leiter des Rats für Formgebung nach Darmstadt.

Mein Weggang aus Frankfurt bedeutete für mich den endgültigen Abschied von Ulm.

Krampen still lives there. Aicher left for Rotis in 1972, after the Olympic Games were over.

A turbulent period followed after the HfG had closed down. I felt as if I was on a rotating disc. In the centre there was quiet and a relatively clear view, but the further one was conveyed to the periphery, the more one had to adapt to the tempo of the greater distance there was to cover. It becomes more difficult to gain a good view, and a greater ability to react is required if one is not to slip.

Herbert Ohl, Herbert Lindinger and I collaborated in founding the Institute for Environmental Planning in Frankfurt/Main in 1969 We hoped to be able to put in place, by way of a post-graduate study course, something like a further development of the Ulm model. But our plans were much too optimistic, right from the start. The circumstances of 1968 had their effect in Frankfurt too. The work did not progress well, because all the promises made by the city authorities and private sponsors were non-committal and everyone was ultimately trying, first and foremost, to satisfy his own needs. The planning dreams continued to be dreams, and commissions for development projects were not awarded quite as lavishly as we had hoped, so that we were barely able to meet our staffing costs. In 1970, I was the first of us three to receive a professorship, Lindinger followed in 1971, and shortly thereafter Ohl went to Darmstadt to become the Technical Manager of the Design Council. To me, my departure from Frankfurt meant my final farewell to the HfG.

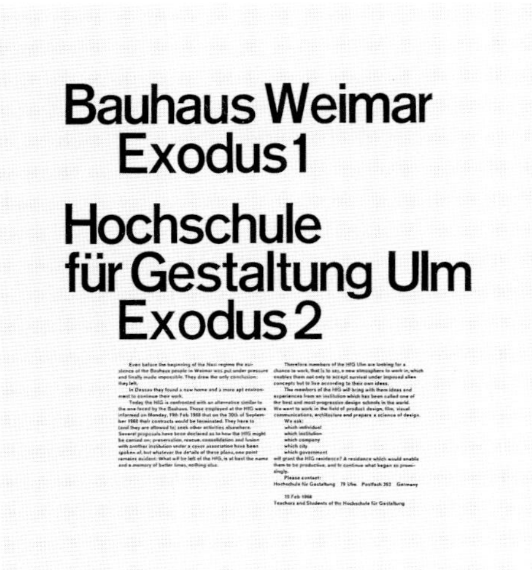

"Todesanzeige" als Flugblatt und Zeitungsanzeige, 1968

"Death notice" of the HfG, leaflet and newspaper announcement, 1968

Berliner Modell

Mein Bedarf an Erfahrungen im Umgang mit unzufriedenen und aggressiven Studenten war eigentlich gedeckt. Ich sah mich als "Macher", dessen Angebot zur Zeit nicht gefragt war. Die theoriebefrachteten Ideologien, die Dialektik von Gebrauchswert und Tauschwert für die Gestaltung waren neu zu formulieren, dafür war einer, der aus der Praxis einer nachhaltigen Umweltgestaltung kam, nicht der richtige. Das vielverlangte Kriterium "Praxisorientiertheit" bezog sich auf die gesellschaftliche Praxis, nicht auf die Besonderheiten einer individuellen existentiellen Praxis im Tätigkeitsfeld Design.

Die Berufung an die Staatliche Hochschule für bildende Künste in Berlin SHfbK hatte ich eigentlich nie als erstrebenswerte Lösung betrachtet. Obwohl mir eine Stellung angeboten wurde, die noch auf der alten Hochschulordnung gründete: In einer Hochschullandschaft, die einen besonderen Ruf genoß, sollte ich ordentlicher Professor werden, das heißt, Mitglied der Hochschule auf Lebenszeit. Das Berufungsverfahren, das einige Kollegen wie Helmut Lortz und der leider zu früh verstorbene Ernst Kraft eingeleitet hatten, entwickelte sich dann doch so, daß ich mich dem Ruf nicht mehr entziehen konnte.

Die Arbeit in Berlin enthielt einige Besonderheiten, mit denen ich nicht gerechnet hatte. Ich wollte die in Ulm gesammelten Erfahrungen in einer für mich neuen Umgebung vertiefen.

The Berlin model

I had actually had enough of dealing with dissatisfied and aggressive students. I saw myself as a producer whose products were not in demand at that time. The ideologies were weighed down with theoretical considerations, and the dialectics of the practical value and the exchange value of things in the field of design, had to be formulated anew. Someone who had practical experience of giving the environment a permanent design was not the right person for this task. It was often demanded that candidates should meet the criterion of being "practice-related", but this referred to practical social experience, and not to the particular features of individual existential practical experience in the field of design work.

I had never really regarded it as desirable to be appointed to the State College of Visual Arts in Berlin SHfbK. It is true that I was offered a post which was still based on the old University system. I was to become a full professor – that is to say, a life-long member of the University – in an atmosphere which had a peculiar reputation. The appointment procedure, which had been initiated by colleagues such as Helmut Lortz and Ernst Kraft – the latter unfortunately died much too early – developed in such a way that I was not able to escape from that call.

My work in Berlin involved some features which I had not anticipated. I intended, in surroundings that were new to me, to deepen the experi-

Damals konnte ich noch nicht ahnen, daß ich mich mehr um Hochschulpolitik würde kümmern müssen, als mir lieb sein konnte, daß tiefgreifende Veränderungen der Ausbildungseinrichtungen und der Bildungspolitik insgesamt einsetzten, daß wir einer Zeit entgegengingen, in der der "Zeitgeist" sich mit immer neuen Stilbrüchen bemerkbar machen würde, die permanent dazu zwangen, den eigenen Standpunkt zu behaupten.

Der Zusammenschluß der zahlreichen in Berlin-West ansässigen künstlerischen und Gestaltungsakademien, Fachhochschulen und Hochschulen zu einer "Hochschule der Künste Berlin HdK" führte zur Bildung eines Kollegiums, in dem die heterogensten Vorstellungen über die Formulierung eines Ausbildungskonzepts für den Bereich der Gestaltung der visuellen Kommunikation in der Zukunft versammelt waren. Vorherrschend war die Meinung, daß ein Kunsttransfer, dessen Bedeutung noch gar nicht definiert war, wichtiger sei als die Vorbereitung der Studenten auf eine Berufsausübung.

In den siebziger Jahren wurde alles, was sich der funktionsgerechten, sinnvollen Gestaltung verpflichtet fühlte, schon von vornherein in die Kategorie "Elitäre Ausbeutung" eingestuft. Das große Wort führten diejenigen, denen es nicht gelungen war, das, was sie sich erhofft hatten, durch Leistung oder Können zu erreichen. So redeten sie chaotische Zustände herbei. Man ließ sie gewähren, in Ermangelung einer Konzeption für die Hochschule. Nicht objektiver Bedarf und Bedürfnis nach Kommunikationsgestaltung wurde als Maßstab genommen, sondern das, was man subjektiv dafür hielt. Wichtiger waren Mehrheitsverhältnisse und Abstimmungsverfahren.

Unter solchen Bedingungen nahm ich den Kampf auf gegen das verbreitete Unverständnis für eine Lehrkonzeption, die sich von konservativen akademischen Vorstellungen abhob. In meinem Studienbereich sollte die Vermittlung der Grundlagen der visuellen Kommunikation von anderen als den üblichen Voraussetzungen ausgehen. Das galt auch für die Lehrangebote im Hauptstudium in den verschiedenen Studienprojekten. Den Bestimmungen des neuen Hochschulrahmengesetzes folgend, arbeitete ich ein Konzept aus und legte es im Juni 1970 vor. Es basierte auf den konzeptionellen Vorschlägen, die ich in meiner Antrittsvorlesung im Herbst 1969 als meine zukünftige Lehre in Berlin formuliert hatte.

1971 beschloß der Senat von Berlin die Gründung einer künstlerisch-wissenschaftlichen Gesamthochschule. In der Strukturkommission, die die Fusion der künstlerischen Ausbildungsstätten bewerkstelligen sollte, arbeitete ich sehr intensiv mit, weil ich wußte, daß hier die Weichen für die Zukunft gestellt wurden. Das brachte zeitraubende administrative Tätigkeiten mit sich und schuf mir zahlreiche Gegner, die glaubten, ich wolle aus den alten traditionsverhafteten Berliner Künstlerakademien eine neue HfG machen. Hinzu kam, daß ausgerechnet die Kräfte, die sich ganz besonders fortschrittlich gaben, eine unbeschreibliche Bürgerlichkeit und viel konservativen Traditionalismus an den Tag legten.

ence I had gathered in Ulm. I could not suspect at that time that I would have to become more involved in the politics of higher education than I would have liked, that the educational institutions and educational politics as a whole, would undergo radical changes, or that we were approaching a time when prevailing trends were going to make their presence felt by repeatedly permitting themselves new stylistic incongruities which would compel me to keep defending my own standpoint.

When the various arts and design academies, technical colleges, and other colleges, which had their seat in West Berlin, were combined to form a "University of Art Berlin HdK", this led to the creation of a teaching staff in which the most widely diverse ideas on how to formulate a plan for the future training in the field of the design of visual communications were all to be found in one spot. The view prevailed that transferring knowledge about art – the meaning of this transfer had not yet been defined –, was more important than preparing students for their profession.

In the 1970's, everything that had a commitment to function-related, practical design was immediately classified as "elitist exploitation". Those who spouted big words on this subject were those who had not succeeded, by achievement or ability, in attaining what they had hoped for. By their talk, they brought about a chaotic state of affairs. In the absence of a proper conception for the HdK, they were allowed free rein. It was not the objective demand and need for communicative design that was being taken as a standard, but what was subjectively regarded as that demand and need. Majorities and voting procedures were thought to be more important.

These were the circumstances under which I began my struggle against the widespread lack of understanding for a conception of teaching which differed from conservative academic ideas. In my field of study, the work of imparting the rudiments of visual communication was to be based on other than the customary premises. This also applied to the teaching in the various study projects carried out in the main area of study. Complying with the provisions of the new Skeleton Law on Higher Education, I drew up a plan and submitted it in June 1970. It was based on the conceptual proposals which, in the first lecture I gave in autumn 1969 when applying for the job, I had formulated as being the substance of my future teachings in Berlin.

In 1971, the Berlin Senate decided to found a joint University for the arts and sciences HdK. I volunteered for the structural commission which was to bring about the amalgamation of all the centres of art education, because I knew that the future trends were being initiated here. This entailed some time-consuming administrative work and meant that I made numerous enemies who believed that I wanted to turn the old art academies of Berlin, rooted in tradition, into a new HfG. What is more, the very people in power who were pretending to be particularly progressive displayed an indescribably bourgeois attitude and a great deal of conservative traditionalism.

Zur selben Zeit erlebte Berlin eine Demonstration nach der anderen. Studenten stürmten den Kurfürstendamm entlang und skandierten "Ho Ho Ho Chi Minh", vorneweg Rudi Dutschke und Genossen, die sich auch im Haus am Steinplatz formiert hatten. Es herrschte eine hochexplosive Stimmung. Viele der an den Hochschulen Tätigen glaubten, ihre Existenzberechtigung am besten durch stundenlange Gremiensitzungen und tagelange Diskussionen beweisen zu können. Die wichtigsten Medien waren Schreibmaschine und Megaphon.

Für mich erschwerte dies die Lage noch, denn die Konzeption, die ich vertrat, wurde von den Studenten attackiert und von der Mehrheit des Lehrpersonals nicht verstanden. Trotz fehlender Übersicht fürchteten die einen, sie könnten sich in einer berufsqualifizierenden Lehre nicht genügend "selbst verwirklichen", die anderen, daß eine Modernisierung der Ausbildungsstrukturen zu hohe Forderungen an sie stellen könnte.

Die Mehrheit der Studenten war so stark politisiert, daß sie die verbalen Umgangsformen der RAF annahmen. Ich wurde mit Drohungen und Erpressungen konfrontiert, man stellte mich vor die Wahl, entweder die Hochschule zu verlassen oder von der "Aktivgruppe HdK" liquidiert zu werden. Auf Wandzeitungen in der Halle der HdK wurde dies auch visuell sehr prägnant dargestellt.

Meine Überzeugung, daß man in der Politik – wie auf allen anderen Gebieten – nur dann etwas verändern kann, wenn man selbst Hand anlegt und sich nicht auf andere verläßt, führte zu einer enormen Arbeitsbelastung. Das hatte ich nicht angestrebt, ich wollte meine eigene Gestaltungsarbeit nie aufgeben. Die Situation wurde unerträglich, ich wollte der Schule und Berlin den Rücken kehren und hatte in Frankfurt bereits Wohn- und Büroräume gekauft, um so bald wie möglich in die Stadt umzuziehen, deren Historisches Museum ich gerade fertig eingerichtet hatte.

Nun trat Konrad Sage sein Amt an. Er war der letzte Direktor der Staatlichen Hochschule für bildende Künste, der noch nach der alten Verfassung berufen worden war, und der letzte Leiter dieser traditionsreichen Anstalt, die der preußische König als Akademie gegründet hatte. Sage, ein altgedientes Mitglied der Abteilung Architektur und auch einmal Präsident der Berliner Architektenkammer, war eine überall respektierte Persönlichkeit. Er akzeptierte die politisch begründete Umgestaltung der künstlerischen Ausbildung nicht. Seine preußisch geprägte Haltung und humanistisch begründete Loyalität bewirkte, daß er intensiv an den gegebenen Aufgaben mitarbeitete. Die Art der Einflußnahme, die der Hochschule von außen aufgedrängt werden sollte, lehnte er ab.

Zusammen mit dem Maler Horst Hirsig wurde ich zum stellvertretenden Direktor berufen. Hirsig war ein sehr kollegialer Mitstreiter, der meine konzeptionellen Ideen unterstützte. Er war keiner jener Künstler, denen aus Selbstzufriedenheit jede Neuerung gleichgültig ist.

Nachdem ich gewählt worden war, konnte ich meine Absicht, die Hochschularbeit aufzugeben,

One demonstration after another was being held in Berlin at that time. Students surged along Kurfürstendamm street chanting "Ho, Ho, Ho Chi Minh", led by Rudi Dutschke and his comrades, who had also organized themselves in the HdK in Steinplatz square. A highly explosive atmosphere prevailed. Many of those teaching at the college thought that they had to provide justification for their existence by holding meetings of administrative bodies that lasted for hours and discussions that lasted for days. The most important media were the typewriter and the megaphone.

This made things more difficult for me, because the ideas that I was defending were attacked by the students and were not understood by most of the teaching staff. Despite not having a clear view of the situation, some feared that they would be unable to find sufficient self-realization in a course of studies which qualified them to practise a profession, while others felt that modernizing the educational structures might impose too stringent demands upon them.

Most of the students were so heavily politicized that they started using the vocabulary of the Red Army Fraction terrorist group. I was faced with threats and blackmail and was given the choice of either leaving the College or being liquidated by the "HdK Group of Activists". This was also depicted visually in a very trenchant way in wall newspapers posted in the front hall of the HdK.

My conviction that a person – in politics as in everything else – can only change things if he himself takes part in them and does not rely on others resulted in an enormous pressure of work. I had not desired this, and I never wanted to give up my own design work. The situation became intolerable. I was about to turn my back on the HdK and on Berlin, and had already purchased a residence and offices in Frankfurt so as to be able to move as soon as possible to the city where I had just finished setting up the Historical Museum.

Konrad Sage now entered upon his position. He was the last director of the State College of Visual Arts SHfbK to have been appointed under the old constitution, and was the last head of this institution, so rich in tradition, which the King of Prussia had founded as an academy. Sage had long been a member of the architecture department and had also once been President of the Berlin Chamber of Architects. He was respected everywhere. He did not accept the politically motivated reorganization of art education. His Prussian attitude of discipline and his humanistically motivated loyalty caused him to work hard on the tasks before him. He rejected the type of influence intended to be imposed upon the College from the outside.

The painter Horst Hirsig and I were appointed to the posts of deputy directors. Hirsig was a very loyal colleague and comrade-in-arms, and supported my ideas for a teaching concept. He was not one of those artists whose desire for self-satisfaction makes them indifferent towards all innovation.

After being elected, it was no longer possible to carry out my plan of giving up my work at the

nicht mehr verwirklichen. Ich wollte die große Mehrheit der Mitglieder der Hochschule, die sich für mich eingesetzt hatten, nicht enttäuschen. Und es wäre eine Flucht aus der Verantwortung gewesen, wie ich damals meinte. So blieb ich in Berlin.

Berliner Hochschulreform

Die Fusion zur Hochschule der Künste Berlin verlangte den Lehrenden, die aus allerlei höchst unterschiedlichen Ausbildungsstätten kamen und sich "zusammenraufen" mußten, eine aufreibende Umstellung ab. Deshalb war der Widerstand stark gegen das Konzept dieser dritten Gesamthochschule in Berlin. Besonders die Künstler, und es gab eine Menge, waren zutiefst davon überzeugt, daß Kunst der übergeordnete Parameter für alles sein muß, was außerhalb des technischen Fortschritts Gültigkeit hat und die kulturelle Zivilisation begründet. Ich hatte Verständnis dafür, daß die Künstler ihre Sonderstellung verteidigen wollten, da sie ja immer schon eine gewisse Narrenfreiheit für sich in Anspruch nehmen konnten, besonders dann, wenn sie an Akademie oder Hochschule berufen worden waren. Wenn sie diese Position durch subtil funktionierende Seilmannschaften zu erhalten wußten, hieß das Besitzstandwahrung.

Die Hochschulreform der siebziger Jahre, die von einer kritischen Studentenschaft in Gang gesetzt worden war, hatte durch die opportunistische Haltung von Politikern letztlich nur neue privilegierte Strukturen entwickelt und diese verfestigt; niemand prüfte, wieviele alte Strukturen durch Traditionalismus oder Machtstreben oder einfach Bequemlichkeit überdauert hatten. Völlig fremd waren mir die nach den Methoden der rigorosen Unternehmensberater der Wirtschaft angelegten Planungsvorgänge. Hier ging es um Kapazitätsausnutzung, um Lehrauftrag und Lehrpräsenz, um Effektivitätsberechnung und ähnliches, nur eines wurde nicht berücksichtigt: das verschärfte Bewußtsein für einen Sinneswandel.

Durch die neue Hochschulverfassung erhielt die nun fusionierte Hochschule der Künste den Status einer künstlerisch-wissenschaftlichen Hochschule mit einem sogenannten Globalhaushalt. Alle gestalterischen Ausbildungsstätten, sei es Modedesign oder Architektur, Schauspiel oder Gesang, sowie auch ein Teil der Pädagogik- und Kunstwissenschaften wurden aufgenommen. Mit ihren elf Fachbereichen war die Hochschule zu einem Wirtschaftsunternehmen mit Tausenden von Angehörigen – Mitarbeitern und Studenten – geworden. Man glaubte, und glaubt wohl heute gelegentlich noch, daß größere Einheiten den Steuerzahler weniger belasten. Das ist jedoch nach meiner Erfahrung aus der täglichen Praxis ein fundamentaler Irrtum. Ein aufgeschwemmter Verwaltungsapparat ist eher ein Hemmschuh für die produktive Arbeit und behindert effektive Ergebnisse. Ich habe mehr als ein Jahrzehnt lang beobachten müssen, wie die Fachbereiche durch fiskalische Einschnürungen gegängelt wurden.

SHfbK. I did not want to disappoint the great majority of College members who had taken my part. At the time I thought that leaving Berlin would be an evasion of responsibility. So I stayed in that city.

Reform of higher education in Berlin

The amalgamation which created the HdK Berlin meant that the teachers, who came from all kinds of widely differing places of education and had to struggle to achieve unity, were subjected to an exhausting process of readjustment. This was why there was strong resistance to the plan for this third joint Berlin University. It was particularly the artists, and there were many of them, who were firmly convinced that art had to be the overriding parameter for everything that possesses validity outside the march of technical progress, and provides the foundation for cultural civilization. I could understand that the artists wanted to defend their special position, because they had always been able to enjoy a certain licence, particularly if they had been appointed members of an academy or college. When they found ways of maintaining this position by subtly co-operating as groups, this was referred to as the preservation of ownership.

Due to the opportunist attitude adopted by politicians, the reform of higher education in the 1970's, which a critical body of students had set in motion, had ultimately only developed new privileged structures and consolidated them; no one looked into the question of how many old structures had survived as a result of traditionalism, power-seeking, or merely convenience. The planning procedures, which followed the rigorous methods applied by management consultants in business, were entirely alien to me. They related to utilization of capacity, to teaching assignments and the presence of teachers, to calculations of efficiency and similar matters. But one thing was not considered: the increased awareness that there had been a change in thinking.

The new regulations on higher education gave to the HdK, which had now been created by amalgamation, the status of a university for art and sciences, with a so-called all-embracing budget. All the branches of the arts, including fashion design, architecture, theatre and singing, and also some of the educational theory and art theory subjects, were included. With its eleven departments, the HdK had become a business undertaking with thousands of members – the staff and students. It was, and probably sometimes still is, thought that larger individual units place less of a strain on the taxpayer. My day-to-day practical experience shows me that that is a fundamental error. A puffed-up administrative structure tends instead to hinder productive work and to stand in the way of effective results. For over ten years, I saw the various branches of study being led by the nose by reason of fiscal constraints. What is more, there were the various

Hinzu kommt, daß verschiedene Instanzen bei Entscheidungen einbezogen werden müssen. So gesehen, hat die Hochschulreform – in Berlin vor allem – mehr Bürokratie statt Demokratie, mehr Vermassung statt Individualität, mehr Sterilität als Innovation gebracht.

Nach den Turbulenzen bei der Umsetzung der neuen Grundordnung und der Einführung der Präsidialverwaltung hatten erst einmal die Personalwahlen Vorrang. Als die Gremien gebildet waren, formierten sich die Fraktionen. Spätestens jetzt konnte man erkennen, daß der Mittelbau, den es ja vorher in dieser Form nicht gegeben hatte, als Instrument für die Machtpolitik des Präsidenten operationalisiert werden konnte.

Zum ersten Präsidenten der neuen Gesamthochschule hatte der Große Senat der HdK einen Kunsthistoriker gewählt, der aus Westdeutschland gekommen war und sich hauptsächlich wegen der mit der Präsidentschaft verbundenen gesellschaftlichen Stellung um das Amt beworben hatte. Er war den Problemen der Großkunstschule nicht gewachsen und trat bald zurück. Sein politisches Stehvermögen reichte nicht aus, mit dem störanfälligen Gremienkonglomerat zurechtzukommen und dem Ganzen ein Konzept zu geben.

Anders wurde es unter seinem Nachfolger Ulrich Roloff-Momin, der zuvor kulturpolitischer Sprecher der Berliner FDP gewesen war. Der zu ihrem linken Flügel zählende erfahrene Verwaltungsbeamte mit Kunstambitionen konnte mit dem Instrumentarium gut umgehen. Als Politiker wußte er, wie man Fraktionen bildet. Allerdings verfolgte er eine Konzeption, die sich vom bloß taktischen Auspendeln der Interessen leiten ließ. Das Massenangebot an Kulturproduktionen in einer Massenkunsthochschule mußte für jeden etwas bieten können. Das hieß dann auch, alles ist erlaubt und Kunst kann sich hauptsächlich dort manifestieren, wo sie keine Festlegung hat. Es war dieses Vermarktungsdenken, das vom Erfolgsstreben getragen wird und einer Füllhornideologie huldigt. Daß eine Kulturinstitution auch die Aufgabe hat, bewußtseinsbildend und bewußtseinserweiternd für die Umwelt zu wirken, wurde nicht bedacht. Die Maxime lautete: Zweckopportunität mit kulturellem Anspruch.

Als die Infrastrukturen und die Gremien gebildet waren und die neue Grundordnung mit universitärem Leben erfüllt werden mußte, hatte es die Möglichkeit gegeben, neben und zwischen den Fachbereichen Zentralinstitute zu gründen. Dazu waren jedoch wegen des Unverständnisses vieler Neider in den fusionierten Fachbereichen und wegen der finanzpolitischen Strategien des Kuratoriums und des Senats, deren Votum für die Einrichtung solcher Zentralinstitute maßgeblich war, besondere Argumentationen nötig.

Ich hatte ein Konzept eines Zentralinstituts für Umweltplanung und Alltagskultur erarbeitet, das in Kooperation der Fachbereiche Architektur, Industrial Design und Visuelle Kommunikation entstehen sollte. Angesichts der chaotischen Verhältnisse in den Anfangszeiten der Fusion ist nichts daraus geworden. Die Konzeption blieb schon während der ersten Diskussionen in den

authorities which had to be included in any decisions. Looked at in this way, the reform of higher education, particularly in Berlin, resulted in more bureaucracy, less democracy, an increasing loss of individuality, greater sterility and less innovation.

After the commotion of putting the new basic structure into effect and installing the presidential administration, the work of choosing the staff took priority. After the administrative bodies had been created, the different political groups formed. Now, if not earlier, it could be seen that the teaching staff below the range of professors, who had not previously existed in such a form, could be put into operation as an instrument serving the power politics of the respective president.

The Higher Senate of the HdK had elected an art historian as the first President of the new Joint University. He had come to Berlin from West Germany and his main reason for applying for the post of president was the social status associated with it. He could not cope with the problems of the large art college, and soon resigned. His political staying power was insufficient, and he could not manage the diverse administrative bodies which were susceptible to problems, and he also was unable to give the College a proper overall plan.

Things became different under his successor Ulrich Roloff-Momin, who had previously been the spokesman on educational policy of the Berlin branch of the West German liberal party. This experienced administrator on the left wing of that party had artistic ambitions and knew how to wield the tools of office. As a politician, he knew how political groups were formed. But he pursued a conception which was guided by the idea of merely weighing the various interests against one another for tactical reasons. The massive supply of cultural products in a massive college of art had of necessity to offer everyone something. This meant that everything was permitted and that art could find expression wherever it was not tied to specific limits. This marketing mentality is supported by an aspiration for success and by the ideology of a land of plenty. However the fact was left out of account that another function of a cultural institution is to form and expand people's awareness of their environment. The watchword was: purposeful expediency, but with a claim to culture.

When the infrastructures and the administrative bodies had been formed and it was necessary to instil the life of the university into the newly created basic structure, there was the opportunity to found some central institutes alongside and among the different branches of study. However, special arguments were required to achieve this, firstly because of the lack of understanding shown by many envious persons in the amalgamated branches of study, and secondly because of the strategies which the board of trustees and the senate of the City of Berlin were pursuing in their financial policy. Their vote carried considerable weight if such central institutes were to be set up.

I had drawn up a plan for a central institute for environmental planning and everyday culture. It was to come into being in co-operation with the

Projektarbeit an der Hochschule der Künste Berlin, 1987

Project work at the HdK Berlin, 1987

Herrschaftsambitionen der zur Mitarbeit eingeladenen Kollegen stecken.

Immerhin – es ist mir im Laufe der Jahre doch gelungen, den Fachbereich so zu installieren, daß er den Anforderungen an eine berufsqualifizierende Ausbildung im Kommunikationszeitalter entspricht. Allmählich entwickelte sich auch eine produktive Arbeitsatmosphäre, die das engagierte Interesse der Studenten weckte und ihre Motivation veränderte. So entstand eine Reihe von bemerkenswerten Studienprojekten und Diplomarbeiten. Und aus dem Studienbereich gingen begabte und qualifizierte Gestalter hervor, die sich Namen gemacht haben. Ich denke an Nicolaus Ott, der später mein Assistent und Mitarbeiter war. Zusammen mit Bernard Stein ist er als Ott + Stein international bekannt geworden durch höchst qualitätvolle Plakatgestaltung.

Als Studienprojekt habe ich mit ihnen und Bernd Jonas ein museografisches Konzept für das "Bauhaus Archiv Museum für Gestaltung" entwickelt. Das Bauhaus Archiv e.V. war 1979 in den Neubau in Berlin übergesiedelt, den noch Walter Gropius entworfen hatte. Allerdings konnten der im übrigen sehr verdienstvolle und eigenwillige Gründungsdirektor Hans M. Wingler (1920–1984) und der Vorstandsvorsitzende Philip Rosenthal unter den gegebenen äußeren Umständen kein großes Interesse für die Projektresultate aufbringen, die einem für Museumspräsentation eigentlich unzweckmäßigen Bau Rechnung trugen.

architecture, industrial design and visual communications branches of study. Nothing became of the plan, owing the chaos which reigned in the early period of the amalgamation. Even during the initial discussions, this plan became deadlocked because of the lust for power of the colleagues who had been called upon to co-operate in it.

Nevertheless, I succeeded over the years in organizing my branch of study so that it met the requirements of a course of training which, in the age of communications, qualified the students to practise a profession. A productive working atmosphere, which aroused the committed interest of the students and altered their motivation, also gradually developed. Thus it was that a number of noteworthy study projects and diploma theses came into being. Some of the students became talented and well-qualified designers who made names for themselves. One example is Nicolaus Ott, who was later my assistant and employee. Thanks to their very high-quality poster design, he and his partner Bernard Stein became internationally known as Ott + Stein.

A study project which I developed with these two together with Bernd Jonas was a museographic concept for the Bauhaus Archive Museum of Design. In 1979, the Bauhaus Archive, a duly registered association, had moved into the new buildings in Berlin that had been designed by Walter Gropius. But in the prevailing external circumstances, Hans M. Wingler (1920–1984), the director and founder who was a distinguished and original personality, and Philip Rosenthal, the chairman of the managing board, showed no great interest in the project's results, which took account of the fact that the building was not really suitable for museum displays.

Einladung zur Ausstellung "Herbert W. Kapitzki: Plakate – Zeichen – Gestaltungen", Berlin, 1990
Entwurf: Ott + Stein

Invitation for the exhibition "Herbert W. Kapitzki: Posters – Signs – Designs", Berlin, 1990
Design: Ott + Stein

Gestaltungsaufträge

Anfang 1970 holte ich mein Institut für Visuelle Kommunikation und Design nach Berlin. Ich hatte es in Frankfurt als Weiterführung meiner HfG-Entwicklungsabteilung gegründet. Damals hatte ich noch die Vorstellung, ich könnte mit Hilfe der neuen Grundordnung ein solches Entwicklungsinstitut in den Fachbereich Visuelle Kommunikation an der HdK Berlin einbringen. Meine Erfahrungen mit den Auseinandersetzungen um die Hochschulreform bewiesen mir allerdings, daß der Weg zu einer Modernisierung der Ausbildung und der Infrastruktur im Bereich Gestaltung an den Hochschulen noch nicht gangbar war. So habe ich meine Gestaltungs- und Entwurfsarbeit, die zur praktischen Anwendung führen sollte und die ich immer auch als Forschungs- und Entwicklungsarbeit verstanden habe*, nicht an der HdK Berlin, sondern in meinem eigenen Institut betrieben, mit sehr begabten und engagierten Mitarbeitern.

So erhielt ich beispielsweise den Auftrag, die Neueinrichtung des Historischen Museums in Frankfurt/Main zu entwickeln. Als dieser Auftrag von Hilmar Hoffmann, dem damaligen Frankfurter Kulturstadtrat, kam, hatte ich mich gerade erst in Berlin eingerichtet. Für das Museum, das in einem scheußlichen Neubau am Römer installiert werden

Design commissions

I moved my Institute for Visual Communications and Design to Berlin in early 1970. I had founded it in Frankfurt as a continuation of the planning department I had at the HfG in Ulm. At that time I still imagined that, with the aid of the new basic structure at the Berlin HdK, I would be able to incorporate such a planning institute into the Visual Communications department at the HdK. But my experience with the disputes concerning the reform of higher education showed me that it was not yet feasible to take steps to modernize training and infrastructure in the field of creative design at colleges of higher education. So my work of design and draughtsmanship, which was meant to lead to practical application and which I always also understood as being research and development work*, was done not at the HdK, but at my own institute, along with some very talented and committed fellow-workers.

vgl. Seite / cf. p. 142 ff.

Thus, for example, I was commissioned to plan the setting-up of the Historical Museum in Frankfurt am Main. I had only just established myself in Berlin when this commission arrived from Hilmar Hoffmann, at that time the Frankfurt city councillor responsible for culture. The task was to draw up the museographic conception and overall

sollte, war die museografische Konzeption und Gesamtgestaltung zu erarbeiten. Das war eine umfangreiche Aufgabe, schon aus dem Grund, weil keiner der beteiligten Gestalter und Architekten des Städtischen Bauamts in der Lage war, das sogenannte Baubuch zu erstellen, aus dem hervorging, welche Inhalte mit welcher Ausgestaltung und zu welchen Kosten in die einzelnen Räume eingebracht werden sollten.

Die politische Entwicklung auch in Frankfurt führte dazu, daß eine Reihe "fortschrittlicher" Wissenschaftler in die Museumsarbeitsgruppe aufgenommen wurde, die aus der Kulturgeschichte der alten Stadt Frankfurt ein Exempel für die Ausbeutungspolitik der Herrschenden seit dem frühen Mittelalter machen wollten. Das führte in jeder Phase der Planung und des Aufbaus zu erbitterten Auseinandersetzungen. Ich hatte das Museum als "historisches Informationszentrum" mit sinnvoller Didaktik geplant. Doch es wurde, wie eine konservative Sponsorenklientel aus dem Frankfurter Bürgerverein das später nannte, zum Lesemuseum mit kämpferischer proletarischer Ideologie umfunktioniert. Dennoch, die informationsbetonte Konzeption konnte sich als beispielhafte Vorgabe für viele Museumseinrichtungen im In- und Ausland beweisen.

Eine weitere langfristige Aufgabe für mein Institut war das umfassende Erscheinungsbild der Firma Schering AG in Berlin. Hier hatten wir insbesondere die Ausstattung, die farbliche und formale Einrichtung und die Orientierung in allen Gebäuden und Anlagen zu gestalten, die zu den Neubauten für Verwaltung, Forschung und Verpackung gehörten. Das Auftragsvolumen reichte vom Türdrücker bis zum komplett eingerichteten Mitarbeiter-Casino und allen Einrichtungen, in denen Menschen ihre Arbeit tun, immer auf der Grundlage des Gedankens, daß die sinnvolle und sozial verträgliche Umweltgestaltung auch im Großunternehmen dem Menschen dienen soll. Meine Mentoren haben mich voll unterstützt, so der Vorstandsvorsitzende Karl Otto Mittelstenscheid, der nach einem Forschungsunfall viel zu früh verstorbene Dr. Gerhard Raspé oder der Projektleiter Gerhard Langner. Sie brachten meinen teilweise ungewöhnlichen Vorschlägen ein Verständnis entgegen, wie ich es bei anderen Auftraggebern kaum je angetroffen habe.

Es war eines der größten Projekte, das ich in meiner Gestaltungspraxis je bearbeitet habe. Aufgaben kamen auf mich zu, die die unterschiedlichsten Bereiche betrafen. Und sie fielen in eine Periode, in der die Aufklärung über unsere Verhältnisse, über unsere existentiellen Möglichkeiten und auch über den Verbrauch von Ressourcen unser Leben beeinflußte. Die Zeit war vorüber, in der man alles gestaltete, was man in die Finger bekam, ohne sich Gedanken über die Nachfolgeleistungen zu machen. Der Konflikt zwischen Gestaltungsaufgabe, Wirtschaftlichkeitsdenken und Umweltverträglichkeit war immens. Ein Unternehmen, das sich mit Pharmazie und Pflanzenschutz beschäftigt, war den aus einer Zivilisationsrevolution erwachsenden Belastungen natürlich besonders stark ausgesetzt.

design of the museum, which was to be installed in a ghastly modern building in Römer square. This was a major task, one reason being that none of the participating designers and architects working for the Frankfurt building authorities was able to draw up a builder's journal which would have indicated what items were to be included in the individual rooms, how the items were to be decorated and what the cost would be.

Political developments led, in Frankfurt too, to a number of "progressive" specialists being included in the work on the museum. They tried to use the cultural history of the old city of Frankfurt as an example of the policy of exploitation pursued by rulers since the early medieval period. This led to bitter disputes at every stage of planning and construction. I had devised the museum as a historical information centre with appropriate informative material. But it became what a conservative group of sponsoring clients from the Frankfurt citizens' association later called it: a museum of reading, with a combative proletarian ideology. Nonetheless, the concept, which laid emphasis on information, proved to be an exemplary model for many museums both inside and outside Germany.

Another long-term piece of work for my institute was the major task of designing the external appearance of the premises of Schering AG in Berlin. Our particular task here was to design the furnishings, the colour schemes and shape of the fittings, and the orientation system, in all the buildings and installations belonging to the new buildings which housed offices, research facilities and packaging plants. The scope of the work ranged from door handles to the full equipment of the staff canteen and all the facilities where people do their work. All this was based on the notion that an appropriate and socially agreeable design for the environment should be useful to people, even in a large firm. My trusted advisers gave me their full support. They included Karl Otto Mittelstenscheid, chairman of the board of management; Dr. Gerhard Raspé who died far too early after an accident suffered during research work; and Gerhard Langner, the project manager. Where my sometimes unusual proposals were concerned, they displayed an understanding which I have hardly ever met with in other clients.

This was one of the largest projects I ever worked on in my practical experience as a designer. I was confronted with tasks relating to the most widely differing areas. They arose in a period when our lives were influenced by enlightening information about our circumstances, about our existential possibilities and about the consumption of resources. Gone were the times when we designed everything that fell into our hands, without considering the consequences that might arise. There were immense conflicts between the design task, questions of profitability, and environmental compatibility. A company like Schering AG, which dealt with pharmacy and crop plant protection, was very exposed to the pressures resulting from a revolution in civilization.

Forum für Entwerfen

Was ich im Laufe der Jahrzehnte bearbeitet, entwickelt und erforscht habe, ist hier wohl im einzelnen nicht aufzuzählen. Es gäbe viel anzumerken, die folgenden Abbildungen übernehmen diese Aufgabe besser als viele Worte. Zunächst war es eher ein Suchen, dann begann das bewußte Entwerfen, immer mit dem Ziel, objektive und sachbezogene Ergebnisse zu erhalten. Jeder Auftrag, jedes Objekt, jedes Projekt hat seine eigene Geschichte, besonders für mich als Autor, weil ich meine Gestaltungsarbeit immer als Entwerfen neuer, visuell wirksamer Ereignisse betrachtet habe, als subjektive Erfindung. Auch wenn manche Erfindung schon einmal erfunden war und wieder erfunden werden würde, denn in unserem Jahrhundert hat die Gestaltung visueller Sachverhalte für den Gebrauch mehr Verbreitung und Nutzanwendung gefunden als je zuvor in einer anderen Epoche.

Welche entscheidende Rolle die Gestaltung an der Schwelle des 21. Jahrhunderts in unserer Gesellschaft spielt, ist vielen noch nicht einsichtig. In wichtigen Bereichen des gesellschaftlichen Lebens sind unübersehbare Folgerungen entstanden, das gilt nicht nur für die kommunikativen Verfahren, sondern auch für die Personen, die diese Verfahren aufbereiten und operativ behandeln sollen. Hier haben mich in den letzten Jahren die Fragen des Instruktionsbedarfs in den neuen Berufsfeldern intensiv beschäftigt, auch das Anwachsen der Angebote eines expandierenden Medienmarktes, von einer stets diversifizierenden Hardware bis hin zur immer einfacheren Benutzbarkeit der Bearbeitungsprogramme. Die dadurch auch jedem Laien zur Verfügung stehende Möglichkeit, grafische Produkte selbst herzustellen führt dazu, daß das Niveau der Gestaltungsqualität immer weiter absinkt und gleichzeitig unsere Umwelt in fast unerträglichem Ausmaß mit visuellen Medien überschwemmt wird.

Das sind einige der Gründe dafür, daß ich mich mit Initiativen für die gebrauchsorientierte Gestaltung beschäftige, die die gestaltungsrelevanten Wissenschaften mit einbeziehen. Anfang 1994 konnte ich ein "Forum für Entwerfen" auf den Weg bringen, das als gemeinnütziger Verein organisiert ist und sich bemüht, eine Gestaltungspolitik zu propagieren, die den Anforderungen und Bedürfnissen unserer Zeit entspricht und dem visuellen Gestalter zu mehr Kompetenz verhilft, ihm zugleich aber auch verbesserte Konditionen für die Ausübung seiner beruflichen Fähigkeiten anbietet.

Das stete Wachstum des wirtschaftlichen Leistungsvermögens ist ein herausragendes Merkmal einer modernen Industriegesellschaft. Die Folge: Immer mehr Gebrauchsgegenstände werden produziert, immer mehr Information wird benötigt. Die Gestaltung der Dinge des täglichen Lebens und der Kommunikationsmittel wird zum bedeutsamen Erfolgskriterium für Produktion und Handel. Die Gestaltungsprozesse von heute beeinflussen die Umweltbedingungen und müssen die Sozialverträglichkeit ebenso berücksichtigen wie kulturellen Anforderungen gerecht werden. Verlangt sind

A forum for design

The details of the matters which I worked on, developed and researched into over the course of some decades cannot be listed here. Many comments would have to be made on them, and the illustrations that follow will perform the task better than many words could. At the outset it rather resembled a search, and then the deliberate design work began, always with the aim of obtaining objective and pragmatic results. Every commission, every object and every project has its own history, especially to me as a designer, because I always considered that my design work consists of devising new and visually effective events and is a matter of subjective inventiveness, even if some of the inventions had been invented before and would be invented again, because the design of visual situations which are intended for practical use has been more widely distributed and applied in the present century than in any previous epoch.

Few people understand the decisive rôle design plays on the threshold of the 21st century. Obvious consequences have arisen for important areas of social life. This applies not only to processes of communication, but also to the people who are meant to prepare and operate these processes. I have been greatly concerned over the last few years with the question of the need for instruction in the new professional fields, and also with the growing number of products supplied by an expanding media market, ranging from the constantly diversifying hardware to the increasing user-friendliness of the processing programs. This makes it easy for any layman to create graphic products himself, the result being that design quality is deteriorating further and further and that our environment is at the same time being flooded with an almost intolerable number of visual media.

These are some of the reasons why I go in for initiatives which support function-related design and include those branches of sciences which are relevant to design. In early 1994 I initiated a "Forum for Design", which is organized as a non-profit association and tries to propagate design policies which accord with the requirements of our times and help the visual designer to achieve greater competence, but also open up to him better conditions for practising his professional skills.

Constantly increasing productivity in business is an outstanding feature of our modern industrial society. The consequence is that more and more articles of daily use are being produced and that more and more information is required. The design of everyday objects and of the means of communication becomes an important criterion for success in production and trade. Today's design processes influence the environment and must give just as much consideration to social compatibility as to cultural demands. What is required is practicable aids to orientation. The members of the "Forum for Design" face up to these requirements, while taking into account the

brauchbare Orientierungshilfen. Die Mitglieder des "Forum für Entwerfen" stellen sich diesen Forderungen, unter Berücksichtigung des gesellschaftlichen Wandels, der ein gebrauchsbezogenes Entwerfen verlangt.

social transformation which requires design work to always be practice-oriented.

Erfahrungen und Konsequenzen

In den letzten Jahren haben sich Situationen ergeben, die ich für mich nun nicht mehr als positive Erfahrungen einordnen kann. Die Entwicklung des Tätigkeitsfeldes Gestaltung als ein Dienstleistungsangebot im Wettbewerb stellt neue Anforderungen an die Professionalität. Hinzu kommt, daß vom Dienstleister "Designer" populistische Eigenschaften verlangt werden, mit denen ich nicht dienen kann. Das hat mich veranlaßt, meine Neugier auf das Phänomen Gestaltung zu richten. Das elektronische Zeitalter wirft schon genügend Probleme auf, über dem Anspruch der Modernisierung darf das eigentliche Handwerk im Sinne von Handhabung nicht vergessen werden.

Unsere Medienwelt hat einen Status erreicht, der die kulturellen Errungenschaften der letzten Jahrhunderte in Frage stellt. In einer Welt, die auf Zuwachs ausgerichtet ist, geht der Sinn für sachgerechte Gestaltung verloren. Erzeugnisse des menschlichen Geistes werden mit Hilfe der sogenannten Hypermedien in digitalen Codes verkoppelt, die eine unüberschaubare Menge an Variationen erlauben. Sie sinnvoll zu nutzen, wird immer schwieriger. Daß Gestaltung ein kreativer Vorgang ist und der Gestalter seinen Handlungsspielraum kennen sollte, wird vernachlässigt.

Wenn wir unsere Bilderwelt betrachten, sollten wir nicht außer acht lassen, daß eine visuelle Darstellung eine künstliche Wirklichkeit ist, nicht die Wirklichkeit an sich. Sie ist eine Abstraktion dessen, was sie darstellt, wie ein Abbild in gewissem Sinne immer abstrakt ist. So hat mir Gestaltung immer mehr bedeutet, als in der allgemeinen Definition des Begriffs enthalten ist. Gestaltung geht über den Begriff Gestalt hinaus und schließt mehr ein als nur die Absicht, eine Figur zu schaffen. Sinnvoll handeln heißt, durch Kreativität Originalität herstellen, Gestalten schaffen, Botschaften realisieren mit Hilfe von Gestaltungen, die einer Systematik folgen und dem Betrachter nicht als bloßes Zufallsprodukt erscheinen.

Dabei sollte nicht vergessen werden, daß das menschliche Vorstellungsvermögen normalerweise nicht fähig ist, etwas aus dem Nichts zu erschaffen. Gestaltung beginnt vielmehr damit, die existierende Gestalt von Phänomenen oder Sachen zu untersuchen, um dann mit einer veränderten Anordnung zu einer neuen Gestalt zu gelangen. Kreativität, die eine Gestaltung realisiert, beruht auf der Fähigkeit, die Elemente eines Bewußtseinsfeldes neu zu organisieren und damit zu neuen Zusammenhängen und so auch zu neuer Originalität zu kommen. Das bedeutet, daß Originalität als Kriterium des Schaffens eingeführt wird mit der Möglichkeit, die Welt im allgemeinen Sinne zu verändern, indem eine neue Gestalt entsteht.

Experiences and their consequences

Over the last few years, some situations have arisen for me which cannot be ranked among my positive experiences any more. The development of design work as a service being offered in a competitive market imposes new requirements upon professionalism. What is more, a designer offering his services is expected to have populist qualities which I am unable to provide. This induced me to turn my curiosity to the phenomenon of design. The computer era throws up enough problems, the demand for modernization must not make us forget the craftsmanship in the sense of actually handling the work.

Today's media world has attained a status which calls into question the cultural achievements of the past few centuries. The elemental sense for a function-related design is lost in a world that is concentrating on growth. The products of the human mind are, with the help of the so-called hypermedia, coupled together in digital codes which permit an indeterminable number of variations. It is becoming more and more difficult to make suitable use of them. No regard is being had to the fact that design is a creative process and that a designer should know what his scope for operation is.

When looking at our world of images, what we should not ignore is that a visual depiction is an artificial reality, and is not reality itself. It is an abstraction of what it depicts, just as a reproduction of anything is to a certain extent always an abstraction. This is why design has always meant more to me than is contained in the general definition of the term. Design is more than mere form, and includes more than merely the intention of creating a shape. Suitable design work means producing originality by means of creativity, generating shapes, and putting messages into effect by designs which keep to a system and do not appear to the onlooker to be merely the product of chance.

It should not be forgotten here that the human imagination is not usually able to create something from nothing. Instead, design work begins by examining the existing shape of things or phenomena, and then arriving at a new shape by producing a new arrangement. The creativity which puts a design into effect is based on the ability to reorganize the elements of a field of awareness and in this way to arrive at new interrelationships and thus at a new originality. This means that originality is introduced as a criterion for judging the work, making it possible to change the world in a general sense by bringing a new shape into being.

Two categories of the elements of awareness must be distinguished here: firstly there is per-

Hier müssen zwei Kategorien von Bewußtseinselementen unterschieden werden, einerseits die Wahrnehmung an sich, die uns mit der Außenwelt verbindet, und zum anderen die früher aufgenommenen und im Gedächtnis gespeicherten Wahrnehmungselemente. So kann ein kreativer Geist das Gleichgewicht herstellen zwischen der Originalität (Komplexität der Zeichen) und der Verständlichkeit (Vorhersehbarkeit der Elemente).

Zwei Vorgehensweisen sind erkennbar: Der empirische und intuitive Weg auf der einen Seite und eine systematische, rationalisierte Kombinatorik, die methodisch verschiedene Bewußtseinselemente miteinander verbindet, auf der anderen. Einem Gestalter sollten diese Sachverhalte gut vertraut sein, vor allem in einer Zeit, in der sich die Produktionsmittel binnen kürzester Frist vollständig verändert haben.

Im Laufe meiner nun fast ein halbes Jahrhundert währenden Praxis habe ich mich stets um eine Modernisierung der Gestaltung bemüht. Dabei habe ich erfahren, daß Gestaltung für den Ausübenden nicht nur eine existenzsichernde Tätigkeit ist, sondern viel mehr noch eine Bereicherung seines ganzen Lebens, weil er Utopien hinterfragen und Unbekanntes entdecken kann. Wenn auch der technische Fortschritt uns viele Hilfen für die Bewältigung unserer Alltagswelt gebracht hat, führt der unreflektierte Gebrauch seiner Errungenschaften auf Abwege. Das gilt vor allem für die Gestaltung. Weil gesellschaftliches Handeln sich nicht allein von der Ideologie des stetigen Zuwachses bestimmen lassen darf, wäre es zu eng gefaßt, Design lediglich als Wertzuwachsfaktor im wirtschaftlichen Ablauf zu betrachten. Es muß ein Faktor Qualität mit einbezogen werden, wenn wir unsere Produkt- und Informationsleistungen als Grundlage für ein sinnvolles Leben bereitstellen. Das heißt für mich auch, daß gute Gestaltungsqualität ein gesellschaftliches Bedürfnis ist, das zu den Elementen humanen Handelns gehört. Obwohl der moderne Hang zur bürgerlichen Idylle permanente Unterhaltungsangebote fordert, darf die sachgerechte Information nicht zum Streugut verkommen. Es ist an der Zeit zu bedenken, daß die unkritische Nutzung des technisch Machbaren in den verschiedenen Bereichen unseres täglichen Lebens zwar scheinbar zur Verbesserung unserer Lebensverhältnisse führt, jedoch allmählich eine – wie ich es nenne – Prothesenwelt entstehen läßt, die ohne einen radikalen Sinneswandel aller Beteiligten das Leben im 21. Jahrhundert stark beeinträchtigen wird.

ception itself, which links us with the world outside, and secondly there are elements of perception which were recorded earlier and are stored in the memory. Thus a creative mind can bring about a balance between originality (complexity of the signs) and comprehensibility (ability to perceive the elements in advance).

Two methods of procedure are feasible: firstly the empirical and intuitive method, and secondly a systematic, rationalized, combinatorial approach which methodically links together different elements of awareness. A designer should be familiar with this state of affairs, especially at a time when the means of production have changed entirely within a very short period.

In the course of almost fifty years which I have now spent handling questions of design, I persistently tried to bring about a modernization of design. I realized that design work is much more than just a job with which the designer secures his livelihood, it is an enrichment of his life, because he will investigate utopias and discover the unknown. Although technical progress has produced many aids for our everyday requirements, the thoughtless use of technical devices will lead society astray. This also applies to the results of the designer's work. Since social action must not be determined by an ideology of permanent growth, it would mean to narrow its importance if design is looked at as a factor of increase in economic value exclusively. Quality has to be considered as an essential factor if our products and information activities are to become the basis for a reasonable life. It is my belief that a good design quality is a social need, because it is an element of human action. The modern tendency to achieve a middle-class idyll is strongly asking for constant offers of entertainment, nevertheless a purpose-based information must not be spread like grit on icy roads. It is high time to realize that the heedless use of the technically possible in the various sectors of our daily life will only seemingly lead to an improvement in living conditions, but will be creating – as I call it – a prosthetic world which will little by little impair life in the 21st century if we do not succeed in bringing about a radical change of mind of all involved.

Zu Zeichen und Bildern

Signs and images

1

2

3

1–3
Umschläge für die Zeitschrift "Gebrauchsgraphik", 1955, 1956, 1958

1–3
Covers for "Gebrauchsgraphik" magazine, 1955, 1956, 1958

4

4–7
Anzeigen für
Kopf-Verlag,
Stuttgart,
1959

8
Umschlag für
ein Jahrbuch,
1961

4–7
Advertisements for
Kopf-Verlag,
Stuttgart,
1959

8
Cover of yearbook,
1961

5

6

7

8

9

9–12
Prospektumschläge für
Hans G. Werner + Co.,
Stuttgart, 1962

9–12
Covers of brochures for
Hans G. Werner + Co.,
Stuttgart, 1962

10

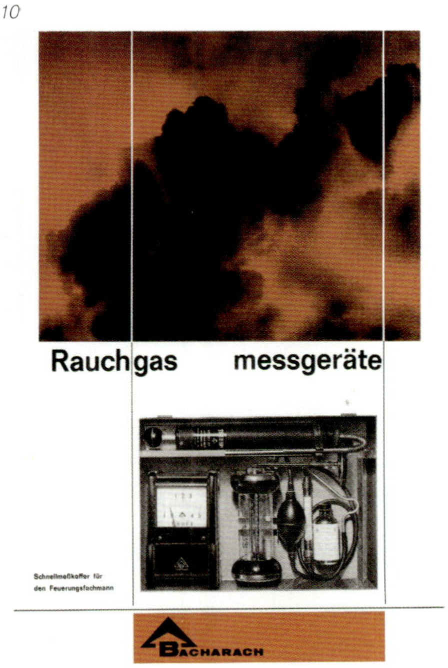

11

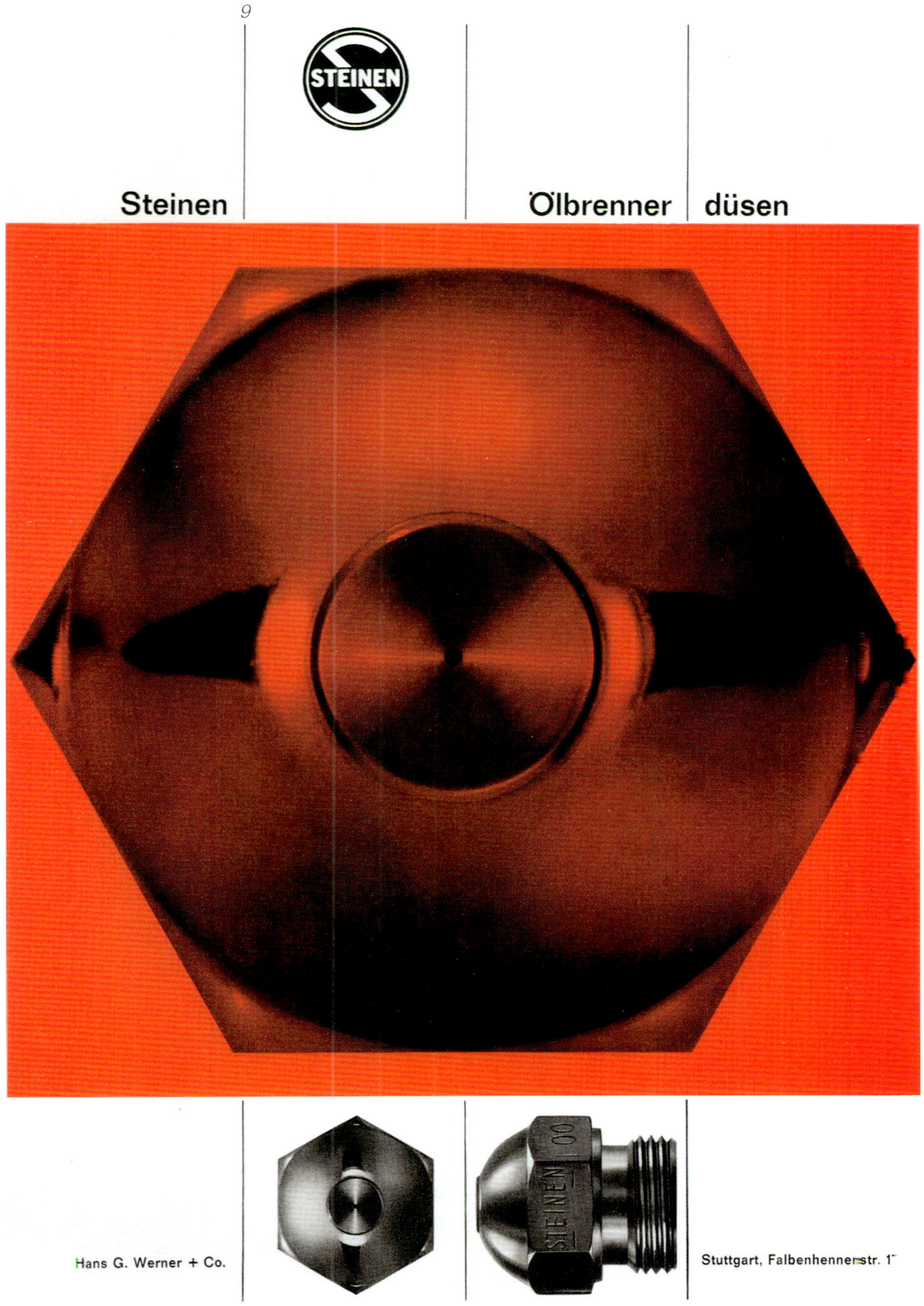

12

13

13–16
Anzeigen für
Porsche AG,
Stuttgart,
1961

17
Katalogumschlag für
Porsche-Rennsport,
1962

13–16
Advertisements for
Porsche AG, Stuttgart,
1961

17
Porsche Motor Racing
catalogue cover,
1962

14

15

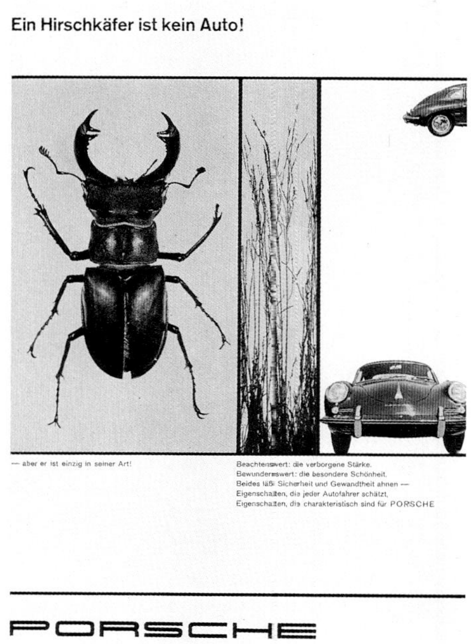

16

17

18

19

20

21

18–22
Katalogumschläge für Porsche-Informationen, 1962–63

18–22
Covers for informative Porsche catalogues, 1962–63

22

23
Anzeige für die Druckfarbenfabrik Kast + Ehinger GmbH, Stuttgart, 1961

23
Advertisement for Kast + Ehinger GmbH, ink manufacturers, Stuttgart, 1961

23

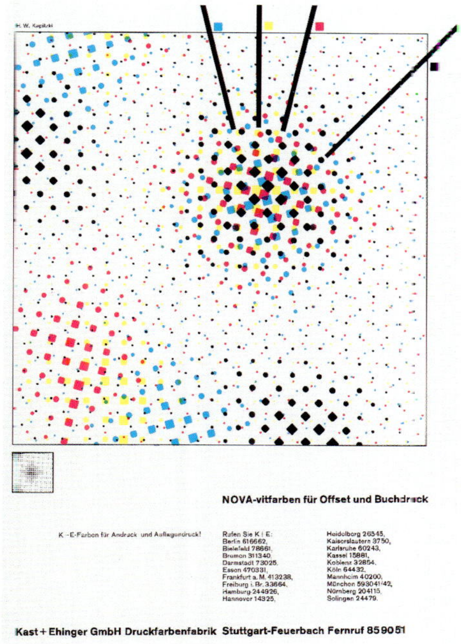

24

25

26

27

24–28
Anzeigen für Fachzeitschriften der Druckfarbenfabrik Kast + Ehinger GmbH, Stuttgart, 1960–62

24–28
Advertisements for trade magazines published by Kast + Ehinger GmbH, ink manufacturers, Stuttgart, 1960–62

28

29

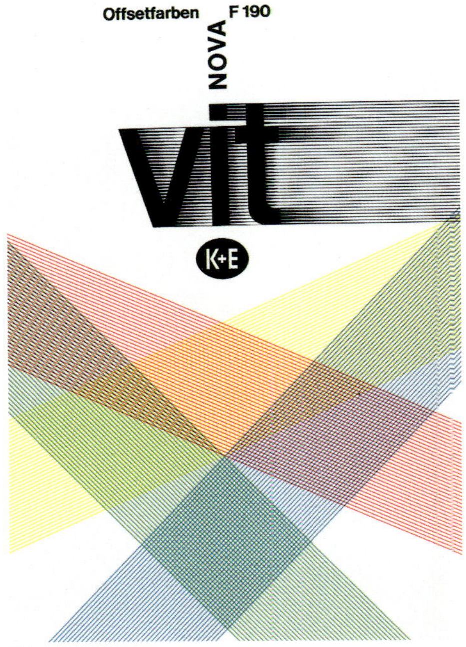

30

29–33
Anzeigen für Fachzeitschriften der Druckfarbenfabrik Kast + Ehinger GmbH, Stuttgart, 1962–64

29–33
Advertisements for trade magazines published by Kast + Ehinger GmbH, ink manufacturers, Stuttgart, 1962–64

31

32

33

34

34
Anzeige für die Druckfarbenfabrik Kast + Ehinger GmbH, Stuttgart, 1962

34
Advertisement for Kast + Ehinger GmbH, ink manufacturers, Stuttgart, 1962

Landesgewerbeamt
Baden-Württemberg LGA
1956–1968

Office for the Promotion of Trade and Industry of the Land Baden-Württemberg (LGA), 1956–1968

35

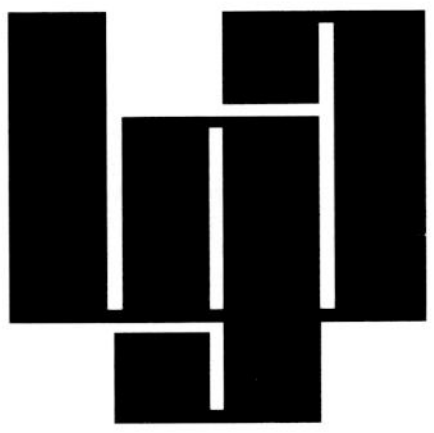

36

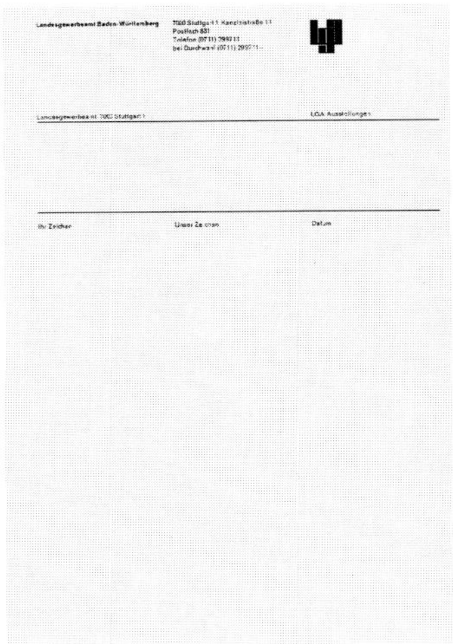

37

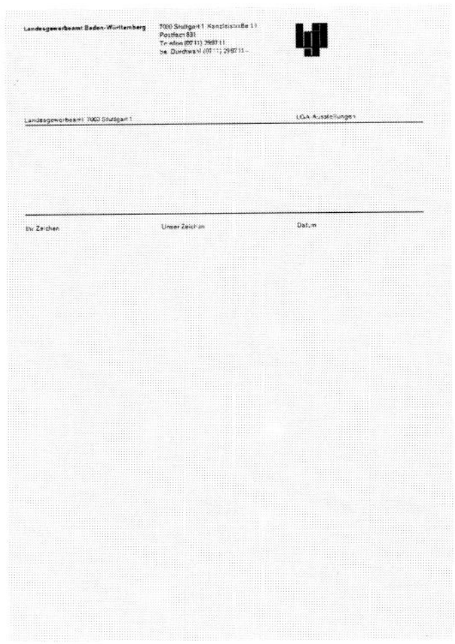

38

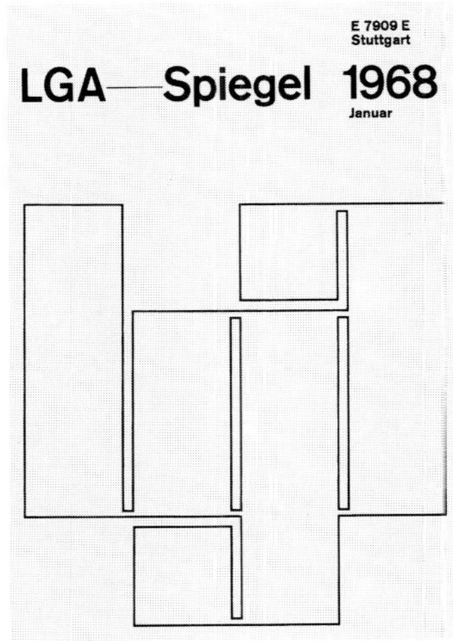

39

Das Landesgewerbeamt mit seinen Einrichtungen hat sich seit Kriegsende für die Bedeutung des Design im wirtschaftlichen Handeln, aber auch für gesamtgesellschaftliche Bedürfnisse eingesetzt und dadurch die Akzeptanz des Design in der Öffentlichkeit verbessert. Es sah seine Aufgabe darin, mit all seinen Handlungen und Äußerungen eine Art Vorbildfunktion auszuüben. Das verlangte nach herausragender Qualität der Aktivitäten des Amtes nach innen wie nach außen.

Meine Aufgabe war die Gestaltung des visuellen Erscheinungsbildes. Das war wohl das erste Mal, daß sich eine behördliche Einrichtung nach dem Kriege ein modernes Erscheinungsbild diesen Umfangs leistete. Es gilt noch immer als beispielhaft. Heute wird es allerdings durch modische Zusätze und Assoziationen zum Konsumdesign verformt.

Für die einzelnen Bereiche, die sich mit den unterschiedlichsten Inhalten an die Öffentlichkeit wandten – zum Beispiel Design Zentrum, Wohnberatung, technische Abteilungen, Eichamt, Patentbibliothek – mußten die zu jener Zeit üblichen Informationsmittel gestaltet werden. Für jede einzelne Ausstellung waren ein Plakat und ein Katalog unerläßlich.

Die Gestaltung der Plakate stellte die Forderung an mich, die jeweils sinnvollste Visualisation des Sachverhalts zu finden, die nicht illustrativ eine Geschichte erzählt, sondern den Inhalt in einer Zeichenaussage komprimiert. Es ging mir stets darum – und das hat heute noch Gültigkeit – eine elementare Aussage zu den verschiedenen Bedeutungselementen zu machen, die sich zur unverfälschten und unverfremdeten inhaltlichen Aussage verknüpfen. Die Forderung nach Originalität manifestiert sich im Neuigkeitsgrad der Visualisierung. Das bedeutete auch, sich von den aus den dreißiger und vierziger Jahren überkommenen Stilauffassungen und von verbrauchten Anmutungen zu lösen und so die Modernisierung der Erscheinungsweisen, die Information transportieren, neu zu formulieren.

Ich darf daran erinnern, daß man sich noch überwiegend in Printmedien artikulierte und daß die elektronischen Produktionsmittel für das Entwerfen ganz unbekannt waren.

Since the end of the war, the Office for the Promotion of Trade and Industry LGA and its facilities have lent their support not only to the rôle played by design in business, but also to the requirements of society as a whole, and have thus improved public acceptance of design. The LGA saw it as its task to exercise a kind of exemplary function in all its activities and utterances. This meant that the LGA's internal as well as external activities had to be of an outstanding quality.

My task was to design the visual appearance of the LGA. It was probably the first time since the war that a governmental facility had ventured upon such an extensive modernization of its appearance. That appearance is still regarded as exemplary. But today fashionable accessories and groupings are distorting it into a consumer-oriented work of design.

The means of information used at that time had to be designed for the individual areas which dealt with the public in the most widely differing fields. Some examples are the Design Centre, the Housing Advice Department, the technical departments, the Office of Weights and Measures, and the Patent Library. A poster and a catalogue were indispensable for every single exhibition.

Designing each poster made it necessary for me to find, for the particular subject matter, the most appropriate visualization: not one which told a story by illustrating it, but one which compressed the meaning into a single statement consisting of signs. To me – and this still applies today – it was always a matter of making a basic statement on the various elements of meaning which combine to create an undistorted and unalienated statement regarding the subject matter. The demand for originality is manifested in the extent to which the visualization is something new. This also meant detaching oneself from the stylistic conceptions of the 1930's and 1940's and from outdated expectations, and thus finding a new formulation for the modern ways of transporting information.

I may remind the reader that the print media were the chief means of articulation at the time, and that electronic means of production were unknown where design work was concerned.

41

40

35 + 36
Zeichen des Landesgewerbeamtes und des Design Zentrums

37
Presseinformation

38
Briefbogen

39
Katalogumschlag

40 + 41
Plakate für Design Zentrum, 1960/1962

42 + 43
Katalogumschläge, 1967/1968

42

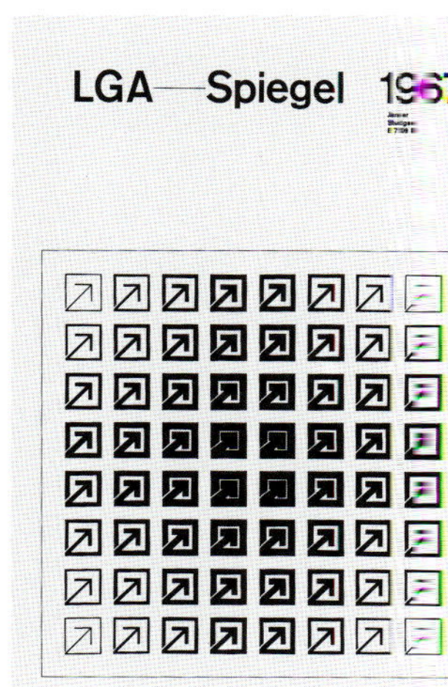

43

35 + 36
Symbols used by the LGA and the Design Centre

37
Press release

38
Letterhead

39
Catalogue cover

40 + 41
Posters for Design Centre, 1960/1962

42 + 43
Catalogue covers 1967/1968

44 + 45
Buchumschläge für Jahrbücher, 1956, 1957

44

45

44 + 45
Covers for yearbooks, 1956, 1957

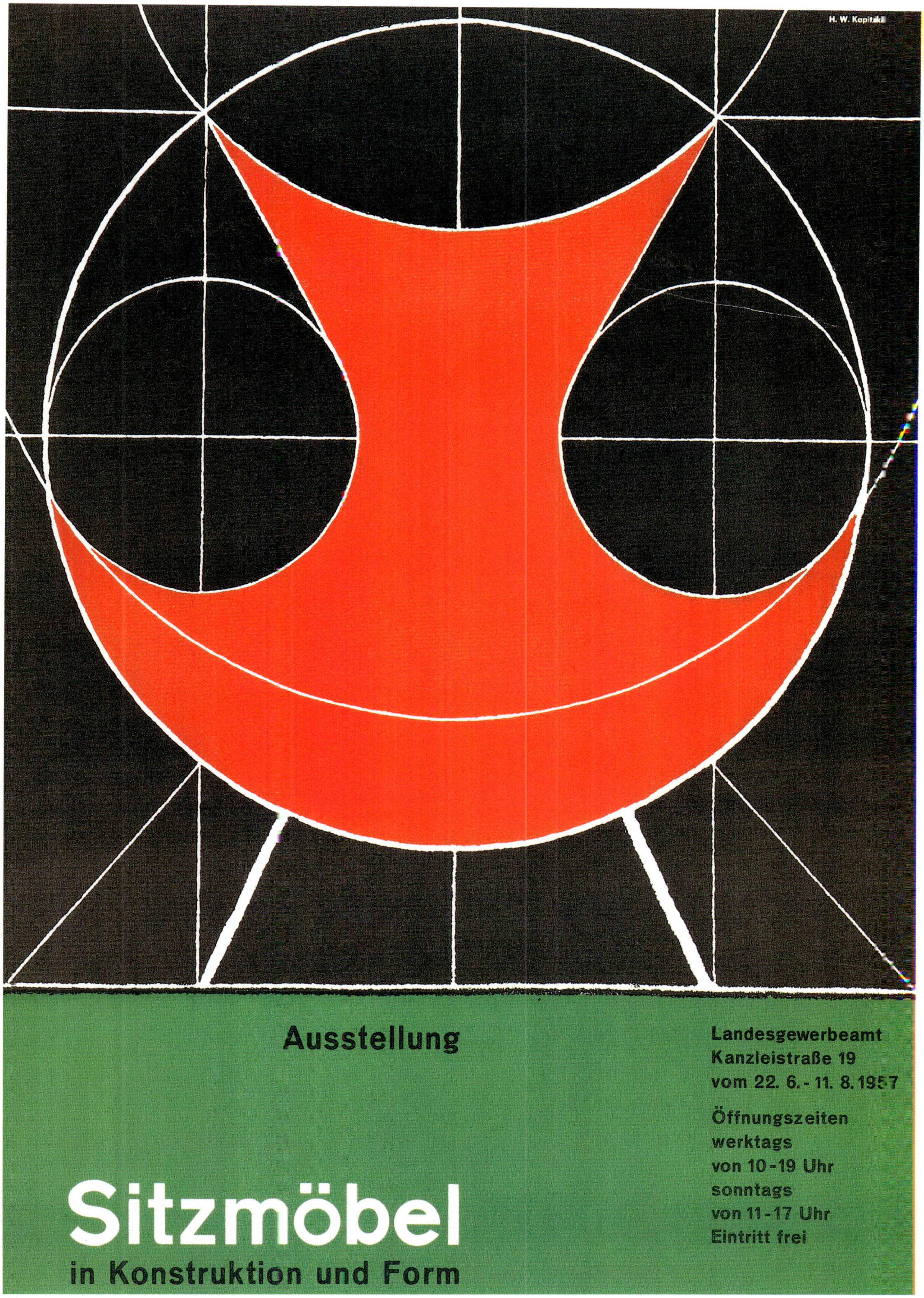

Plakat für "Sitzmöbel" – meine erste Design-Ausstellung im Landesgewerbeamt Baden-Württemberg, 1957

Poster for "Chairs" – my first design exhibition at the LGA, 1957

*47–54
Plakate
für verschiedene
Ausstellungen
im LGA, Stuttgart,
1957–64*

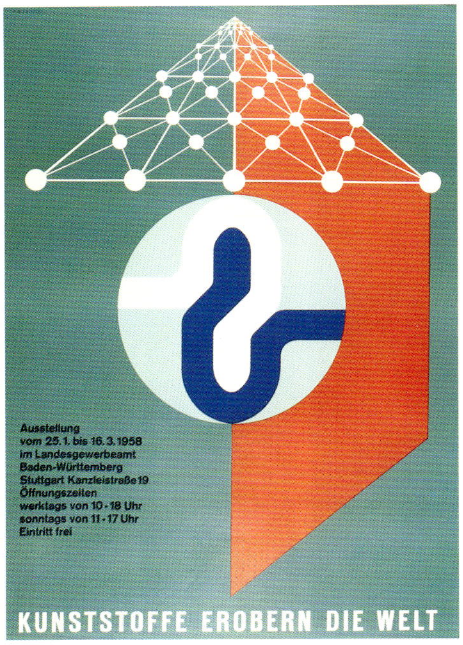

47

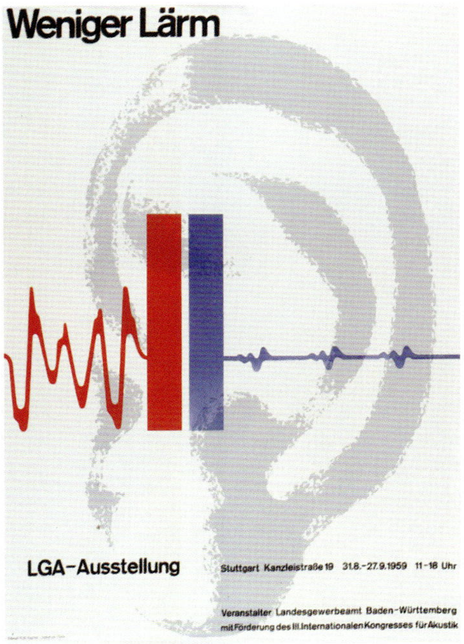

48

49

50

52

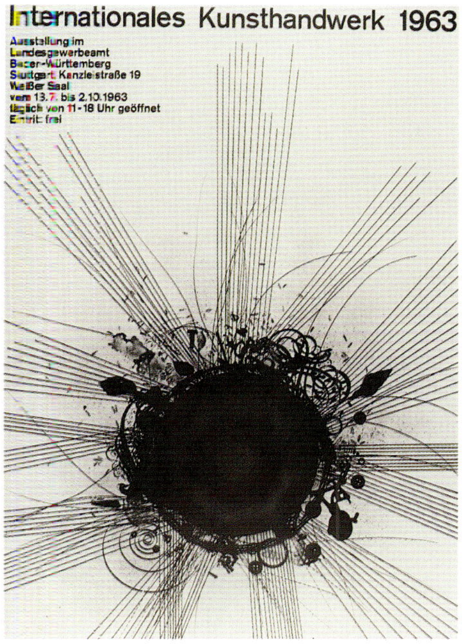

53

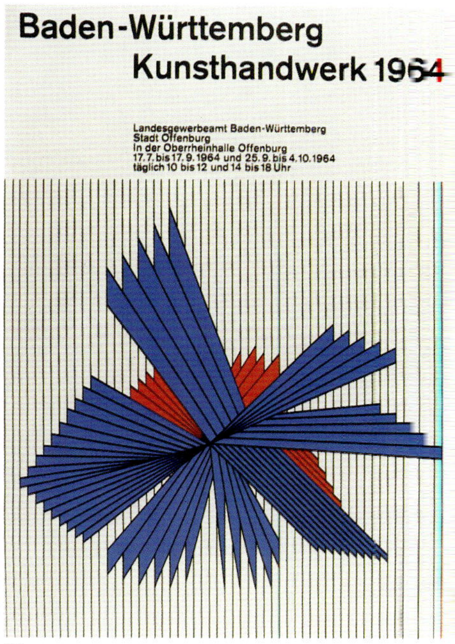

54

47–54
Posters for various exhibitions at the LGA, Stuttgart, 1957–64

55

55–62
Plakate für verschiedene Ausstellungen im LGA, Stuttgart, 1961–64

56

57

58

59

60

61

59–62
Posters for various exhibitions at the LGA Stuttgart, 1961–66

62

63

63–68
Plakate für verschiedene Ausstellungen im LGA, Stuttgart, 1959–67

64

65

66

67

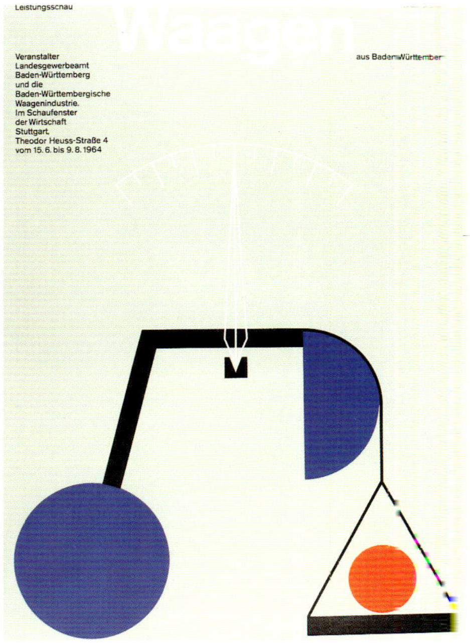

68

63–68
Posters for various exhibitions at the LGA, Stuttgart, 1959–67

69–71
Plakate für verschiedene Ausstellungen im LGA, Stuttgart, 1965–67

69–71
Posters for various exhibitions at the LGA, Stuttgart, 1965–67

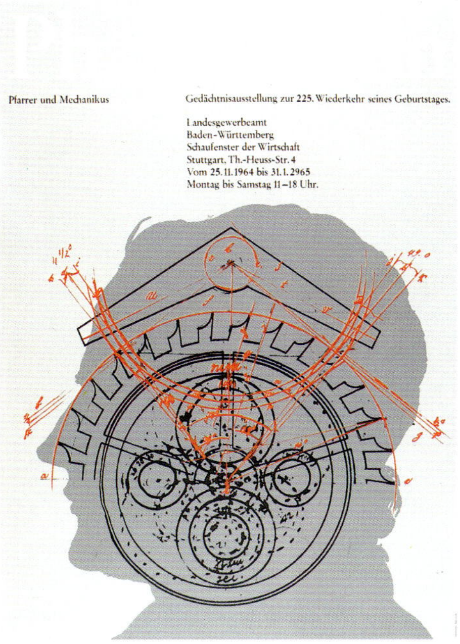

69

70

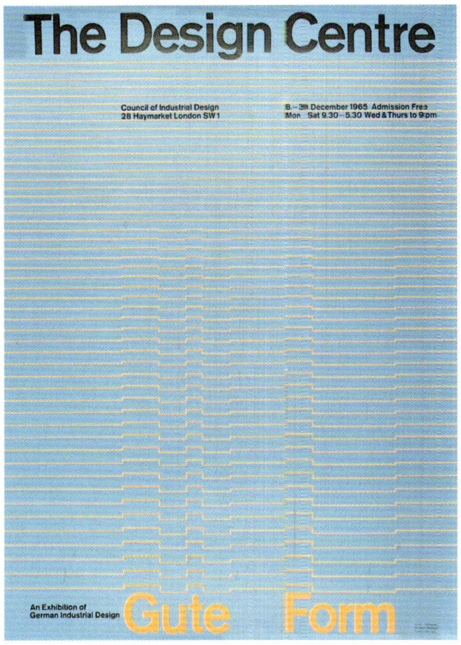

71

72

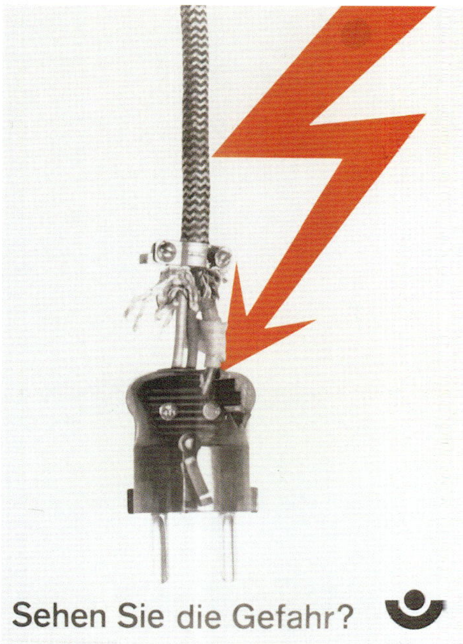

73

74

75

72–76
Plakate der Berufsgenossenschaft, Bonn, 1963

72–76
Posters for the Professional Association, Bonn, 1963

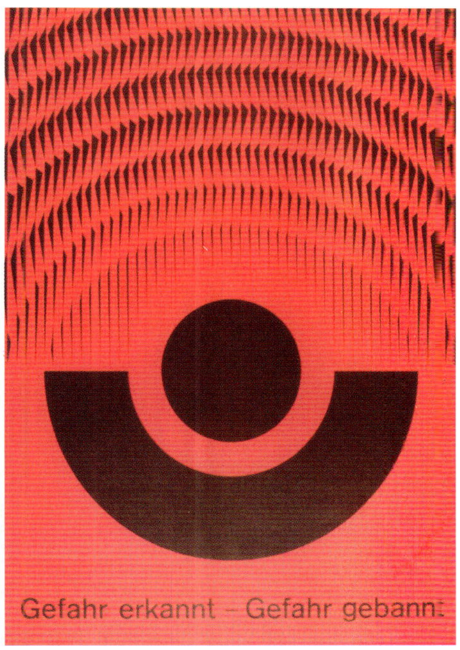

76

77
Plakat für eine Ausstellung eigener Arbeiten, 1964

78–79
Plakate für Edition Domberger, Stuttgart, 1966

80
Plakat für eine Ausstellung im Bauhaus-Archiv, Berlin, 1977

77
Poster for an exhibition of my own work, 1964

78–79
Posters for Edition Domberger, Stuttgart, 1966

80
Poster for an exhibition at the Bauhaus-Archiv, Berlin, 1977

81

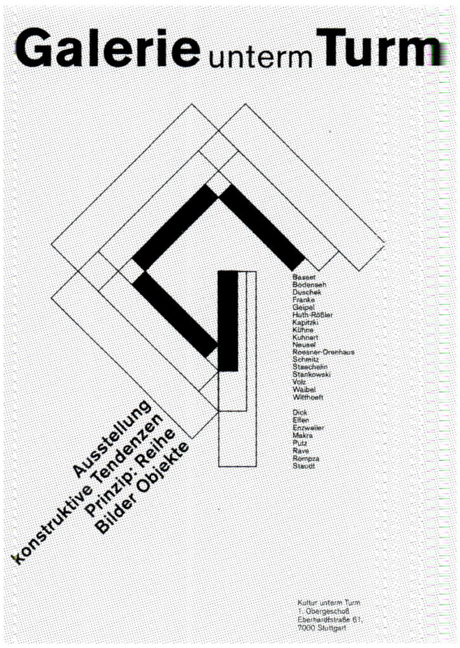

82

83

84

81
Plakat für die Ausstellung "Zeitschrift form", Stuttgart 1992

82–84
Plakate für Ausstellungen eigener Arbeiten, Stuttgart 1965 und 1980 und Essen 1988

81
Poster for "Zeitschrift form" exhibition, Stuttgart 1992

82–84
Posters for exhibitions of my own work, Stuttgart 1965 and 1980 and Essen 1988

85
Konstruktionskanon für die typografische Anordnung

85
Constructional canon for typographical arrangement

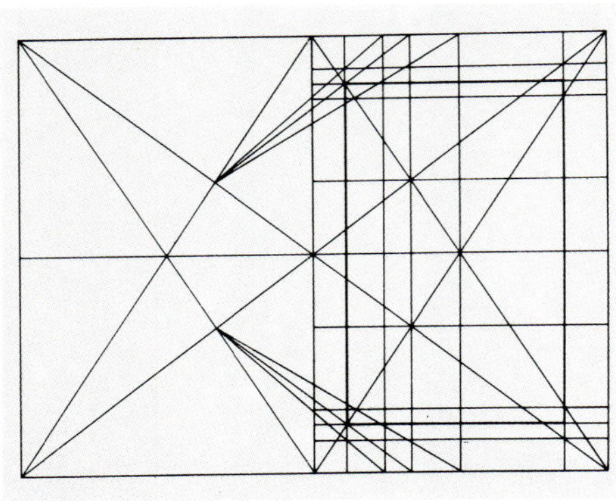

85

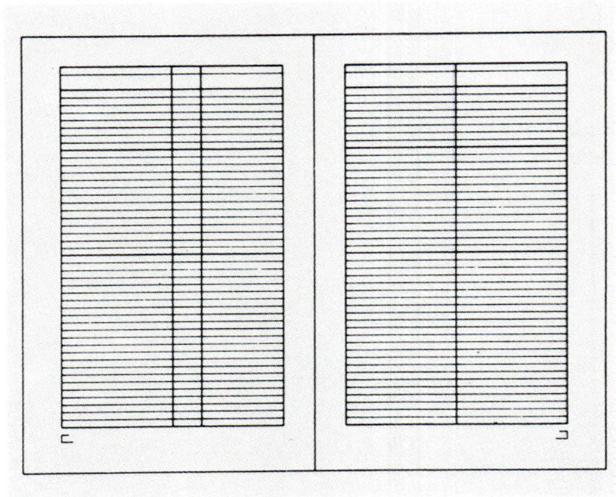

Erscheinungsbild für den Westdeutschen Verlag, Köln und Opladen, 1962–1966

Image for Westdeutscher Verlag, Köln and Opladen, 1962–1966

86–87
Umschläge für Buchreihen

86–87
Covers for series of books

86

87

Im Verlagswesen besteht seit jeher die Notwendigkeit, der Aufmachung und Anmutung der Erzeugnisse spezielle Aufmerksamkeit zu widmen, weil vor allem durch die visuelle Wahrnehmung die notwendige Aufmerksamkeit im Markt erreicht wird. Das gilt insbesondere dann, wenn im Verlagsprogramm verschiedenartige Produkt- und Objektlinien vertreten sind.

Ich hatte den Auftrag, für einen eingeführten wissenschaftlichen Verlag, dessen Buchreihen über längere Zeiträume laufen, das Erscheinungsbild so zu ordnen, daß sich ein Rationalisierungseffekt für die Gestaltung ebenso wie für die Produktion ergab. Dies bezog auch das Fachzeitschriftenprogramm mit ein, zu dem seit 1957 die "form – Zeitschrift für Gestaltung" gehörte. Denn dem Verleger war früh schon klar geworden, daß über die betriebliche Information hinaus das Gesamterscheinungsbild eines Unternehmens in erster Linie in der Produktinformation zum Ausdruck kommt.

Die Gestaltungskonzeption, die alle medialen Anforderungen mit einschloß, legte die Formate für sämtliche Sparten nach einem geometrischen Teilungsverhältnis fest. Die Ordnungskoordinaten konnten so für den individuellen Satzspiegel schnell ermittelt werden und waren als Anordnungsnorm für das Satzregister verbindlich.

In der Entstehungszeit dieser Konzeption wurde noch vorwiegend das Hochdruckverfahren angewendet.

Die Gestaltungsrichtlinien galten auch für die Gestaltung der Schutzumschläge und Buchdeckel. Sie ließen genügend Freiraum, um durch den äußeren Anblick schon auf Funktion und Bedeutung der Buchreihe hinzuweisen.

In publishing, it has always been necessary to pay particular care to the presentation and appearance of the products, because the attention required for marketing purposes is obtained mainly by visual perception. This applies particularly if the publishing programme includes different kinds of products and objects.

An established scientific publisher, whose series of books were produced over long periods, commissioned me to arrange its image so as to produce a rationalizing effect in both design and production. This also applied to the programme of trade magazines, which since 1957 included the magazine "form – Zeitschrift für Gestaltung". The publisher had early realized that the overall image of a company is expressed not only in the information concerning the company, but most of all also in the product information.

My design concept included all the requirements placed on the media employed, and defined the formats for all the different subjects in accordance with a geometrical ratio of division. The ordering coordinates for the individual type areas were thus rapidly ascertainable and were a binding standard for arranging the setting register.

Letterpress printing was still the method chiefly employed when this concept was being developed.

The design guidelines also applied to the dust jackets and book covers. They left enough free space to make it possible, by means of the outer appearance, to indicate the function and significance of the series of books.

88

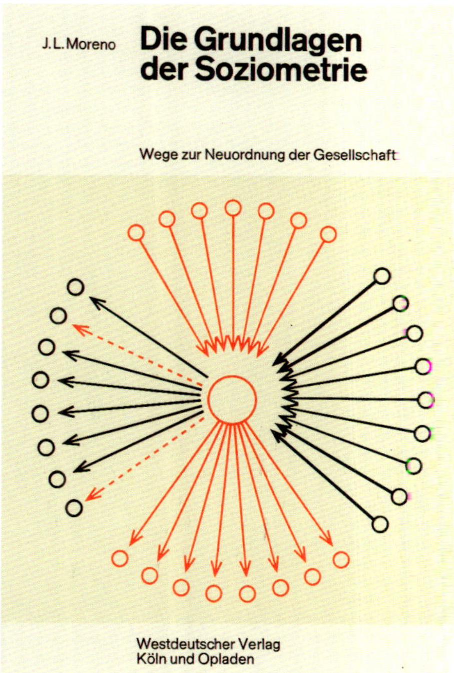

89

90

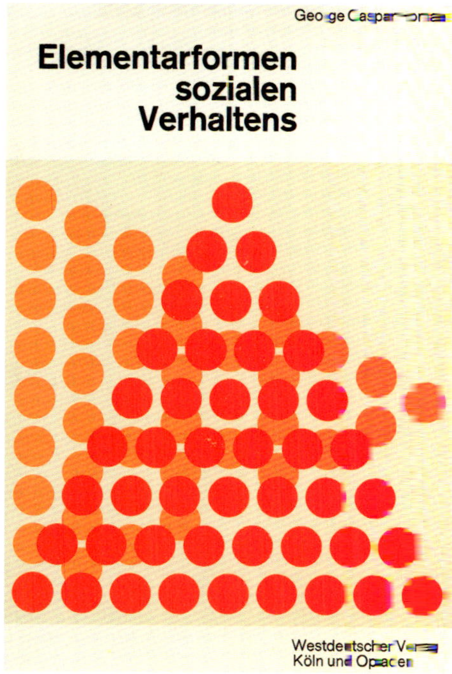

91

88–92
Buchumschläge

88–92
Book covers

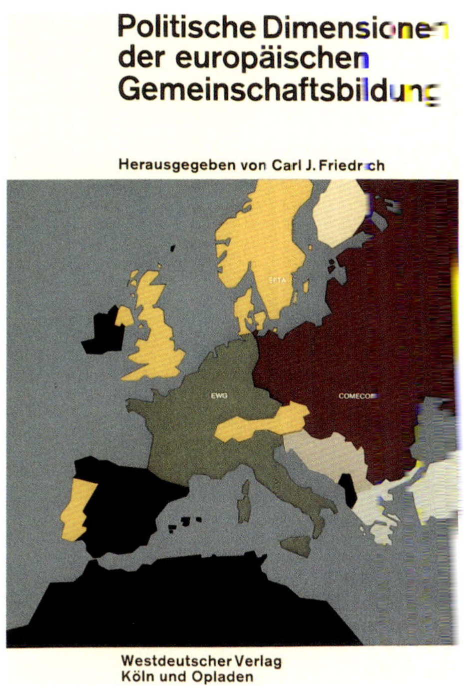

92

93–97
Schutzumschläge

93–97
Dust jackets

93

94

95

96

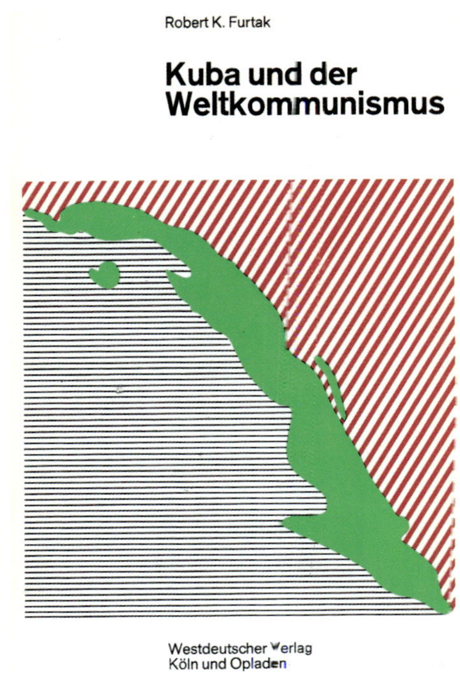

97

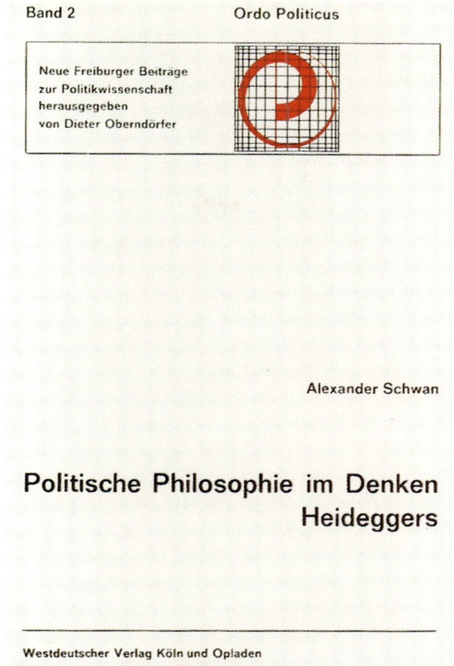

98

99

100

98–102
Umschläge für
Buchreihen

98–102
Covers for
series of books

101

102

Deutsche Lufthansa,
1960

103

103–105
Anzeigen

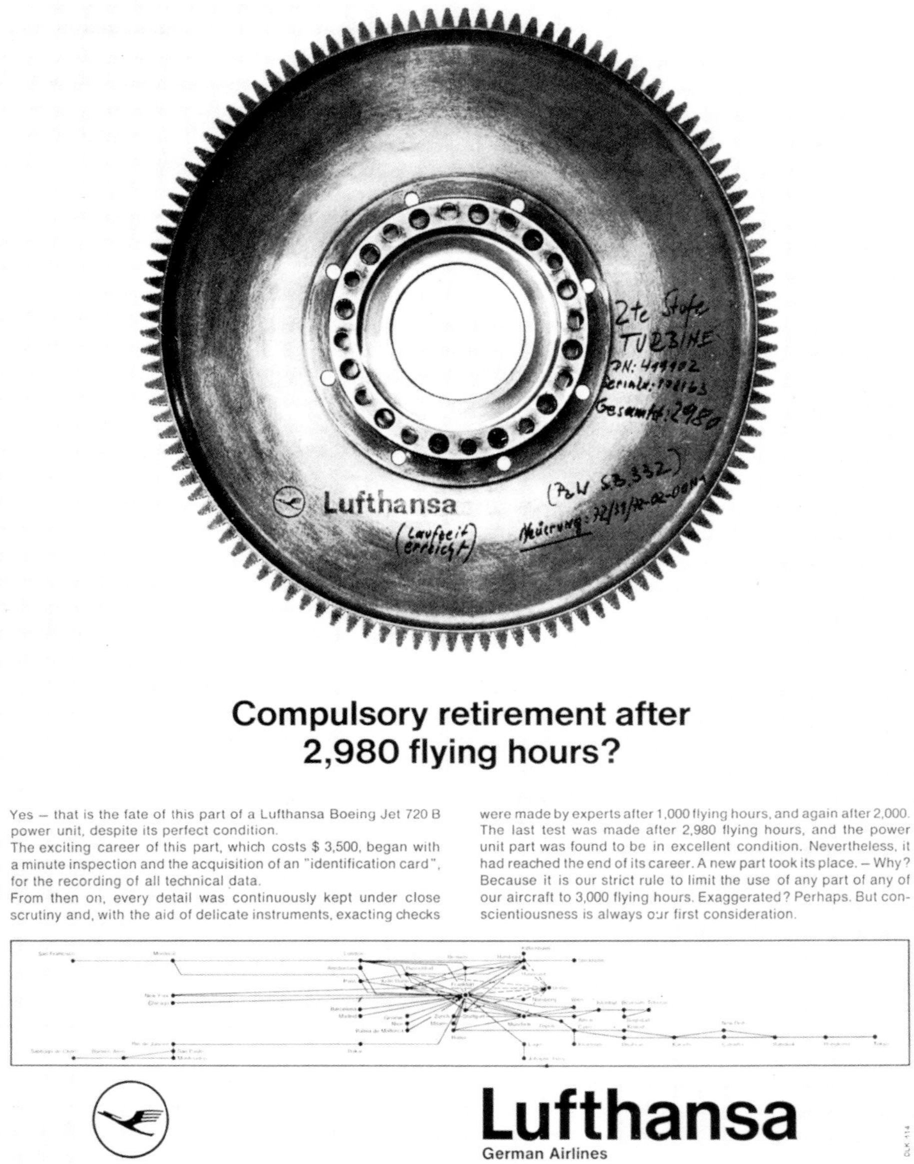

103–105
Advertisements

104

105

106

107

106–109
Plakate, 1960

108

106–109
Posters, 1960

109

"Stuttgarter Nachrichten"
Institutionelle Informationen einer Tageszeitung, 1962–1966

Die "Stuttgarter Nachrichten" waren in der Nachkriegszeit eine vielbeachtete Tageszeitung, die nicht nur in ihrer redaktionellen Konzeption sehr fortschrittlich war, sondern auch im Erscheinungsbild. Der damalige Herausgeber und engagierte Zeitungsmann Henry Bernhard und Verlagsleiter Horst Felder waren davon überzeugt, daß die institutionelle Information ihrer Zeitung sich einer visuellen Sprache bedienen müßte, die der Sprache der Presseberichte adäquat ist: eindeutig, glaubwürdig, prägnant. So war es mir möglich, die Öffentlichkeit mit außergewöhnlichen Visualisationen anzusprechen.

Die erarbeitete Konzeption zeichnet sich durch variable Kontinuität aus. Unterstützt wird sie durch die Textgestaltung, für die Hans-Ludwig Enderle und Bodo Rieger eine besondere Art der Kombination von Sprache und Bild entwickelten.

Fritz Seitz nennt eine Selbstanzeigenserie "bildnerische Abstraktion". Er schreibt*: "Man darf sagen, daß die Mehrzahl der fachlich qualifizierten Werbung in einer Atmosphäre entsteht, in der psychologisiert wird, in der Verhaltensweisen eingeschätzt und nach Möglichkeit vorausberechnet werden. Die Werbemittel werden als Träger emotionaler Reize begriffen, welche die rationalen Kontrollen beim Publikum nicht wecken, sondern unterlaufen sollen ... Im Grunde reagiert man weit mehr auf vermutete Verhaltensweisen, als daß man eigenständig handelt. Schließlich leuchtet ein, daß es dabei nicht gerade um das Schaffen von Werten geht, sondern um das Nutzen von Faktoren, die als Werte bezeichnet werden; um das Nutzen der 'positiven Gefühlswerte' zum Beispiel, die in Konventionen, Normvorstellungen und starren Vorstellungskomplexen vorrätig liegen. Was nun den Grafiker betrifft, so beengen ihn solche Planungen zuweilen recht empfindlich. Wie oft wird ihm schließlich die Rolle des Kosmetikers an fremden Ideen aufgenötigt!

Hier nun ein entschiedenes Gegenbeispiel. Auftraggeber: die 'Stuttgarter Nachrichten', eine führende Tageszeitung Südwestdeutschlands. Dem Grafiker fiel die Aufgabe zu, eine Anzeigen-

"Stuttgarter Nachrichten"
Image-creating information in a daily newspaper, 1962–1966

"Stuttgarter Nachrichten" was a highly regarded newspaper in the post-war period. It was very progressive not only in its editorial conception, but also in its appearance. Henry Bernhard, who was the then editor and a committed newspaper man, and Horst Felder who was the publishing manager, were convinced that the image-creating information provided by their newspaper must employ a visual language which was adequate to the language of the press reports: clear, credible, precise. This enabled me to employ unusual visual ideas to appeal to the public.

The conception I worked out is marked by a variable continuity. It is supported by the text layout, for which Hans-Ludwig Enderle and Bodo Rieger developed a special way of combining words and images.

Fritz Seitz describes a series of advertisements as "pictorial abstraction". He writes*: "It may be said that most advertising produced by professionally qualified people is created in an atmosphere which uses psychology to assess human behaviour and if possible predict it. The advertising media are regarded as carriers of an emotional appeal which is meant not to arouse in the public a sense of rational control, but to infiltrate past any such control ... Basically, people's behaviour is much more a reaction to presumed ways of behaving than it is anything independent. After all, it is clear that this is not a matter of creating values, but of making use of factors which are described as values, of making use, for example, of the supposedly positive emotional values to be found in conventions, standard notions and rigid complexes of ideas. Such planning sometimes imposes very marked limitations on the graphic artist. He is often forced into the rôle of an embellisher upon other people's ideas.

But here is a decided example of the opposite: the client was 'Stuttgarter Nachrichten', a leading daily newspaper in South-West Germany. The graphic designer was given the task of creating a series of advertisements, and the new advertising media were meant to confirm, or at most

* *"Gebrauchsgraphik" Heft/issue 3, 1963*

serie zu entwerfen, wobei die neuen Werbemittel das bereits vorhandene 'Selbstbildnis' der Zeitung bestätigen, allenfalls akzentuieren sollten. Hier resultierte die Planung also nicht aus einer psychologisierenden Einschätzung des Leserpublikums ...

So wurde der Stuttgarter Grafiker Kapitzki herangezogen, der sich durch den sachbezogenen und entschieden konstruktiven Charakter seiner Arbeit empfahl. Er entwickelte eine Reihe zweifarbiger Anzeigen, Varianten über einem feststehenden Schema, die auch als Kioskplakate Verwendung fanden. Der Aufbau ist klar, leicht zu erfassen. Drei Textanteilen Stichwort, laufendem Text und Slogan, stehen zwei Bildflächen gegenüber: ein großes Quadrat in der Mitte und darunter ein kleines Bildquadrat. Beide Flächen erläutern das jeweils obenanstehende Stichwort ... Das heißt, der Grafiker hat die Darstellungsmittel als Zeichen gesetzt, die im einzelnen keine Bedeutung tragen. Sie sind aber funktionell so aufeinander bezogen, daß ihr Zueinander eine bildnerische Sprache entfaltet, eine Syntax, die ungemein sinnfällig und ausdrucksvoll ist. Ja, es bilden sich Zeichenthematiken, die dem jeweiligen Sinngehalt bildnerisch unmittelbar entsprechen. In allen Fällen treffen sie das Allgemeine, das Wesentliche, spiegeln sie das Stichwort als Begriff, der gültig ist für technisch lenkbare Funktionsabläufe ebenso wie für die Situationen im Zusammenleben der Gruppen, der Nationen, der kontrastierenden Daseinsordnungen.

Bei alledem ist Kapitzki ungewöhnlich konsequent und reinlich vorgegangen: alles ist wie aus einem Guß! Schließlich bestärkt mich diese Serie in der Überzeugung, daß nach wie vor eine Potentialität an 'Ideen' vor uns liegt, die praktisch unausschöpfbar ist. Wer aber solche 'Ideen' aufspürt, wer sie zu nutzen weiß, kann auf manches verzichten: auf Gimmicks, auf die ganze Kunst der falschen Töne, nicht zuletzt auf die Manipulationsversuche am menschlichen Verhalten, die eine unmittelbare Folge psychologisierender Einschätzung des Publikums sind."

emphasize, the newspaper's already existing image. Thus here the planning did not result from a psychological assessment of the reading public ...

The work of Kapitzki, the graphic artist from Stuttgart, is marked by its pragmatism and constructiveness, and this was why he was employed for the task. He created a series of two-colour advertisements. They were variants on the background of a fixed pattern, and were also used as posters on sales kiosks. Their structure is clear and easily registered. Three text sections – catchword, running text, and slogan – are seen face to face with two areas of image: a large square in the middle, and below it a small square. Both areas illustrate the catchword located above each of them... That is to say that the designer uses the methods of depiction as symbols which do not mean anything by themselves. But their functional relationship with one another is such that it develops a pictorial language, a very striking and expressive syntax. A subject matter of signs is formed which, in pictorial terms, corresponds directly to the particular meaning. This subject matter expresses the main general theme in every case, and reflects the catchword, expressing a concept which is just as applicable to technically governable functional sequences as it is to situations created by the communal life of groups, nations and contrasting existential systems.

In all this, Kapitzki has worked with unusual consistency and clarity: the series forms an integrated whole. It also confirms my conviction that there still lies before us a practically inexhaustible potential by way of ideas. But those who find such ideas and know how to make use of them will be able to do without certain things, such as gimmicks, the art of adopting false attitudes, and – last but not least – those attempts to manipulate human behaviour which result directly from a psychological assessment of the public."

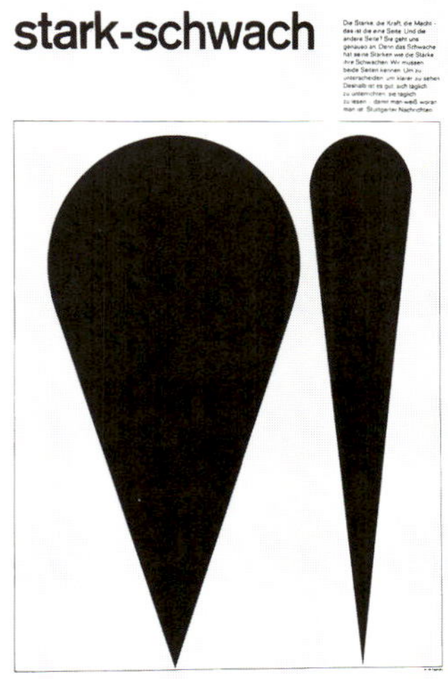

110

111

110–119
Anzeigen und Kleinplakate

112

113

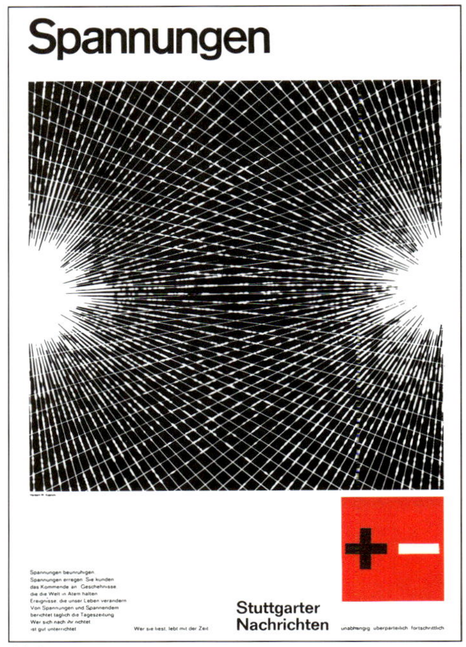

114

110–119
Advertisements
and small posters

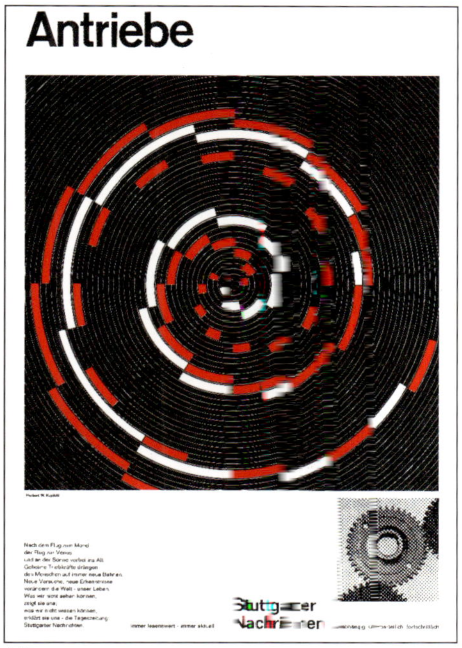

115

116

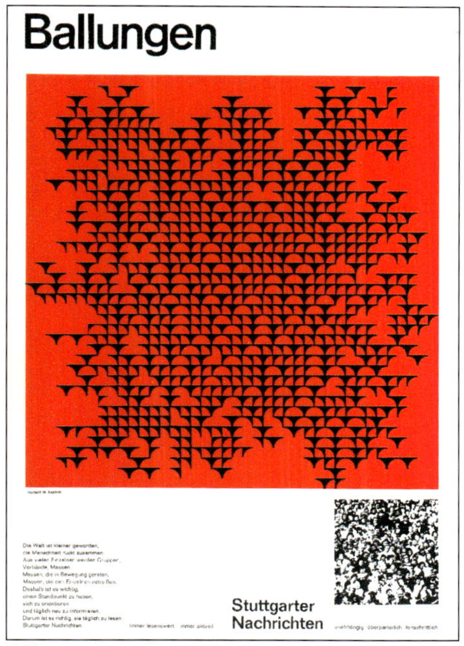

117

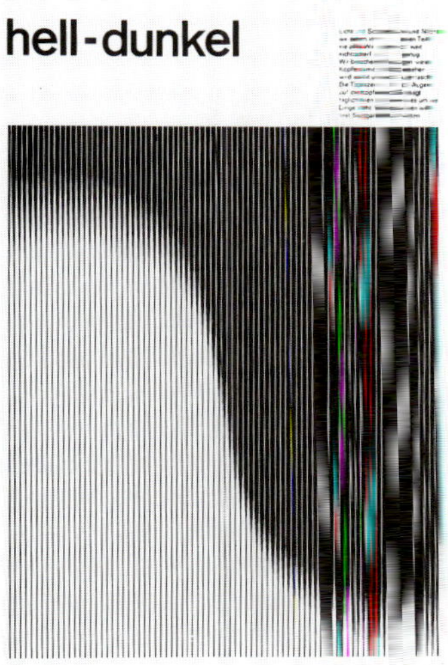

118

119

Jeden Morgen

H W KAPITZKI

Jeden Morgen interessant:
was der Tag bringt.
Jeden Morgen lesen:
Aktuelles aus aller Welt.
Jeden Morgen:
Stuttgarter Nachrichten

120 + 121
Anzeigen

120

121

120 + 121
Advertisements

122 + 123
Anzeigen
122

Der richtige Blick
bringt uns die Wirklichkeiten näher.
Der kritische Blick
bringt uns den Wahrheiten näher.

Stuttgarter Nachrichten

123

Wissenswertes täglich lesen

H. W. KAPITZKI

Die Zeit schreibt viele Geschichten.
Bücher, Bände, Bibliotheken
füllt das Wissen unserer Tage.
Tausende von Seiten
braucht ein einziger Tag.
Wir bringen es geordnet, gesichtet:
die Ereignisse des Tages,
das Geschehen der Zeit.
Politik, Wirtschaft, Kultur,
Sport, Mode und Reisen,
Berichte, Kommentare, Romane -
Wir bringen vieles für viele,
täglich einen Auszug der Zeit,
ein Stenogramm der Geschichte.
Wissenswertes aus aller Welt,
Tag für Tag
in den Stuttgarter Nachrichten.

124 + 125
Anzeigen für verschiedene Unternehmensinformationen

124 + 125
Advertisements for various types of company information

124

Ein altes Telephon...

nicht gerade von Philipp Reis (schon 1861 erfunden!), aber alt genug. Damit haben wir freilich nichts zu tun, das war nur für Herrn Biedermeier aufregend. Wir sind von heute und so modern, wie man es 1963 nur sein kann. Mit unserem Druckhaus zum Beispiel. Da steht einiges an Maschinen und Automaten. Aber wir selber sind keine Automaten. Wir verstehen unser Handwerk. Kommen Sie einmal zu uns — wir erfüllen alle Ihre Wünsche, wenn es sich um Buchdruck handelt.

H. W. Kapitzki

Druckhaus Stuttgarter Nachrichten

Stuttgart N · Räpplenstr. 19 · Postfach 550 · Ruf 299321

125

126

127

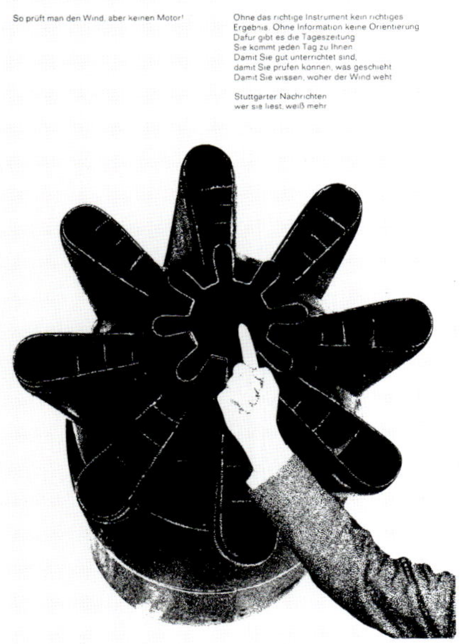

128

126–128
Anzeigenserie für Abonnentenwerbung

126–128
Series of advertisements to attract subscribers

Kein toter Punkt…

Ein genau fixierter Punkt ist kein toter Punkt. Im Gegenteil: Je besser der Punkt fixiert ist, desto lebendiger wird die Bildwiedergabe durch das Klischee. Die modern eingerichtete Chemigrafie der Stuttgarter Nachrichten dient Tag für Tag der raschen und guten Raproduktion von Bild und Grafik. Auch für Sie fertigen wir schnell und preiswert Strichätzungen und Autotypien an. Kommen Sie mit Ihren Wünschen zu uns.

Druckhaus Stuttgarter Nachrichten Stuttgart N Räpplenstraße 19 Postfach 550 Ruf 299321

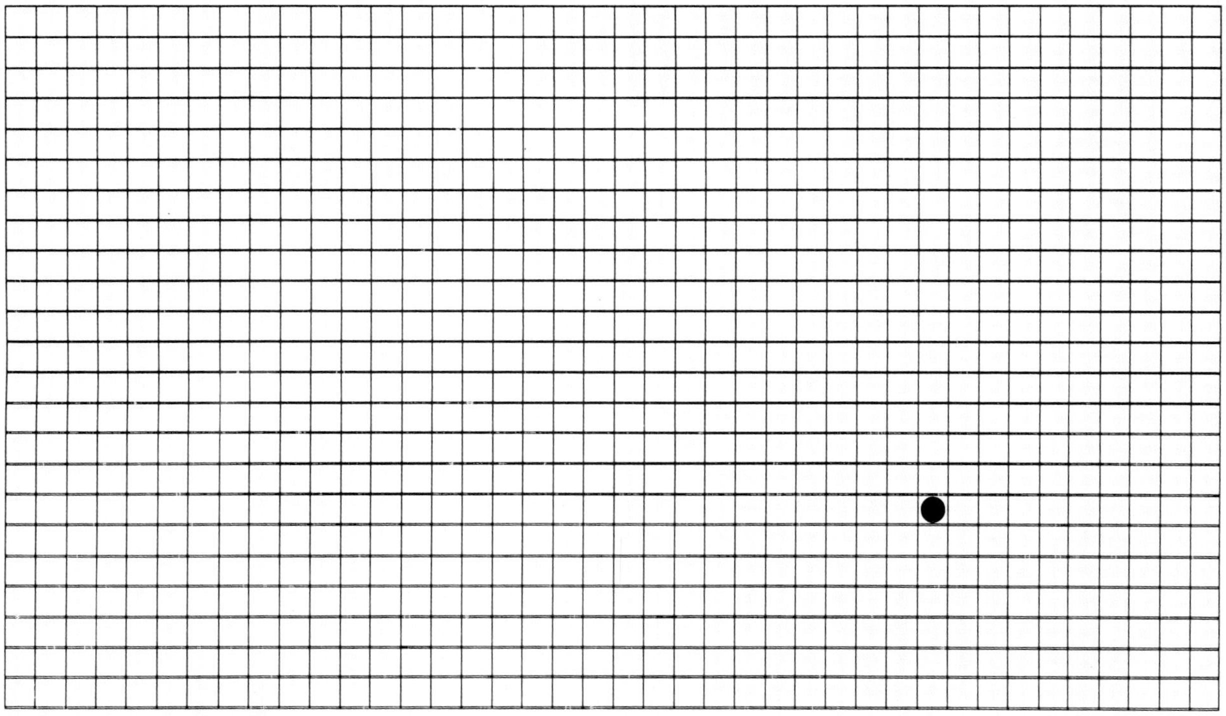

129

129–133
Anzeigenserie für Abonnentenwerbung

Die Schraube finden…

im rechten Moment, mit der richtigen Schraubenmutter, darum geht es auch heute noch. Eine chemigrafische Abteilung, und sei sie hochmodern (wie bei den Stuttgarter Nachrichten), kann auf Schraube und Mutter nicht verzichten. Hauptsache: Ob Schrauben oder andere Dinge, alles liegt an seinem Platz. Wir sind in neuen Räumen, bei uns herrscht Ordnung. Ein rationalisierter Betrieb bietet Vorteile, nämlich Schnelligkeit und günstige Kalkulation. Unsere Chemigrafie ist auch auf Ihre Wünsche eingestellt.

Druckhaus Stuttgarter Nachrichten Stuttgart N · Räpplenstraße 19 · Postfach 550 · Ruf 299321

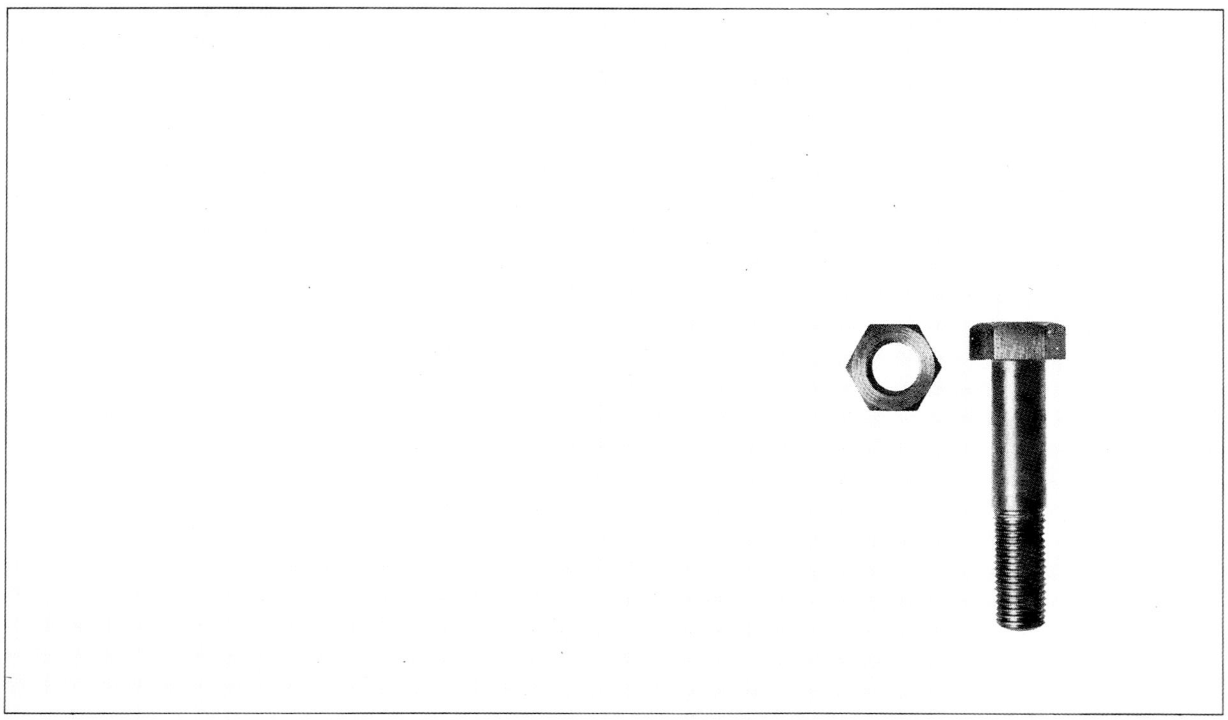

130

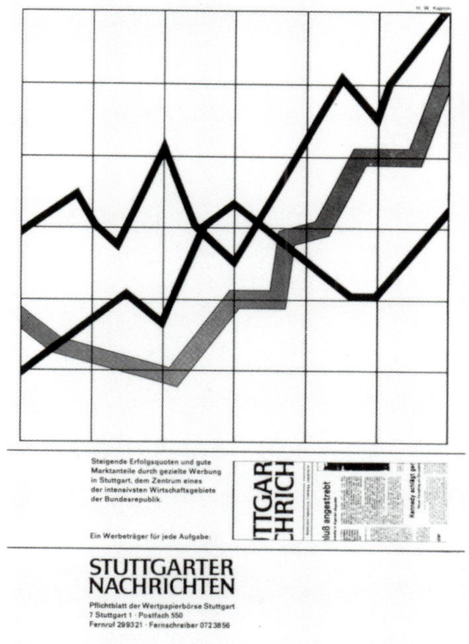

131

132

129–133
Series of advertisements to attract subscribers

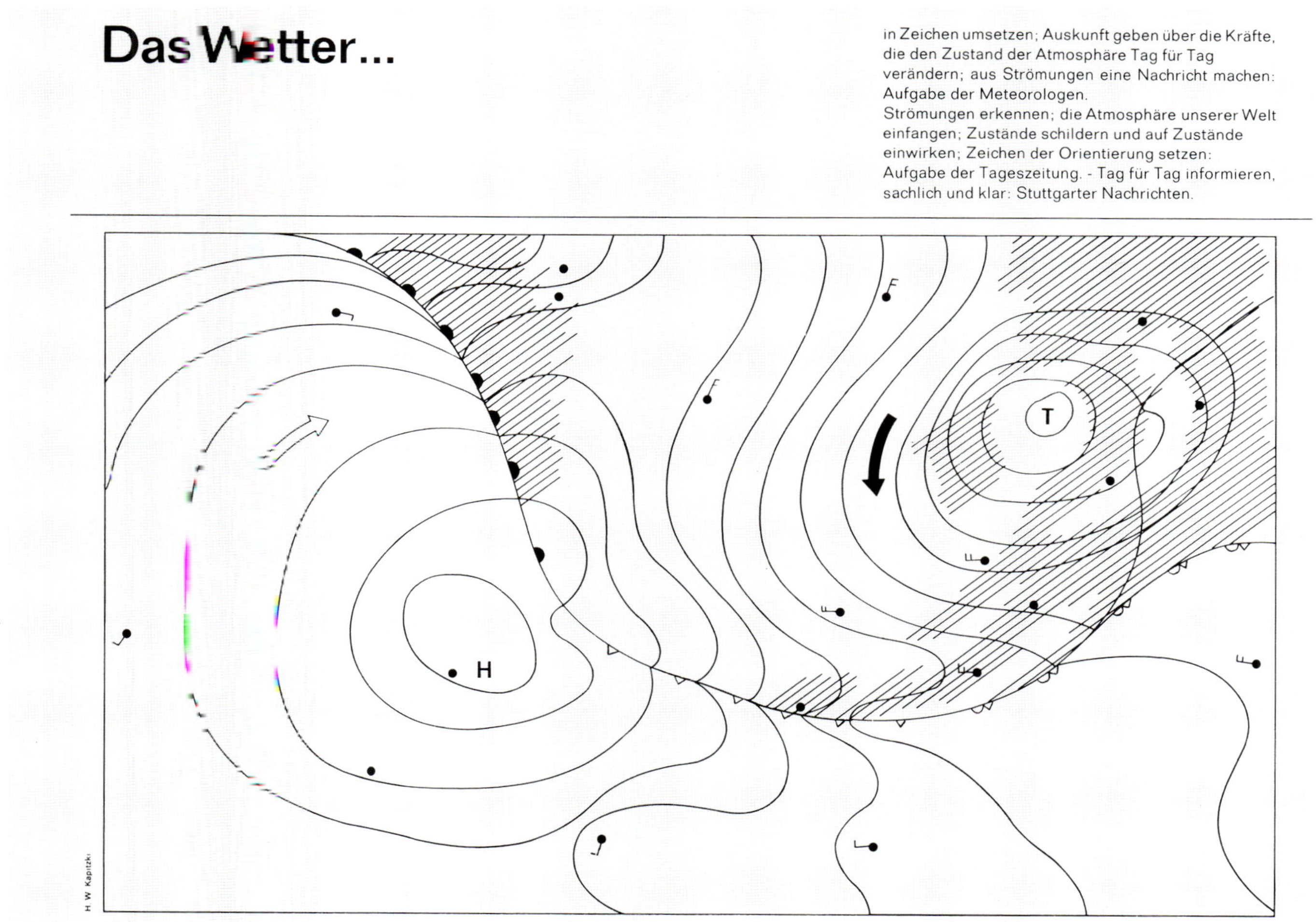

133

134
Briefbogen

135
Pressedienst

136
Einladung

137
Programmvorschau

138
Plakat

139
Programmheft

134
Letterhead

135
Press Release

136
Invitation card

137
Preview of
programmes

138
Poster

139
Schedule of
programmes

134

135

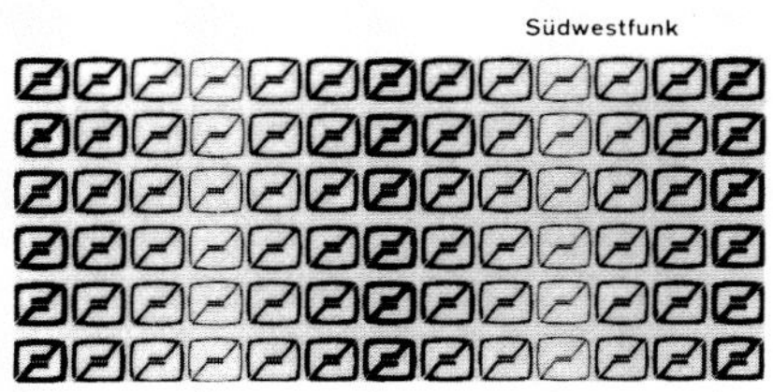

136

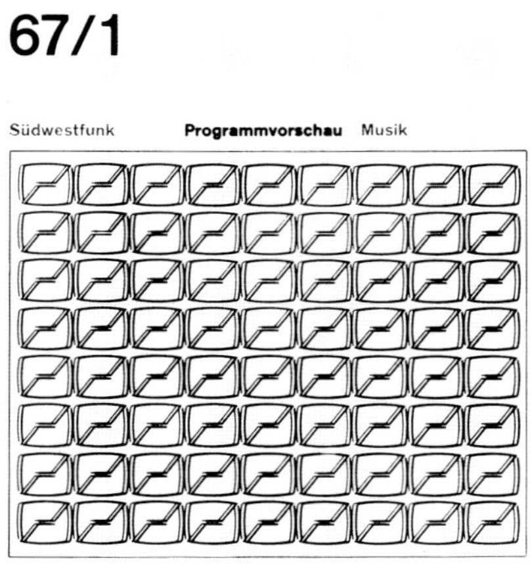

137

138

Erscheinungsbild für den Südwestfunk
Baden-Baden, 1967

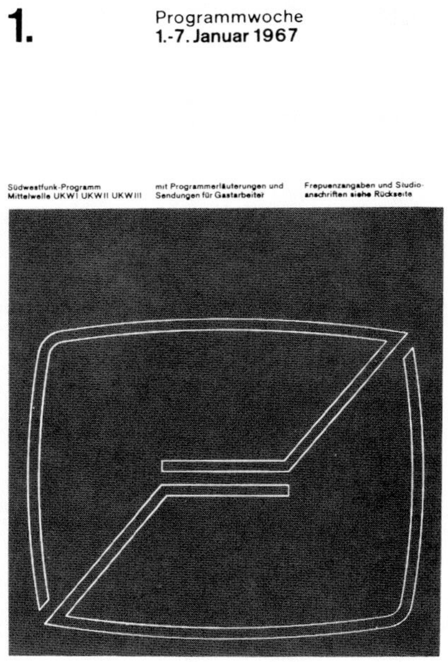

139

Image for Südwestfunk,
Baden-Baden, 1967

Mit der Verwirklichung eines visuellen Erscheinungsbildes hat sich der Rundfunk- und Fernsehsender schon früh bemüht, eine eigene Selbstdarstellung zu entwickeln, um den Bedingungen der Marktwirtschaft, vor allem aber auch den regionalen politischen Gegebenheiten Rechnung zu tragen. Eine kleine Anstalt, die infolge der Nachkriegsordnung als Sender der französischen Besatzungsmacht installiert worden war, mußte ihre institutionelle Qualität gegenüber den etablierten Anstalten betonen. Hierfür war die planvolle und unterscheidbare Kennzeichnung notwendig.

By adopting a visual image for itself, this radio and TV station tried at an early stage to portray itself in a way which took into account the conditions of the market economy, and in particular the regional political circumstances. This small company had, in the conditions following the war, been set up as a broadcasting station for the French occupying powers. It had to emphasize its quality as an institution as compared with the established broadcasting companies. To achieve this, it had to be defined in a well-planned way in order to distinguish it from other broadcasting stations.

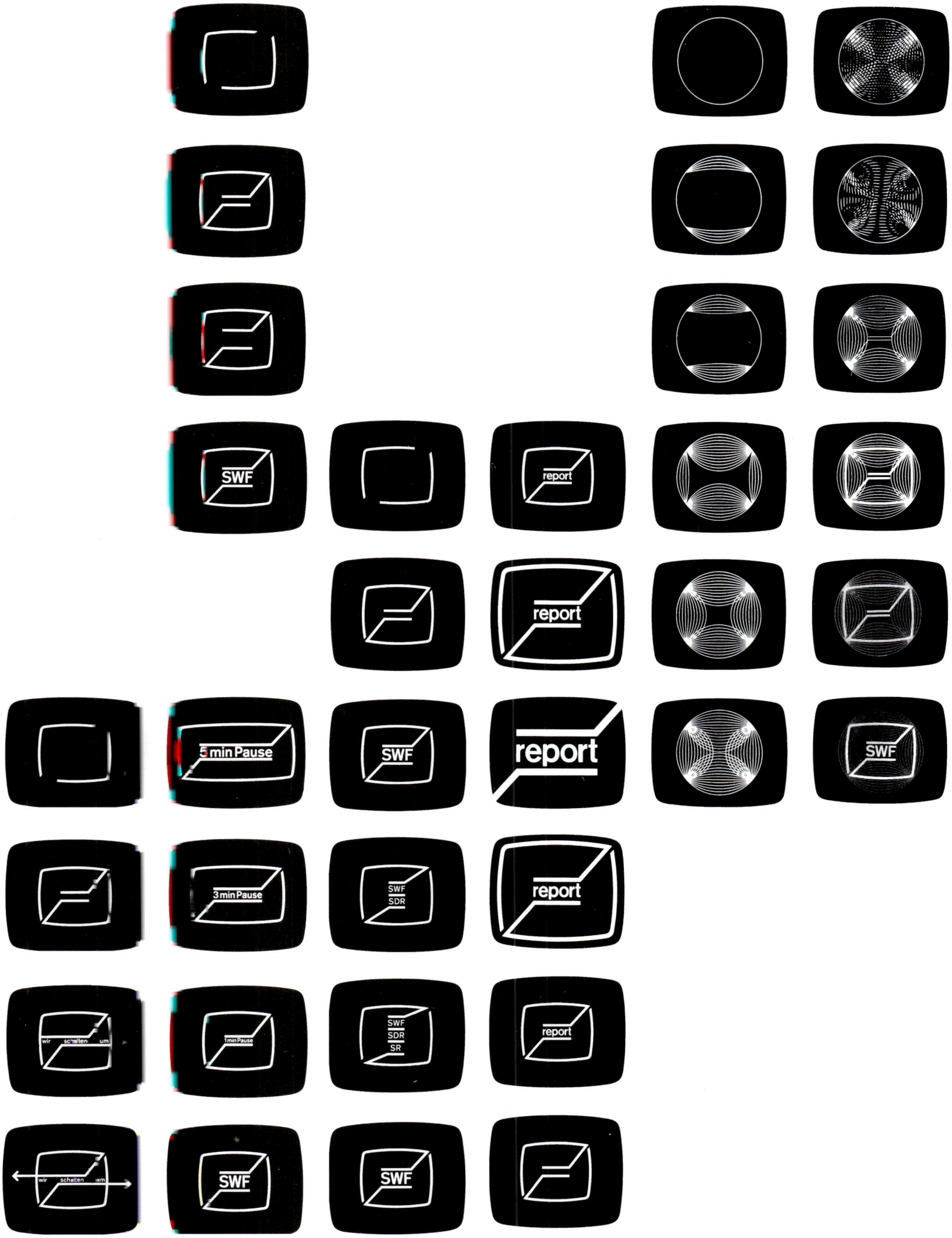

140

140
Filmsequenzen für die Senderanzeige

140
Film sequences advertising the radio and TV station

Internationales Design Zentrum Berlin, 1977–1980

International Design Centre Berlin, 1977–1980

141–143
Plakate zu Veranstaltungen des IDZ Berlin

144–146
Flakate zur institutionellen Information über das IDZ Berlin

141

142

Seit seiner Gründung im Jahr 1969 bis Anfang der 80er Jahre hat sich das IDZ Berlin vor allem mit Problemen der Umwelt, der Stadtlandschaft und des Wohnumfeldes beschäftigt. Heute steht die Auffassung von Design als Zusatznutzen im Vordergrund. Wollten die Veranstaltungen und Ausstellungen damals verschiedene Themenbereiche aus Wissenschaft und Gestaltung für soziokulturelle Anwendungsfelder vermitteln, so geht es heute vorwiegend um die Bereitstellung von Design als Marktfaktor.

From the time when it was founded in 1969 until the early 1980's, the Berlin IDZ has mainly been concerned with problems of environment, cityscape and residential ambience. But today a concept of design as being an additional benefit is in the forefront. The aim of the events and exhibitions held earlier was to convey to the public, for purposes of sociocultural application, various subjects from the areas of science and design, whereas today it is mainly a matter of presenting design as a factor in the market.

145

143

144

146

141–143
Posters for events at the IDZ Berlin

144–146
Posters with general information on the IDZ Berlin

147 + 148
Plakate zur institutionellen Information über das IDZ Berlin

147

148

147 + 148
Posters with
general information
on the IDZ Berlin

Die technische Entwicklung der Verkehrsmittel und ihrer Einrichtungen seit der Mitte unseres Jahrhunderts hat eine Ausweitung erfahren, die ihre Benutzung immer komplizierter macht. Die Menschen sind mobiler als jemals zuvor, sie reisen von einem Ort zum anderen, von einem Land zum anderen, von einem Kontinent zum anderen, dafür benötigen sie funktionsgerechte Gebrauchsanweisungen. Hierzu gehört ein allgemein verständliches Informationsangebot in den Zentren des Massenverkehrs, das nicht nur die Wegeführung von und zu den Verkehrseinrichtungen und die Orientierung innerhalb dieser Zentren umfaßt, sondern auch die Gebrauchsanweisung für das Verkehrsangebot selbst.

Durch die Globalisierung der Einrichtungen und die Internationalität der Benutzergruppen wird die Verständigung mit Hilfe von gesprochener Sprache immer schwieriger, ja fast unmöglich. Deshalb ist zum schnellen Erkennen und Verstehen der unterschiedlichen Sachverhalte ein ergänzendes Verständigungssystem unerläßlich, welches die Sprachbarrieren überbrückt, ein Zeichensystem, dessen Bestandteile sich als "Piktogramme" durchgesetzt haben, obwohl nicht alle Zeichen, die wir inzwischen angeboten bekommen, der Semiologie der Zeichen entsprechen. Nicht alle Piktogramme sind ikonischer Art, das heißt, nicht alle sind abbildhaft. Wir finden auch symbolische und indexikalische Zeichen, die als Diagramm, Ideogramm oder Logogramm auftreten.

Seit dem ersten Versuch von Otto Neurath, anläßlich einer Ausstellung in Wien 1920 ein Bild-Zeichen-System zu schaffen, sind so viele Systeme entstanden, daß die Ordnung dieser Systeme schwerfällt. Als Rudolf Modley, der 1930 nach Chicago kam, dort im Museum für Wissenschaft und Industrie die "Wiener Methode" von Neurath weiterentwickelte, dann 1934 die Pictograph Corporation gründete, um seine mehr als eintausend Pikto-

Since the middle of the present century, the technical development of our means of transport and the associated facilities has expanded so far that it is becoming more and more complicated to use them. People are more mobile than ever before: they travel from one town to another, from one country to another and from one continent to another, and for this they require instructions for use which suit the particular function. This includes a universally comprehensible supply of information which is located in the centres of public transport and not only indicates the routes to and from the transport facilities and provides guidance within those centres, but also gives instructions on how to use the transport facilities themselves.

The worldwide presence of transport facilities, and the internationality of user groups, mean that communication by means of the spoken language is becoming more and more difficult and is now almost impossible. This is why an additional system of communication which bridges the language barriers is indispensable for a rapid recognition and understanding of the different situations. This is a system of signs whose components have gained acceptance as pictograms, although not all the signs now being presented to us accord with the semiology of signs. Not all of the pictograms are icons. That is to say, they are not all meant to be likenesses. There are also symbolic and indexical signs appearing as diagrams, ideograms and logograms.

Ever since Otto Neurath attempted to create a first system of images and signs for an exhibition held in Vienna in 1920, so many systems have come into being that it is difficult to classify them. Rudolf Modley came to Chicago in 1930, worked on the further development of Neurath's Viennese method at the Chicago Museum of Science and Industry, and, in 1934, founded the Pictograph Corporation so that the public could make use of the more than

gramme zur Verwendung anzubieten, kam man zum ersten Mal auf die Idee, diese Zeichen zu normen. Auch an den rechtlichen Schutz dachte man.

Waren die Bildzeichen zunächst für die Veranschaulichung von Statistiken gedacht, wurden sie später für einen Sprachübertragungscode weiterentwickelt und eingesetzt. Allerdings konnte kaum ein Gestalter, der eine Orientierungsmaßnahme zu bearbeiten hatte, es sich versagen, eine neue, eigene Kreation anzubieten. Man will immer noch nicht zugeben, daß ein bestimmtes Zeichensystem Gültigkeit für alle haben könnte. Dadurch wird jede Normung erschwert, auch wenn sich der Deutsche Normenausschuß immer wieder darum bemüht. Und so entstehen immer mehr Zeichen und schaffen eher Verwirrung als Orientierung in unserer Umwelt. Hinzu kommt noch ein unkontrollierbares Plagiatwesen, so daß Zeichenbastarde plaziert werden, die unsere Zeichenwelt nicht eben erträglicher machen.

Ich habe selbst viel Zeit gebraucht, um zu erkennen, daß der Gestalter auf der einen Seite verpflichtet ist, sein Gestaltungsvermögen zur Verfügung zu stellen – auch aus der Erkenntnis heraus, daß er ein Bestandteil des Wirtschaftskreislaufs ist und seine Existenz zu sichern hat – daß er aber andererseits auch reflektieren muß, daß durch seine Arbeit ein Zeichenangebot entsteht, das unsere visuelle Umwelt überflutet.

In meiner Gestaltungsarbeit gehe ich davon aus, daß ein Piktogramm als non-verbales Verständigungsmittel die Visualisierung eines Objekts oder eines Sachverhalts zu leisten hat und damit etwas anderes ist als die Illustrierung einer angenommenen Situation oder eines Objekts, die eher der Gefallensästhetik unterworfen ist. Hier ist eine sinnvolle Abstraktion eines bildnerischen Vorgangs vorzunehmen, expressive Figurationen sind zu vermeiden.

one thousand pictograms which he had produced. It was then that the idea of standardizing these signs was first thought of. Legal protection was also considered.

The pictorial signs were originally intended to illustrate statistics, but were later developed further and used for a language transmission code. However, hardly a single designer working on a system of guidance denied himself the opportunity of supplying a new creation of his own. People still do not wish to admit that a certain system of signs could be applicable to everyone. This makes any standardization more difficult, even though the German Standards Committee repeatedly tries to achieve it. Thus more and more signs come into being, creating confusion rather than guidance in our environment. There is also an uncontrollable plagiarism, causing bastard signs to be put in place which do not exactly make our world of signs any more tolerable.

It took me a long time to realize that a designer is on the one hand obliged to make his design ability available – one reason being his realization that he is part of the economic cycle and must secure his own existence –, while he must on the other hand also reflect on the fact that, due to his work, the number of signs coming into being is swamping our visual environment.

In my design work, I proceed on the basis that a pictogram, being a non-verbal means of communication, has to visualize an object or a situation, and thus differs from an illustration which depicts an assumed situation or object and is more subject to the criterion of being aesthetically pleasing. The meaningful abstraction of a pictorial process is what is required here, and expressive figurations are to be avoided.

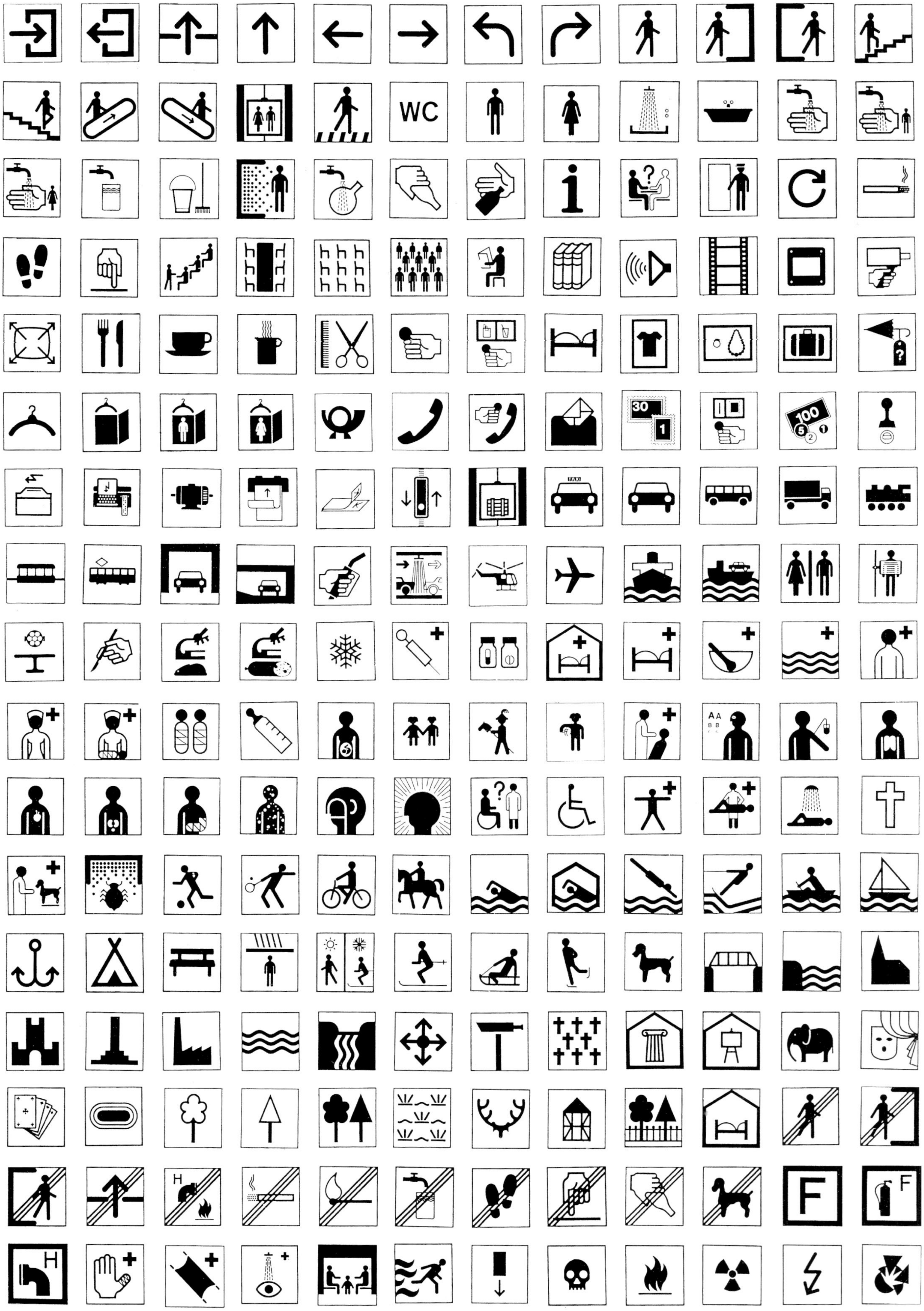

149
Piktogramme für Hinweis- und Orientierungssysteme verschiedener Anwendungsbereiche, 1986–1990

149
Pictograms for systems of information and guidance in various applications, 1986–1990

149

Zeichensystem für den Sport- und Freizeitbereich, 1969

System of signs for sporting and leisure pursuits, 1969

Gebots- und Verbotszeichen für den Sport- und Freizeitbereich zur besseren Orientierung im frei begehbaren Gelände müssen ebenso eindeutig sein wie die für den Straßenverkehr bereits gelernten Zeichen. Dies gewährleistet die rasche Lesbarkeit besonders auf Ski- und Wanderwegen.

Die Gefahr der Verwechslung mit anderen Zeichensystemen ist kaum gegeben, denn Maß und Form der Zeichenträger, Farbkodierung und Anordnung der Zeichenelemente sind unterschiedlich.

Mandatory and prohibiting signs for sport and leisure pursuits, aimed at providing better guidance in areas where one is free to move, must be just as clear as the road traffic signs which have already been learned. This ensures that they can quickly be read, especially on ski routes and hiking paths.

There is hardly any danger of their being confused with other systems of signs, because there is a difference in the dimensions and shape of the signboards and in the arrangement and colour coding of the elements.

150

151

152

150
Zeichenauswahl

151 + 152
Anordnungsbeispiele für Verbots- und Gebotszeichen

150
Selection of signs

151 + 152
Examples of how and where mandatory and prohibitive signs can be located

Orientierung auf Verkehrsflughäfen
Gestaltungsnormen, Stuttgart, 1969

Guidance at commercial airports
Design standards, Stuttgart, 1969

153

153 Flughafen Berlin-Tegel, 1969

153 Berlin-Tegel Airport, 1969

Für die Flugreisenden ebenso wie für Besucher wird die Orientierung auf den Flughäfen, die sich im Zeitalter des Massenluftverkehrs zu weitläufigen Anlagen entwickelt haben, immer schwieriger. Besonders schwer tun sich Personen, die selten reisen oder die Orientierungshinweise in der Landessprache beziehungsweise in der Luftfahrtsprache Englisch nicht verstehen können. Ein logisches System klarer, leicht erfaßbarer, einprägsamer und allgemein verständlicher Orientierungshinweise stellt eine Hilfe für die erwähnten Personenkreise dar, es trägt darüberhinaus auch dazu bei, den Verkehrsfluß innerhalb der Flughafenanlagen zu verbessern.

Die ADV Arbeitsgemeinschaft der Deutschen Verkehrsflughäfen gab mir ein Projekt zur Untersuchung der Anordnung von Piktogrammen für die Fluggastführung in Auftrag, mit dem weitergehenden Ziel, eine einheitliche Darstellungsnorm für die deutschen und österreichischen, später alle europäischen Flughäfen zu entwickeln.

Die verschiedenen vorhandenen Darstellungselemente wurden zu einer einheitlichen Norm zusammengefaßt und in ein Modularsystem eingeordnet. Die dabei verwendeten Piktogramme entsprachen den Empfehlungen von UIC und IATA für die Orientierung auf Verkehrsflughäfen und wurden bis auf einige Ausnahmen nicht neu gestaltet.

Piktogramme als ikonische Darstellungen von Informationen und Sachverhalten bilden die sinnvolle Ergänzung des gewünschten logischen Systems der Orientierungshinweise.

In the age of mass air travel, it is becoming increasingly difficult for visitors and air travellers to find their way around airports, as these have developed into extensive, rambling complexes. It is especially hard for people who rarely travel or cannot understand the instructions for guidance given either in the local language or in English, the language of aviation. A logical system of instructions for guidance which are clear, easily registered and remembered, and universally comprehensible, is of assistance to the groups of people just mentioned, and also contributes to improving the flow of traffic and persons within the airport.

The Association of German Airports commissioned me to carry out a project to examine the arrangement of pictograms for the guidance of air passengers, with the further aim of developing a uniform depictive standard for the German and Austrian airports, and later all the European airports.

The various existing depictive elements were combined into a uniform standard and classified as a modular system. The pictograms employed accorded with the recommendations of the UIC and IATA for passenger guidance at commercial airports and, with a few exceptions, were not newly designed.

Pictographs as icons which depict information and situations are a suitable addition to the desired logical system of guidance instructions.

154

155

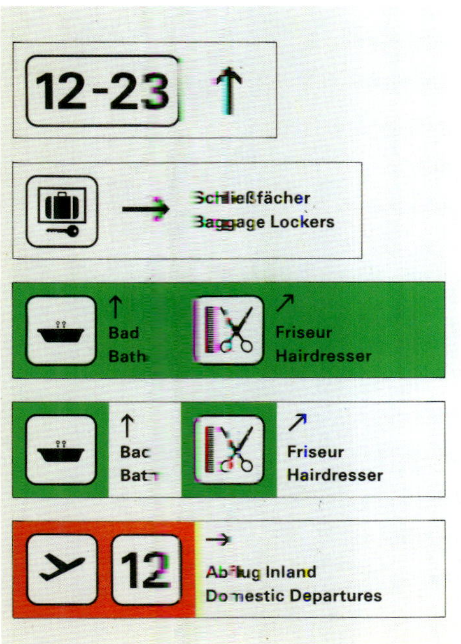

156

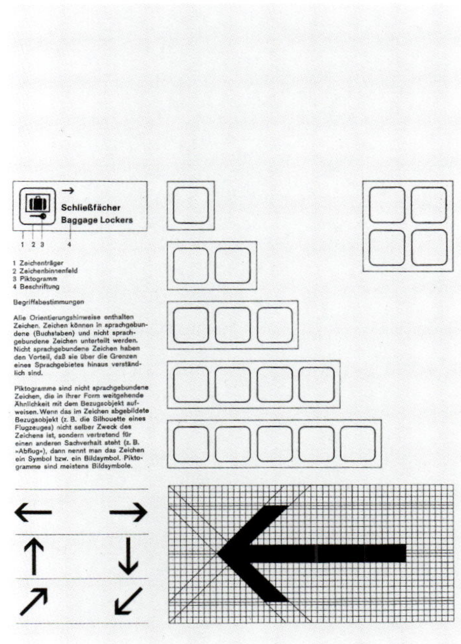

157

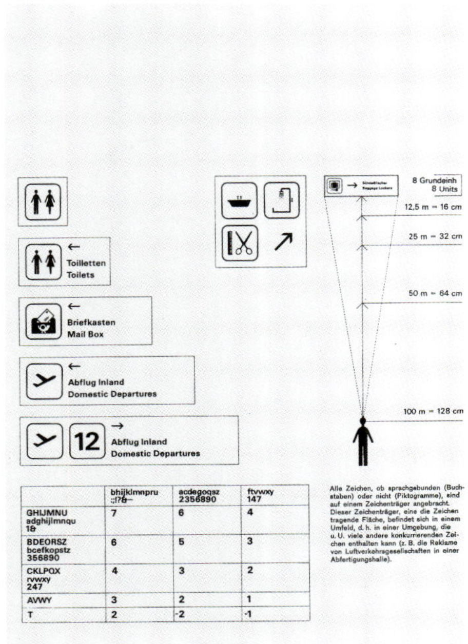

158

154
Umschlag für das Manual der Gestaltungsnormen

155
Normabbildung

156–158
Innenseiten des Manuals

154
Cover for the manual of design standards

155
A standard depicted

156–158
Inner pages of the manual

Zeichensystem für den Service-Bereich der Tankstellen der Deutschen Esso AG, 1975

Für den erweiterten Service an den Tankstellen in Europa wollte die Esso AG besondere Informationshinweise einsetzen, um die Angebote in den einzelnen Produktbereichen kenntlich zu machen.

Es wurde ein Zeichensystem entwickelt, das auf Grund seiner Analogie zu den im Straßenverkehr schon eingeführten Hinweiszeichen das schnelle Erkennen und Lernen erlaubt. Die Zeichenkonfigurationen fügen sich gut in das spezifische Umfeld ein, die anfängliche Forderung, zur Unterstützung des Lernvorganges verbale Informationen auf getrennten Trägerelementen zuzuordnen, konnte bald entfallen.

Die funktionsgerechte Anwendung machte die Zeichen rasch so bekannt, daß sich Mitbewerber ebenfalls solcher Systeme bedienten.

159
Service-Zeichen

160
Anordnungssystem für auswechselbare Zeichenfelder

159
Servicing signs

160
System for setting out replaceable sign areas

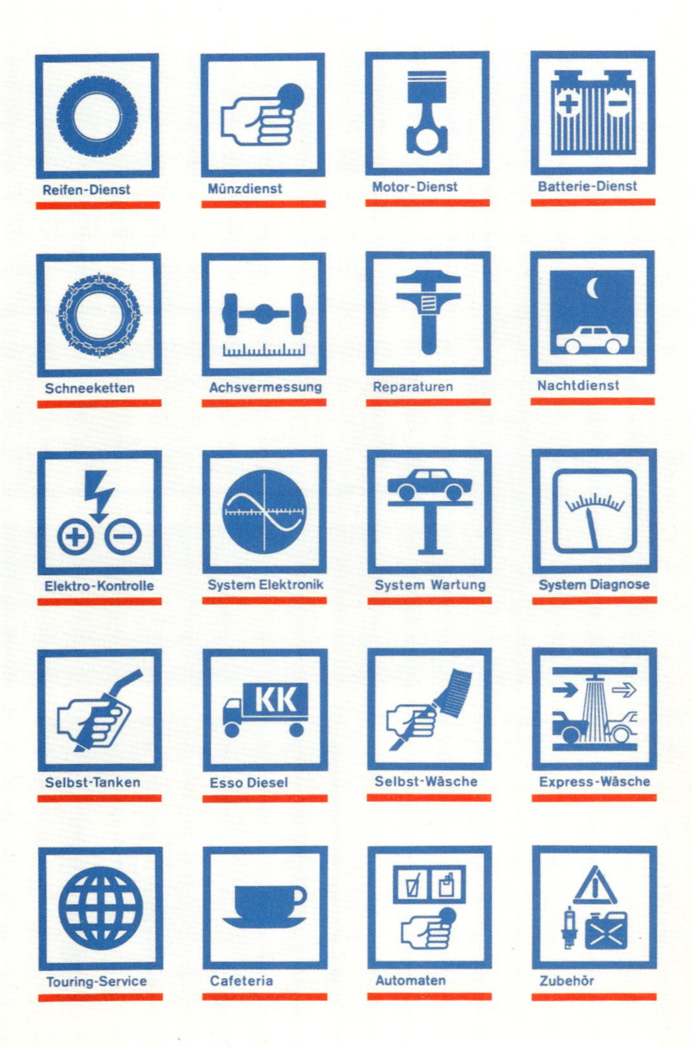

159

160

System of signs for the servicing areas of filling stations of Deutsche Esso AG, 1975

The Esso company wished to introduce, in the expanding servicing areas of its filling stations in Europe, a specific information system with which to identify the various service sections.

A system of signs was developed that allowed quick recognition and learning effects because it employed signs that were analogous to those already used in road traffic. The configurations of the signs fit in well in the specific surroundings. The initial demand to add verbal information on separate carrier elements in order to support the learning effect could soon be dispensed with.

Due to its function-related manner of application the sign system became known so well soon that competitors in the market made efforts to quickly apply similar systems.

Orientierungssystem für die Ausstellungs-Messe-Kongreß-Gesellschaft AMK Berlin, 1986–1990

Visitor guidance system for the Ausstellungs-Messe-Kongreß-Gesellschaft AMK Berlin, 1986–1990

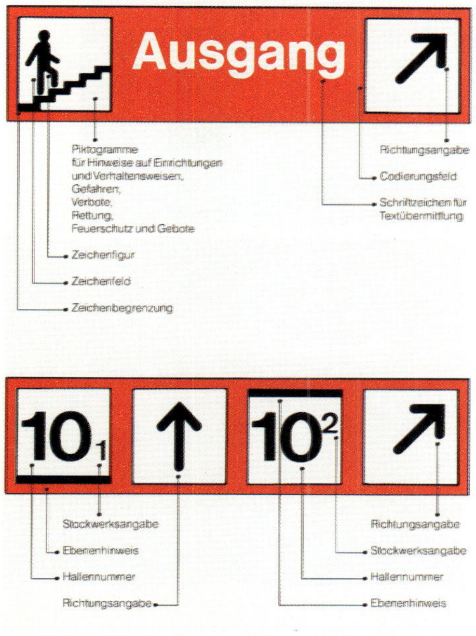

161

162

163

164

161
Normendarstellung

162–164
Zeichenanwendung im Messegelände

161
Standards depicted

162–164
Use of signs on the trade fair ground

Ausstellung “visuell”,
LGA, Stuttgart, 1960

Exhibition “visuell”,
LGA, Stuttgart, 1960

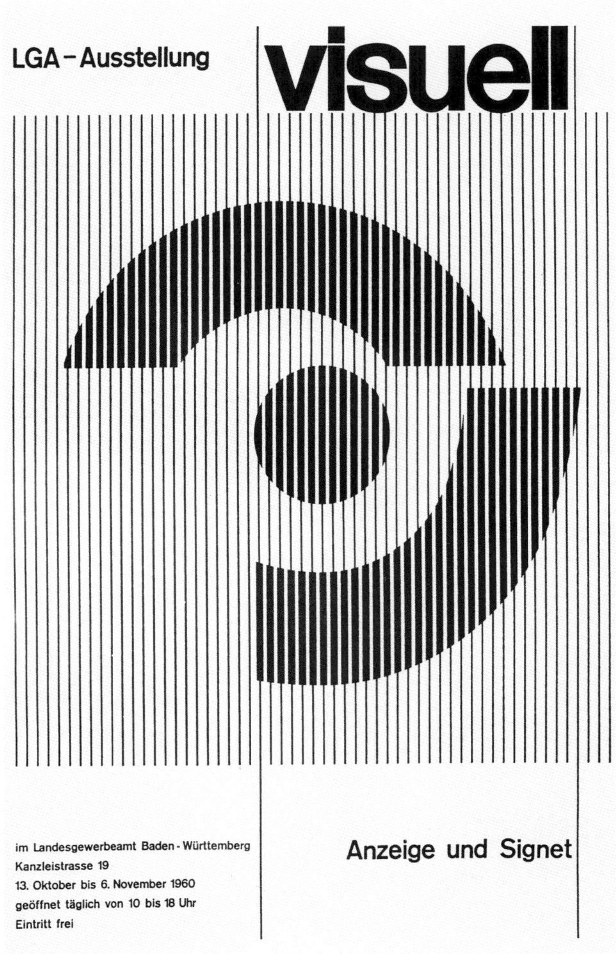

165

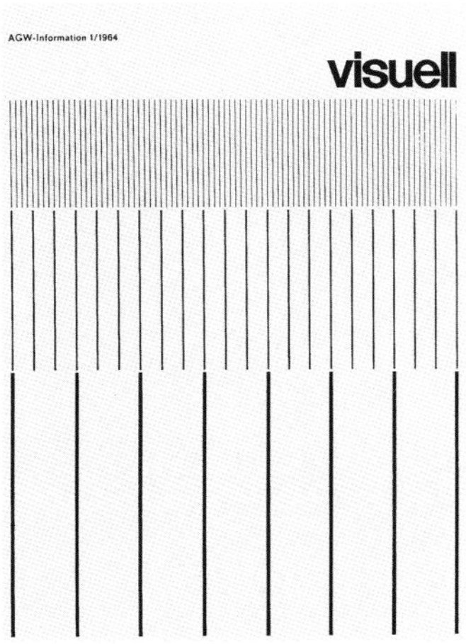

166

Lange vor Einführung der Elektronik in die Medienbereiche präsentierte ich eine Ausstellung über unser visuelles Umfeld. In den Bereichen “Anzeige und Signet” wurde in populärer Formulierung über Sinn und Grenzen der modernen Werbung und über eine visuelle Umweltgestaltung nachgedacht. Der Bereich “Das Sehen betreffend” stellte in fundierten Bild- und Textbeispielen neueste wissenschaftliche Erkenntnisse zu Grundlagen und Zusammenhängen der visuellen Gestaltung dar. Zum ersten Mal wurde auch das neue Tätigkeitsfeld “Kommunikationsdesign” vorgestellt.

Die Veranstaltung, zu der wichtige Vortragsreihen gehörten, galt als eine Art Selbsthilfe zur Weiterbildung der Designer. Das Konzept war gemeinsam von den Grafikern der Gruppe 56 im BDG entwickelt worden.

Die zusammen mit Fritz Seitz herausgegebene Broschüre “Visuell Tractat” stellt eine der ersten theoretischen Beschreibungen der visuellen Gestaltung unter den Bedingungen der Nachkriegsverhältnisse dar, die je veröffentlicht wurde.

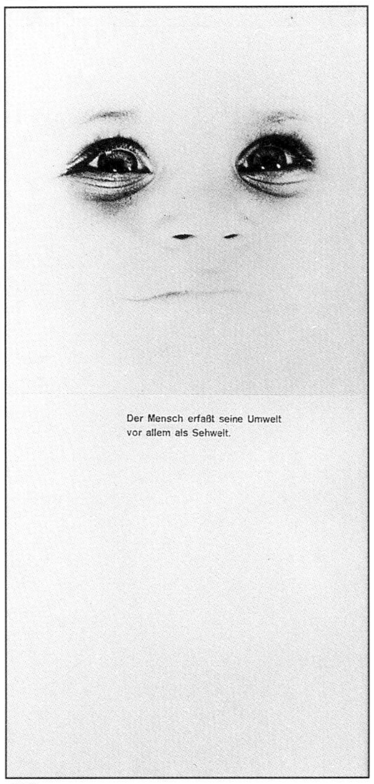

169

170

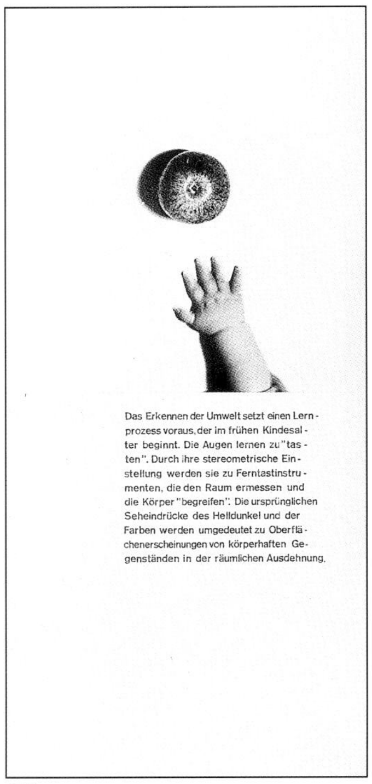

171

172

Long before electronics had been introduced into the media, I presented an exhibition dealing with our visual ambience. In the section called "Advertisements and Companies' Marks", some ideas, formulated in a simple language, were expressed on the meaning and limits of advertising and on the visual design of the environment. The "On the Subject of Seeing" section gave some informative pictorial and textual examples setting forth the most recent scientific knowledge of the foundations and interrelationships of visual design. The new area of activity called "communications design" was presented for the first time.

This event included some important lecture series and was regarded as a kind of self-help for the further training of designers. The concept had been developed by designers belonging to Group 56 in the Association of Graphic Designers.

A brochure called "Visuell Tractat" ("Visual Tract"), brought out in collaboration with Fritz Seitz, is one of the first theoretical descriptions ever to have been published on the subject under the post-war conditions.

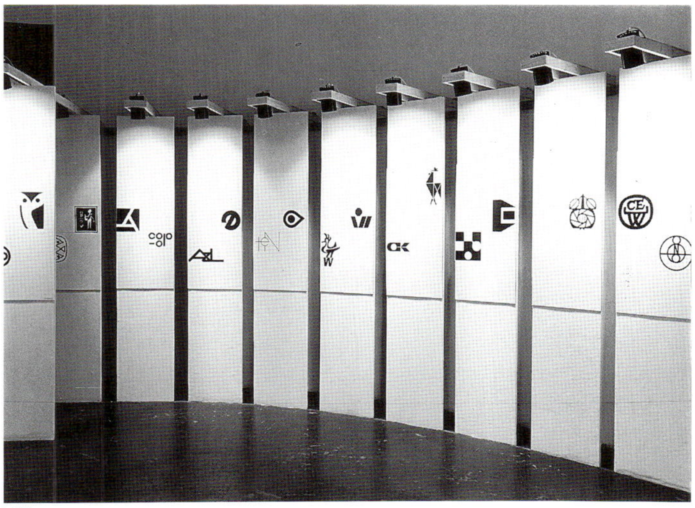
167

165
Plakat

166
Katalog

167
Ausstellungsbereich "Anzeige und Signet"

168–176
Ausstellungsbereich "Das Sehen betreffend – Grundlagen und Zusammenhänge bildhafter Mitteilung"

168

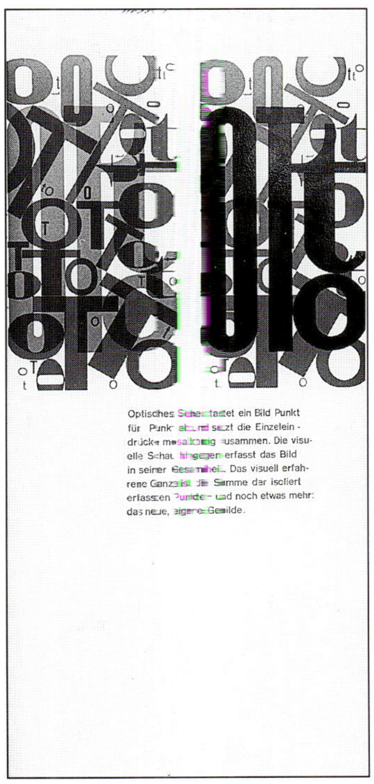

173

174

175

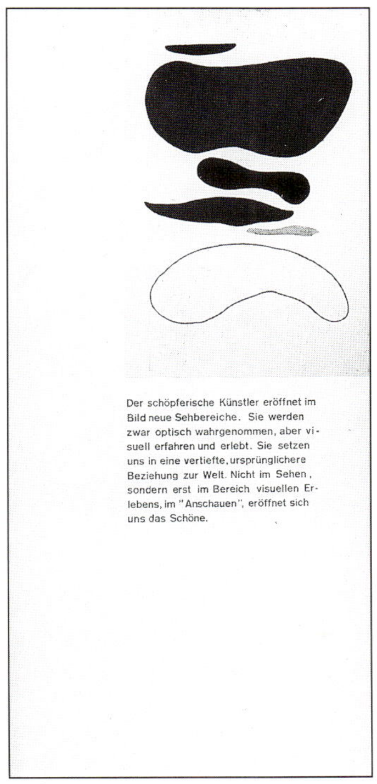

176

165
Poster

166
Catalogue

167
Exhibition section called "Advertisements and Companies' Marks"

168–176
Exhibition section called "On the Subject of Seeing – Foundations and Interrelationships of Pictorial Communication"

Pavillon der Stadt Stuttgart, 1962

Im Auftrag des Verkehrsamtes sollte ein Ausstellungspavillon für Stuttgart als "Fremdenverkehrs- und Exportstadt" erstellt werden.

Als Gemeinschaftsarbeit mit Hans-Ludwig Enderle wurde eine mobile Ausstellungseinrichtung als Holzkonstruktion entwickelt, die zusammen mit den Exponaten in einem Lkw transportiert und am jeweiligen Ausstellungsort in In- oder Ausland rasch aufgebaut werden konnte.

Das Innovative der Konzeption war, daß hier zum ersten Mal überhaupt die Region Stuttgart – also der ganze IHK-Bereich "Mittlerer Neckar" – als eine zusammengehörende Stadtlandschaft auf den Ausstellungstafeln visualisiert und im Text vorgestellt wurde.

Erst im Jahr 1994 wurde dieser urbanistische Gedanke als deutsches Pilotprojekt im Stuttgarter Regionalparlament institutionalisiert.

Pavilion of the city of Stuttgart, 1962

The Tourist Information Office commissioned the setting-up of an exhibition pavilion showing Stuttgart as a city of tourism and the export trade.

A mobile exhibition was created in collaboration with Hans-Ludwig Enderle. It consisted of a wooden structure which, together with the exhibits, could be transported in a lorry and quickly set up at the particular exhibition site inside or outside Germany.

The innovative feature of this conception was that, for the first time ever, the Stuttgart region – that is to say the area covered by the Central Neckar Chamber of Industry and Commerce – was presented visually on the exhibition boards, and was also introduced to the reader in the text, as being a landscape of towns which belonged together.

It was not until 1994 that the Stuttgart regional parliament institutionalized this urbanist idea as a pilot project.

177
Innenansicht

178
Grundrißzeichnung

179
Außenansicht

177

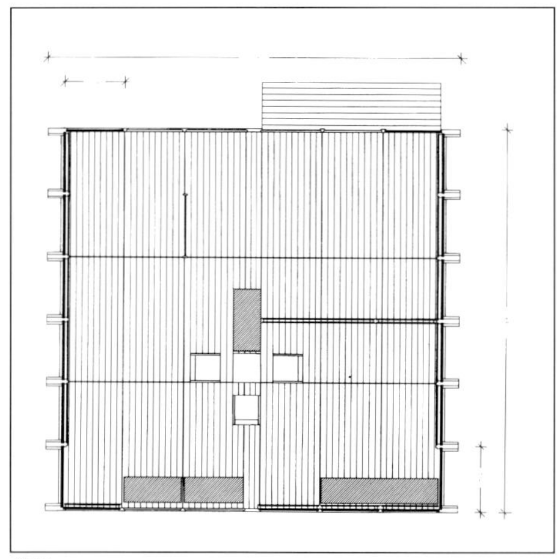

178

177
Interior view

178
Ground plan

179
Exterior view

179

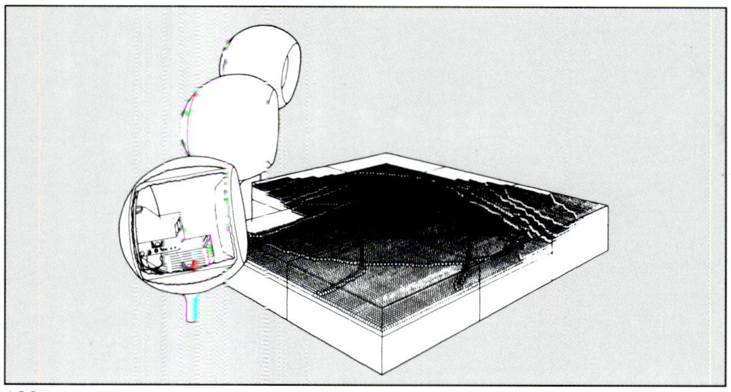
180

181

182

180
Konstruktionsdarstellung einer Präsentationseinheit mit Informationsträger als Dia-Projektion. Plastisches Modell der regionalen Verkehrsverläufe mit polarisiertem Licht.

181–184
Ansichten der Informationseinheiten

180
Constructional depiction of a presentation unit with an information medium in the form of a slide projection. Three-dimensional model of the regional traffic situation with polarized light

181–184
Views of the information units

Beitrag der Bundesrepublik Deutschland zur Weltausstellung in Montreal, 1967

183

184

Contribution of the Federal Republic of Germany for the Montreal International Exhibition, 1967

Der Ausstellungsbereich Stadtentwicklung wurde als Gemeinschaftsarbeit der Entwicklungsabteilungen Herbert Ohl und Herbert W. Kapitzki an der Hochschule für Gestaltung, Ulm, realisiert.

The exhibition section dealing with urban development was the result of a cooperative effort by the planning departments headed by Herbert Ohl and Herbert W. Kapitzki at the Ulm Hochschule für Gestaltung.

185
Umschlag von Manual und Baubuch

186–189
Innenseiten des Manuals

185
Cover of manual and builder's journal

186–189
Inside pages of manual

185

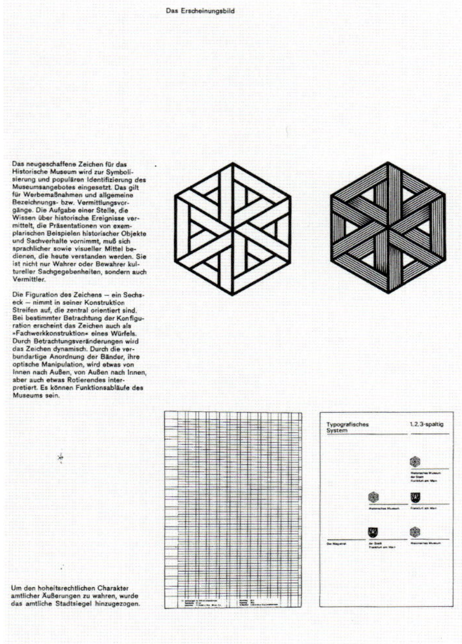

186

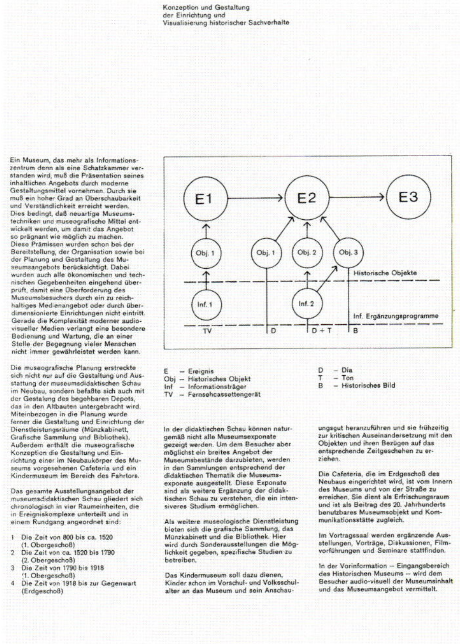

187

Gestaltung der Museografie und der Ausstellungsarchitektur des Historischen Museums, Frankfurt, 1970–1973

Design of museography and exhibition architecture of the Historisches Museum, Frankfurt, 1970–1973

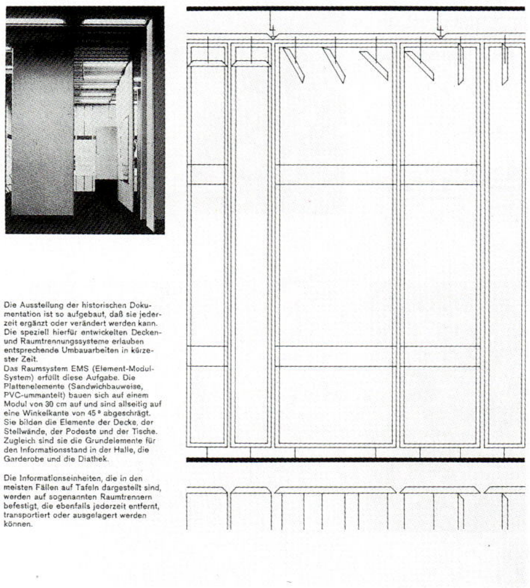

188

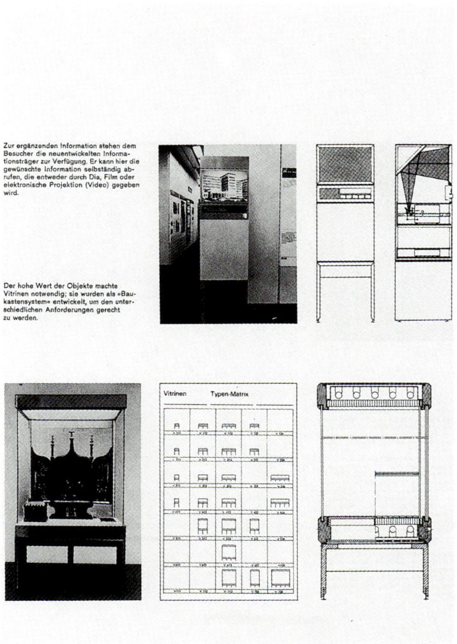

189

Ein Museum, das sich als historisches Informationszentrum versteht, weniger als Schatzkammer für solitäre Kostbarkeiten, muß für die Präsentation seines inhaltlichen Angebots wie auch für die Kommunikationsmaßnahmen modernste Gestaltungsmittel und Medien einsetzen. Nur so kann ein hoher Grad an Überschaubarkeit und Verständlichkeit erreicht werden. Die entwickelten neuartigen Museumstechniken und museografischen Mittel wurden in der Folge beispielhaft für andere Museen.

Die Konzeption beruht auf einem einheitlichen Gestaltungsprinzip für die didaktische Information ebenso wie für die Exponate und das Gesamterscheinungsbild.

Die einzelnen Ausstellungssituationen können jederzeit verändert oder ergänzt werden. Dazu wird ein modulares Raumtrennungs- und Deckensystem eingesetzt, das von Herbert Ohl entwickelte Raumsystem EMS. Die Platten (Paneele) werden als Trägerstellwände, Podeste, Vitrinen etc. benutzt, an ihnen können auch Informationsträger installiert werden.

Ergänzende Träger dienen der kinetischen Übermittlung, Dia-, Video- und Filmvorführung.

Für Museumsführung und Dokumentation wird eine Loseblattsammlung angeboten, die eine Synopse der Stadtgeschichte Frankfurts darstellt.

A museum which regards itself as a historical information centre, rather than as a treasure chamber for individual precious objects, must make use of the most modern media and design methods, both when presenting its exhibits and where communications are concerned. This is the only good way of enabling visitors to obtain a clear view of the museum and understand its contents. The new types of museum technologies and museographic methods developed here were to become an example for other museums.

The conception is based on a uniform design principle which was applied not only to the didactic information provided, but also to the exhibits and the overall appearance.

The individual exhibition displays can be added to or altered at any time. For this purpose, a modular system for ceilings and the division of rooms was employed. This was the EMS room system developed by Herbert Ohl. The panels are used as support walls, platforms, showcases, etc., and information boards can also be installed on them.

Additional supports are used for conveying kinetic effects and for showing slides, videos and films.

A loose-leaf collection summarizing the history of the city of Frankfurt is offered as a guide to the museum and to provide documentation.

190

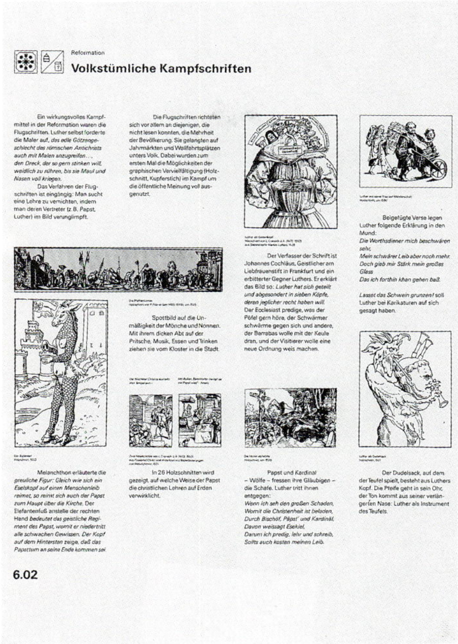
Reformation

Volkstümliche Kampfschriften

6.02

191

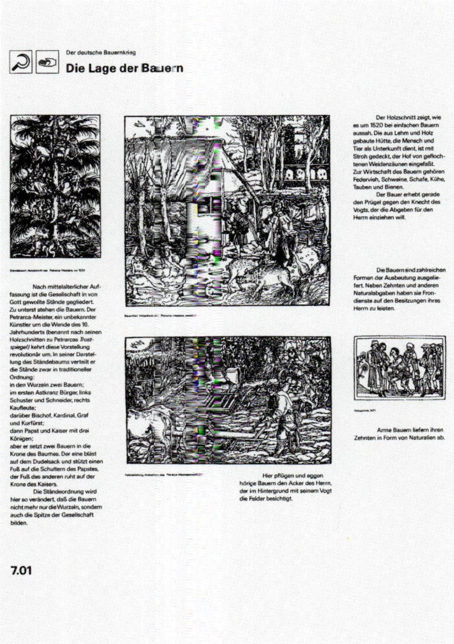
Der deutsche Bauernkrieg

Die Lage der Bauern

7.01

192

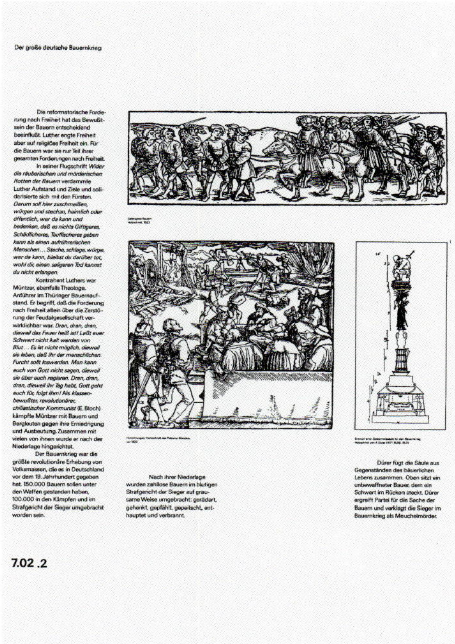
Der große deutsche Bauernkrieg

7.02.2

193

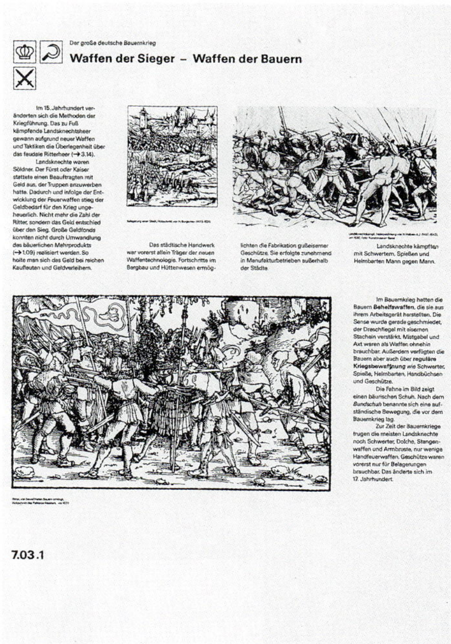
Der große deutsche Bauernkrieg

Waffen der Sieger – Waffen der Bauern

7.03.1

194

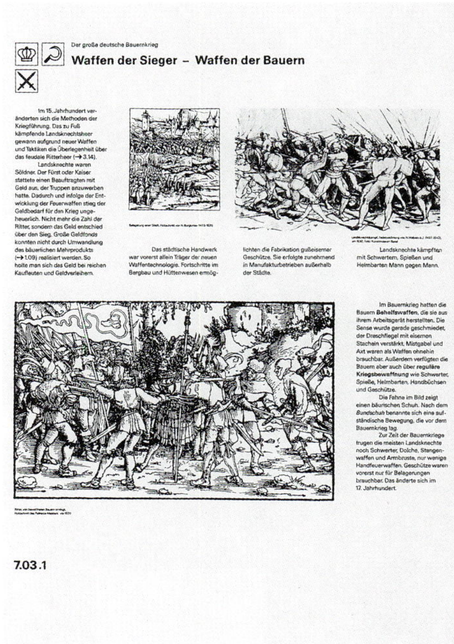
Der große deutsche Bauernkrieg

Waffen der Sieger – Waffen der Bauern

7.03.1

195

Lebensgewohnheiten im 18. Jahrhundert

Das Haus

22.01

196

190
Umschlag von
Museumsführer
und Sammelmappe

191–196
Infoblätter

190
Cover of museum
guide book and
loose-leaf collection

191–196
Information sheets

197
Plakat
Piktogramme als
Inhaltsübersicht

197
Poster
Pictograms summarizing
the subject matter

197

198

199

198
Plakat aus Anlaß der Museumseröffnung

199
Plakat für das Kindermuseum

198
Poster on occasion of museum's first opening

199
Poster for children's museum

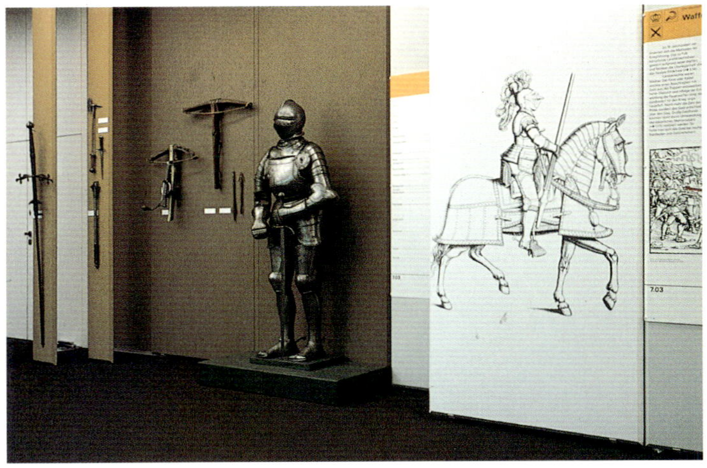

200–207
Ausschnitte aus den Ausstellungsbereichen

201

202

203

204

205

206

200–207
Details of sections of the exhibition

207

Gesamtgestaltung von Einrichtung und Ausstattung der Gebäude und Anlagen der Schering AG, Berlin, 1973–1975

Overall design of furnishings and fittings of buildings and other facilities of Schering AG, Berlin, 1973–1975

208

208
Umschlag des Gestaltungsmanuals

209–212
Orientierungseinrichtungen im Verwaltungshochhaus

208
Cover of the design manual

209–212
Guidance arrangements in the high-rise office building

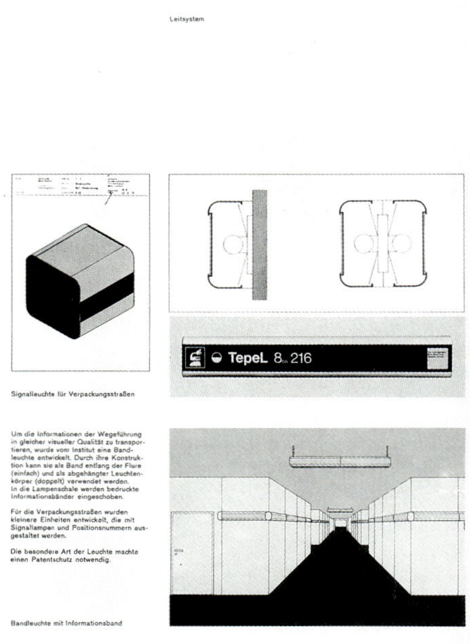

209

210

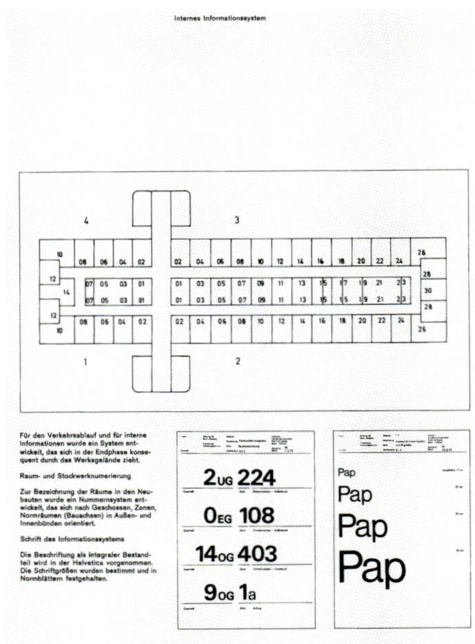

211

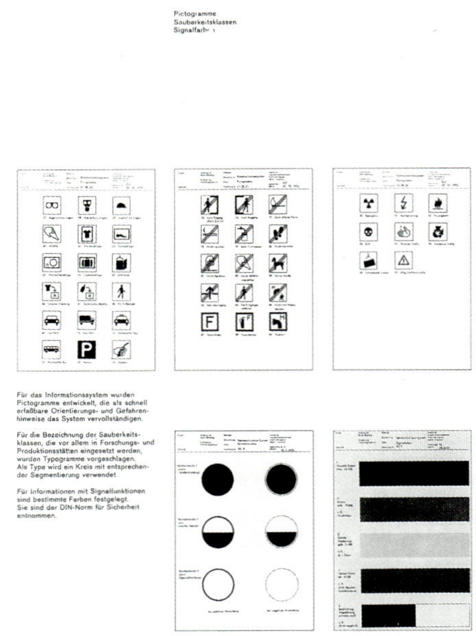

212

213

214

215

213–215
Eingangshalle und Schulungsbereich im Verwaltungshochhaus

213–215
Entrance hall and training area in a high-rise office building

216

216–218
Service-Bereiche

216–218
Service areas

217

218

219

220

219–223
Gestaltungsmaßnahmen für die Zentrale Verpackung

221

219–223
Design features in the central packaging plant

222

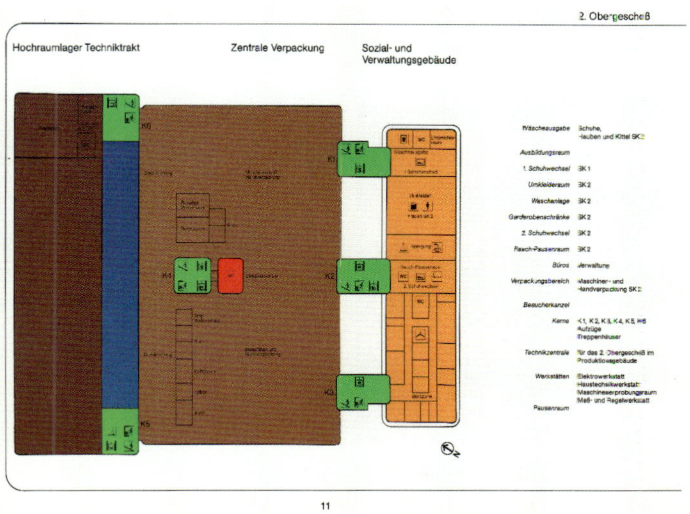

223

Konzeption eines
neuen Erscheinungsbildes für die
Stuttgarter Strassenbahnen AG

Concept for a new image of
Stuttgarter Strassenbahnen AG
1988

224

225

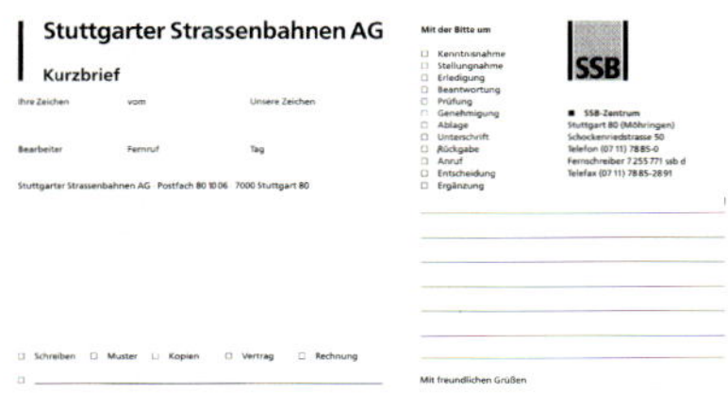

226

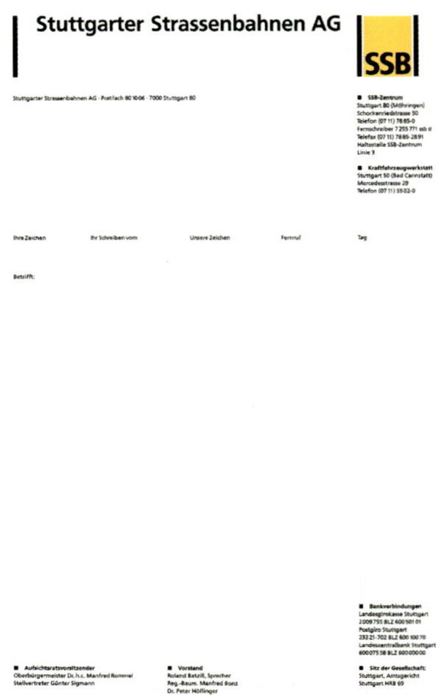

227

228

224
Logogramm
225–231
Formulare und Geschäftsausstattung
232–233
Informationsmittel für eine Jubiläumsveranstaltung

Die Stuttgarter Strassenbahnen AG (SSB), die seit 120 Jahren den kommunalen Verkehr in der Stadt betreibt, hat sich im Laufe der Jahrzehnte zu einer Verkehrseinrichtung entwickelt, die das stetig wachsende Verkehrsaufkommen der ganzen Region zu bewältigen hat und ständig ausgebaut wird.

Das visuelle Erscheinungsbild sollte der im technischen Bereich kontinuierlich betriebenen Modernisierung Ausdruck geben. So wurde ein breitgefächertes Gestaltungsangebot ausge-arbeitet, das auf der von Hans-Ludwig Enderle entwickelten Aussage "SSB - Die richtige Linie" basiert.

Innerbetriebliche Bedingungen, die mehr Rücksicht nahmen auf interne Kompetenzanforderungen als auf

The Stuttgarter Strassenbahnen AG (SSB) has been operating local public transport in the city of Stuttgart for 120 years. Over the decades, it has developed into a transport organization which has to cope with the ever increasing amount of traffic throughout the region and is constantly being expanded.

The visual appearance was intended to give expression to the modernization continually being carried out in the technical field. Thus an extensive range of designs was developed, based on Hans-Ludwig Enderle's statement "SSB is the right line".

This concept was prevented from being consistently put into effect, due to company-internal circumstances which attached greater weight to in-house requirements than to informing the public and presenting the company to the outside world.

Stuttgarter Strassenbahnen AG
SSB
Personalbogen

229

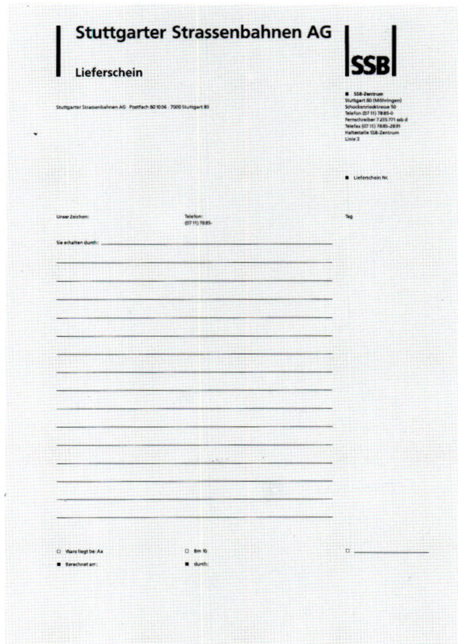
Stuttgarter Strassenbahnen AG
SSB
Lieferschein

230

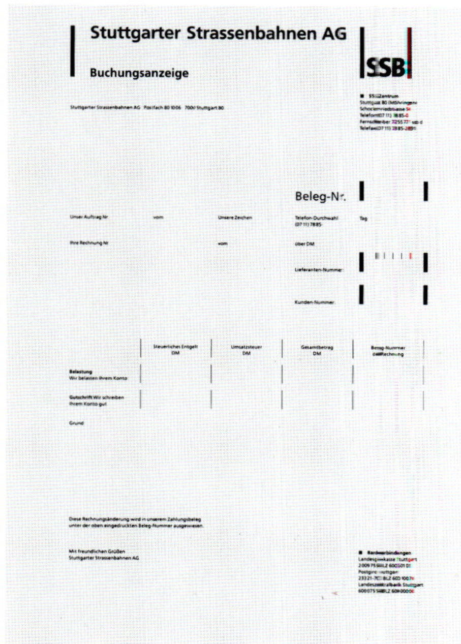
Stuttgarter Strassenbahnen AG
SSB
Buchungsanzeige
Beleg-Nr.

231

224
Logogram

225–231
Printed forms and
business equipment

232–233
Information media for
an anniversary event

232

233

Visuelles Erscheinungsbild der Sparkasse Stockach, 1989–1990

Corporate Design for Sparkasse Stockach, 1989–1990

234

235

236

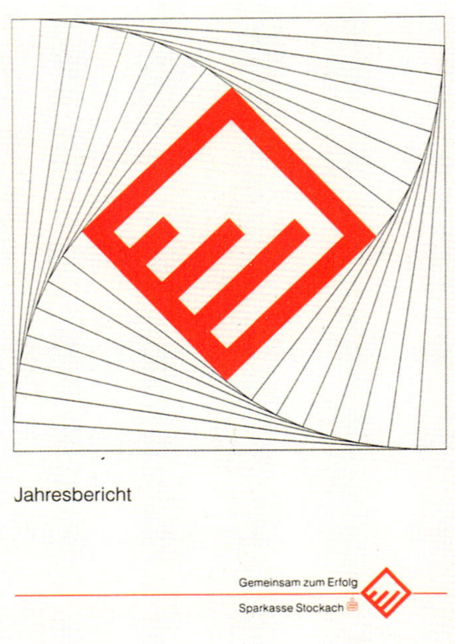

237

238

239

240

241

234
Geschäftsbogen

235
Unternehmenszeichen

236
Einladungskarte

237
Umschlag für Jahresbericht

238
Gebäudefahne

239–241
Anzeigenserie zur Einführung des Unternehmenszeichens

234
Letterhead

235
Company logo

236
Invitation card

237
Cover for annual report

238
Flag for a building

239–241
Series of advertisements introducing the company logo

Visuelles Erscheinungsbild
für die
Galerie Schlichtenmaier,
Dätzingen, 1989

Corporate Design for
Galerie Schlichtenmaier,
Dätzingen, 1989

242

243

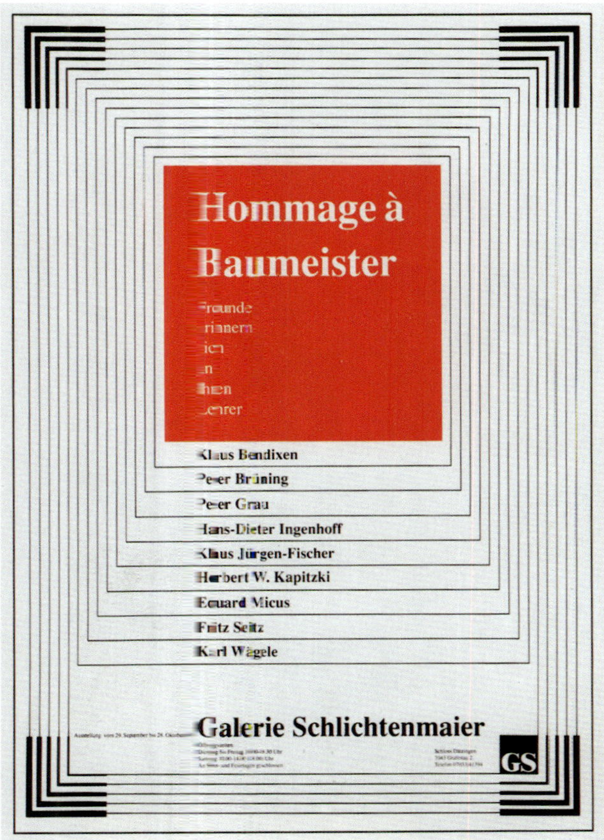

244

245

246

247

248

242
Tragetasche

243
Geschäftsbogen

244
Ausstellungsplakat

245–248
Katalog und Einladung

242
Carrier bag

243
Business letterhead

244
Exhibition poster

245–248
Catalogue and invitation

Geometrische Operationen an Stern-Darstellungen

Geometrical operations on depictions of stars

249–254
Grußkarten zum Jahreswechsel

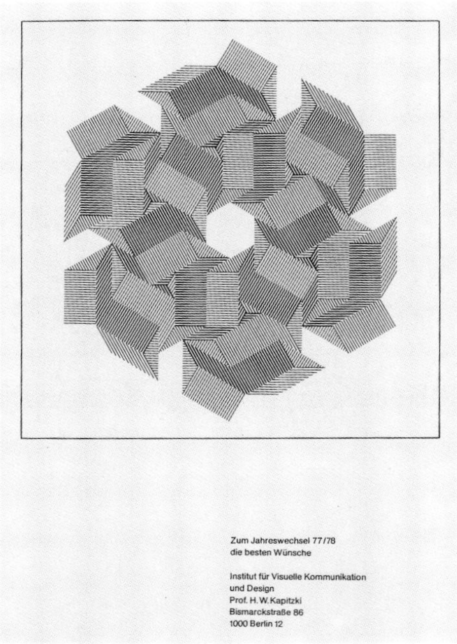

249

250

249–254
New Year's greeting cards

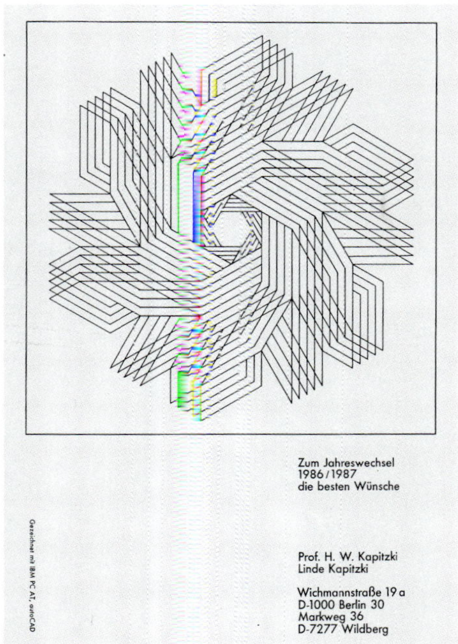

251

252

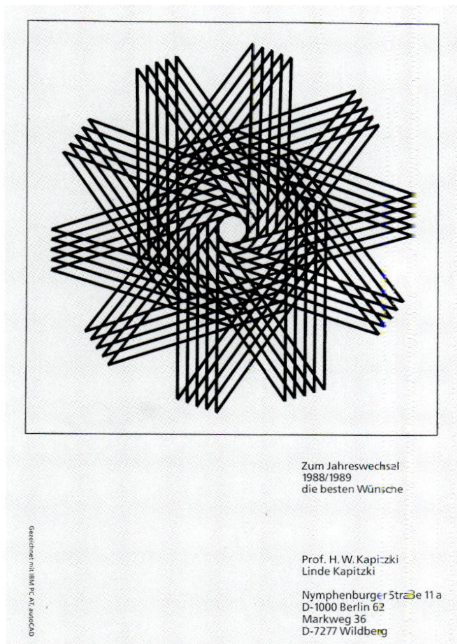

253

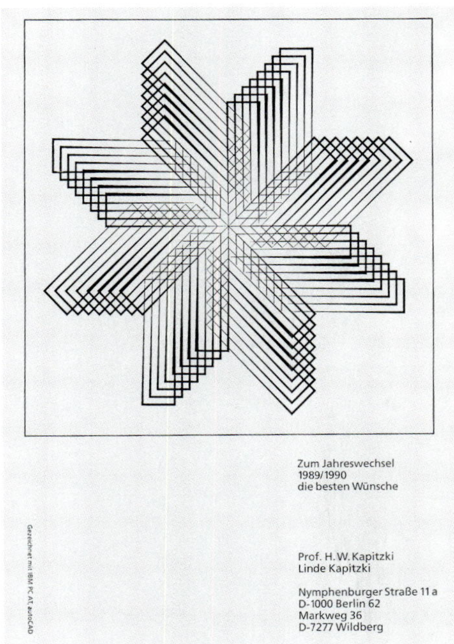

254

Institutionelle Zeichen, 1955–1995

Von den Identifikationselementen, die für die Unternehmenskennzeichnung eingesetzt werden, wird gelegentlich mehr verlangt, als sie leisten können. Das mag daran liegen, daß die Qualität der Formalisierung für die Visualisation nicht ausreicht oder daß nicht genügend Kenntnisse über die Problematik der Zeichengebung vorhanden sind. Es ist bekannt, daß die Mittel für unsere Verständigung heute unterschiedlich gebraucht werden, das liegt wohl auch an der schwindelerregenden Entwicklung innerhalb der Informationsgesellschaft.

Zur Verständigung gehört auch die Begrifflichkeit, die für die Zeichengebung gebraucht wird. Leider gibt es keine allgemeingültige Definition. Das gilt sowohl für den Begriff Sinnbild wie für das Abbild mit symbolischem oder ikonischem Bezug und ebenso für die Benennung von visuellen Identifikationselementen wie Symbol, Signet, Marke, Emblem. Für unser Gestaltungsverständnis handelt es sich immer um ein "Zeichen", das einen Sachverhalt benennt, das "für etwas" steht. Zeichen bezeichnen, sie sind ein Äquivalent für eine Sache oder einen Sachverhalt.

Ein Zeichen ist immer eine visuell geschlossene Konfiguration, die durch bildliche Mittel im weitesten Sinne erstellt wird. Zeichen müssen verständlich, informativ, prägnant, richtig, ehrlich sein, zur Umwelt passen, dann sind sie auch ästhetisch. Zeichen sind ein Teil unserer Umwelt, sie sind Bestandteile unserer Alltagskultur.

Zeichen werden zu Symbolen, wenn ihnen eine Wertigkeit beigegeben wird. Ein Symbol ist Teil der menschlichen Welt des Bedeutens, es repräsentiert einen Wertzustand.

Ein Signet ist eine visuelle Konfiguration mit emblemhaftem Charakter, es zeigt institutionelles Verständnis an.

Logo ist die umgangssprachliche Abkürzung von Logogramm. Ein Logogramm ist ein visuell-sprachliches Zeichen ohne lautsprachliche Dimension. Die Vielfältigkeit der Begrifflichkeiten hat dazu geführt, daß heute in der Wirtschaftswelt bei der Identifikation als visueller Äußerung von Unternehmen häufig vom Logo gesprochen wird. Im internationalen Sprachgebrauch ist der Begriff so verfremdet worden, daß die exakte Definition nicht mehr erfüllt wird. Alles, was als Bezeichnung eines Unternehmens oder einer Institution dient, wird Logo genannt, was nach der Semiologie der Zeichen schlicht falsch ist.

Die visuelle Gestaltung für Informations- und Kommunikationsprozesse mit den Eigenarten ihrer semantischen Auslegung und ihrer syntaktischen Mittel, Methoden und konzeptionellen Strategien hat sich besonders auf Kausalität und Funktion zu beziehen. Bedingt durch die verfügbaren medialen Technologien wird heute oft eine Gestaltung praktiziert, die eher als Beitrag zur Unterhaltung der Zuschauer aufgefaßt wird und nicht mehr als sachbezogene Information. Leichtfertigkeit, aber auch äußere Anforderungen

Sometimes, more is demanded of the elements used to identify business companies than those elements can achieve. This may be because the quality of the design is not good enough for the proper visualization, or because there is not enough knowledge of the problems of creating signs. It is a known fact that our means of communication are today used in different ways. This is probably also due to the dizzying pace of developments within the information-based society.

The concepts used for creating signs are another part of communication. Unfortunately, there is no universally valid definition of those concepts. This applies both to the concept of a symbol and to representations which have a symbolic or iconic reference, and it is also true of the names given to visual identifying elements, such as symbols, companies' marks, trademarks and emblems. Where our understanding of design is concerned, all these are always a sign which labels a situation and stands for something. Signs designate, and they are an equivalent for a thing or a situation.

A sign is always a visually self-contained configuration created by pictorial means in the broadest sense. Signs must be comprehensible, informative, concise, correct, honest and suited to the environment, and then they are also aesthetic. Signs are part of our environment and of our everyday culture.

Signs become symbols if a value is attached to them. A symbol is part of the human world of meaning and represents a state of value.

A company's mark is a visual configuration with an emblematic character. It displays understanding for an institution.

"Logo" is a colloquial abbreviation of "logogram". A logogram is a visual and linguistic sign without a phonetic dimension. One result of the wide variety of existing concepts is that people in today's business world often talk of the logo when referring to the manner in which the identification of companies finds visual expression. The term has become so alienated in international usage that its exact definition is no longer achieved. Anything that serves to identify a company or an institution is called a logo, but this is plainly wrong according to the semiology of signs.

Visual design as employed for processes of information and communication, together with the peculiarities of their semantic interpretation and their syntactical means, methods and conceptional strategies, must relate particularly to causality and function. Today, due to the available media technologies, a type of design is often practised which is thought of as contributing to the viewers' entertainment rather than giving them pertinent information. Frivolity, but also external requirements, tempt people to interpret visual messages in the way of stimulants, to apply elements of amusement or decoration where visual

verleiten dazu, visuelle Botschaften als Stimulans darzubieten, Unterhaltungs- oder gar Schmuckelemente für eine visuelle Information einzusetzen, die eigentlich Sach- und Objektauskunft geben sollte. Damit wird der Sinn und Zweck nicht erreicht, der bei der Übermittlung von Botschaften angestrebt wird.

Zeichen, die gesetzt werden, müssen bekannt sein. Sie müssen erlernbar sein. Hier werden die gröbsten Fehler bei der Neuentwicklung und Anwendung von Informationszeichen gemacht. Man glaubt, Informationszeichen hätten über das Informationelle hinaus auch die Aufgabe, als gemütvolle Anregung zu wirken, und es wird versucht, diese Wirkung durch Zugabe von dekorativen Formgebilden zu erreichen. Eine schmückende, konnotative Manipulation bewirkt jedoch die Verfremdung des Zeicheninhalts, nicht die gewünschte Verstärkung.

Für die Erkennbarkeit und Interpretierbarkeit einer Zeichenfindung und Zeichenanwendung sind folgende Aspekte maßgeblich:

– Die Funktion des Zeichens, die primär durch ihren Informationsinhalt bestimmt wird.

– Die Formulierung des Zeichens, die den Informationsinhalt visualisieren muß.

– Der Sachbezug des Zeichens, der die bestmögliche Gestaltqualität aufweisen soll.

– Die Prägnanz des Zeichens, die in hohem Maße vorhanden sein muß, um die visuelle Einordnung und Erkennbarkeit zu gewährleisten.

– Die Akzeptanz des Zeichens, die nicht durch Störzonen oder andere Stilmittel unterbrochen werden darf.

– Der Ordnungsgrad des Zeichens, der dem Zweck entsprechen muß. Es muß sich in die Verwendungs- oder Übertragungsmechanismen durch "Maß und Ordnung" integrieren lassen.

Es sollte bedacht werden, daß visuelle Information keine Rätselwelt, kein Bedeutungslabyrinth oder Erkennungspuzzle ist. Sie muß die Funktion ihrer Nutzanwendung wahrnehmen. Das ist am besten in einer Gestaltungsanwendung zu erreichen, die konstruktiv ist im weitesten Sinne des Wortes, nicht nur als Umsetzung von Gestaltungsgesetzen, normativen Maßlichkeiten, anschaulichen Geometrien, als formale Erscheinung, sondern auch konstruktiv in der inhaltlichen Auslegung, der Transparenz, der Identität des Objekts mit dem Gestaltungsergebnis, der Verflechtung aller Faktoren, die eine Bedeutung wahrnehmbar machen. Es geht nicht um einen schönen Schein, es geht um die Wahrhaftigkeit. Die Systematisierung einer Gestaltung ist kontrollierbar, sie läßt nicht dem zufällig Schönen freien Lauf. Unsere Altvorderen haben schon erkannt, daß jede Sach-interpretation per se eine ästhetische Information enthält, die allen Anforderungen genügt. Dabei sollte immer beachtet werden, daß das Entwerfen von Zeichen für eine Unternehmensidentifikation die Visualisation von Sachverhalten ist und nicht eine

information should provide objective or factual explanation. This does not achieve the purpose aimed at when conveying messages.

Signs which are put in place must be known. They must be learnable. This is where the grossest errors are made in developing new informative signs and applying them. People think that the function of informative signs, in addition to providing information, is also to stimulate the emotions, and attempts are made to achieve this effect by adding decorative patterns. But a decorative and connotative manipulation alienates the meaning of the sign, and does not intensify it in the manner desired.

The following aspects are decisive if signs are to be created and applied in a recognizable and interpretable way:

– The function of the sign, determined primarily by its informative content.

– The sign's formulation. This must visualize the informative content.

– The sign's connection with the matter in hand. This should be designed in the best way possible.

– The precision of the sign. This must be present in a marked degree, in order to ensure visual classification and recognizability.

– The public's acceptance of the sign. This must not be interrupted by any zones of irritation or other stylistic devices.

– The rank of the sign within the system. This rank must accord with the purpose. It must be possible, systematically and in the proper measure, to integrate the sign within the mechanisms of its use and its transmission.

The fact should be heeded that visual information is not a world of enigmas, a labyrinth of meanings, or a puzzle of recognizing the right meaning. It must fulfil the function prescribed by its useful application. This can best be achieved in a design application which is constructive in the broadest sense of the word, and is not merely constructive because it is the practical realization of laws of design, normative dimensionalities, and visual geometries, and is thus a formal phenomenon, but is also constructive in its interpretation of meaning, in its intelligibility, in identifying the object depicted with the result of the design, and in intertwining all the factors which make a meaning perceptible. It is not a matter of beautiful appearance; it is a matter of truthfulness. It is possible to control the systematization of a design, and such systematization does not give free rein to things that happen to be beautiful. Artists in former times realized that any interpretation of a matter in itself contains aesthetic information which meets all the requirements. It should always be borne in mind here that the work of designing signs which are to give an identity to a business company lies in the visualizing of situations, and not in the illustrating of ideas.

Image-creating symbols, 1955–1995

BDG
BDG

SWF

255

255
Buchumschlag der Grundlagen der Gestaltung, 1980

255
Cover of textbook on the basic features of design, 1980

Die Einführung in die Grundlagen des Grafik-Design bzw. der visuellen Gestaltung ist von jeher ein vielschichtiges Problem und ein immer wiederkehrender Streitpunkt in der curricularen Planung gewesen. Es scheint Tradition zu sein, daß diese Frage, die jede Ausbildung beherrscht, zu Auseinandersetzungen herausfordert. Das begann nicht erst bei den reformierten Konzepten aus den ersten Jahren dieses Jahrhunderts, ist ein Diskussionspunkt bei der Einführung der Grundlehre im Bauhaus gewesen und führte zu unterschiedlichen Auslegungen des Konzepts der Hochschule für Gestaltung in Ulm.

Introducing students to the basic features of graphic or visual design has always been a multifaceted problem and a constantly recurring point of dispute in curricular planning. It seems to be a tradition that this question, which dominates every course of training, will provoke disagreements. The question arose earlier than the time of the reformed plans dating from the first few years of the present century. It became a subject of discussion when the basic course of study was introduced at the Bauhaus school, and it led to differing interpretations of the plans for the Hochschule für Gestaltung in Ulm.

Der Erfolg jeder Neuorientierung oder Reform eines Ausbildungsangebots hängt davon ab, welche Bedeutung der funktionsgerechten Vermittlung von Gestaltungsgrundlagen beigemessen wird. Ein Grundstudiumsangebot sollte universelle Gültigkeit haben, denn es geht hier nicht um ein künstlich aufbereitetes, der elitären Imagepflege eines bestimmten Instituts dienendes Lehrangebot, sondern auch zum Beispiel um die Wahrung der Chancengleichheit der Studenten beim Studienortwechsel oder um die unterschiedlichen Bewertungen eines Dienstleistungsberufs im Gegensatz zu einer Tätigkeit in künstlerischer Freiheit, die ja, nebenbei bemerkt, eigentlich auch keine Freiheit ist.

Das Grundstudium ist heute wichtiger denn je. Meine Planungsbeiträge für sachbezogene Lehrkonzepte haben immer die Notwendigkeit betont, dem Grundstudium in der Studienabfolge mehr Zeit einzuräumen, als bisher üblich war. Aber es geht auch um Inhalte. Sie werden heute immer noch in antiquierter Weise vorgegeben, ohne die allgemeine Entwicklung zur Kenntnis zu nehmen. Eine überaus populäre Klammer ist die “Bauhaus-Vorlehre”, die – weiß Gott – von anderen Anforderungen ausging, als sie heute gültig sind.

In Kenntnis dieses Zustandes habe ich für die Einführung in meinen Studienbereich Gestaltungsgrundlagen abgefaßt, die anhand von spezifischen Gestaltungstheorien und -methoden eine bestimmte Gestaltungsauffassung verdeutlichen. Diese “Grundlagen für das Visualisieren mit Zeichen” sind in der Broschüre “Programmiertes Gestalten” für die Hand des Studenten zusammengestellt.

Die verschiedenen Arbeitsmethoden und theoretischen Grundlagen werden in Arbeitsschritten dargestellt. Dabei werden die für eine systematische Gestaltung notwendigen Basiskenntnisse zunächst für die manuelle Arbeitsweise vermittelt und sollen die programmierte Gestaltung mit elektronischen Mitteln verständlicher machen. Als Grundlage für verschiedene Gestaltungsoperationen und konzeptionelle Gestaltungsplanungen leiten sie über zu den Studienprojekten, die im Hauptstudium behandelt werden. Mit Hilfe von elementaren Zeichenbildungen und determinierten Wiederholungen von Motiven werden Zeichenstrukturen (Superzeichen) entwickelt. Die Weiterführung bis hin zum Zeichen an sich verdeutlicht die Arbeitsschritte, die für eine konzeptionelle Gestaltungsoperation notwendig sind.

The success of any reorientation or reform of a course of training depends on the weight attached to the function-related teaching of the rudiments of design. Any basic course of study offered should be universally applicable, because this is not a matter of a course of training which has been artificially prepared to cultivate the maybe elitist image of a particular institute, but is also, for example, a matter of preserving equal chances for students should they move to another college, and also of the differing assessments given to those applying for a job in the service industries as opposed to the free work of an artist – which rarely is, it may be mentioned, really free.

Today, the quality of a basic course of study is more important than ever. When making my contributions to plans for effective teaching, I always emphasized that more time than had previously been customary should be allotted to the basic course as a proportion of the entire duration of a person's studies. But it is also a question of the subject matter taught. It is today still presented in an antiquated manner which pays no attention to general developments. One very popular formula is the proven “basic course of the Bauhaus school” which, God knows, was based on requirements different from those applicable today.

Realizing this state of affairs, I formulated some rudiments of design as an introduction to my field of study. They use specific design theories and methods to illustrate a particular interpretation of design. These “Basic Principles for Visualizing by Means of Signs” have been compiled for students in a brochure called “Programmed Design”.

The various working methods and theoretical principles are depicted in working steps. The knowledge required for systematic design work is initially imparted as it applies to manual working, and is intended to make it easier to understand programmed design when using electronic means. This knowledge is the basis of various design operations and conceptual design plans, and it leads on to the study projects which are worked on in the main course of study. Sign structures (super-signs) are created with the aid of elementary sign formations and definite repetitions of motifs. Continuing the teaching right up to the actual sign gives an illustration of the working steps required for a conceptual design operation.

256–263
Innenseiten der Publikation "Programmiertes Gestalten"

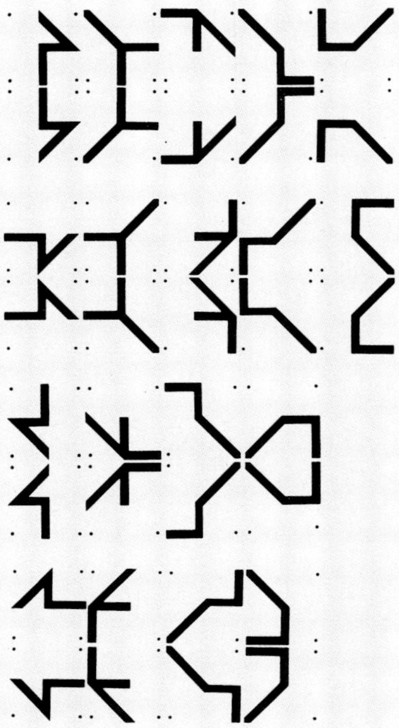

4.2.7 Reihung von Kantenelementen eines isometrischen Kubus

Eine andere programmierte Gestaltung ist die Addition von Elementen, die als Zeichen in ein Lichtsatzgerät eingebracht und analog eines Satzverfahrens in Reihung gebracht werden.
Die maschinelle Anordnung garantiert eine gleichbleibende Justierung. Sie ermöglicht es, eine Vielheit von Elementen in eine vorher festgelegte Operationsfläche einzubringen. Dabei werden die Arbeitsverfahren, die auch bei der Satzherstellung Verwendung finden, eingesetzt. Der Anordnungsraster ersetzt den Satzspiegel.
Die Grundkonstruktion der Gestaltungselemente ist auf der Grundlage eines Ordnungsrasters 1 : $\sqrt{2}$ mit 8 Dreiecksfeldern von einer isometrischen Kubusfigur abgeleitet, so daß die Teilfiguren die Gestaltungselemente oder Zeichen bilden.
Die entstandenden 36 Kantenelemente können auf den durch den Raster festgelegten Belegungsplätzen placiert werden. Für die Justierung der aneinander zu placierenden Elemente sind Maßpunkte vorgesehen, so daß die vorgeschriebenen Abstände eingehalten werden können. Durch eine unterschiedliche Anordnung der Elemente können Zeichenstrukturen hergestellt werden, deren formale Dynamik unterschiedliche Charakteristika aufweist.
Entstehungsjahr 1979.

86

256

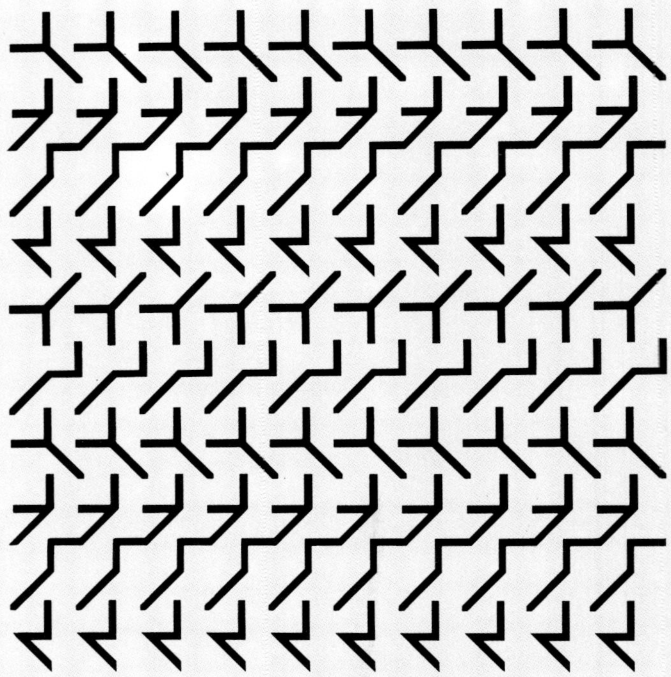

87

257

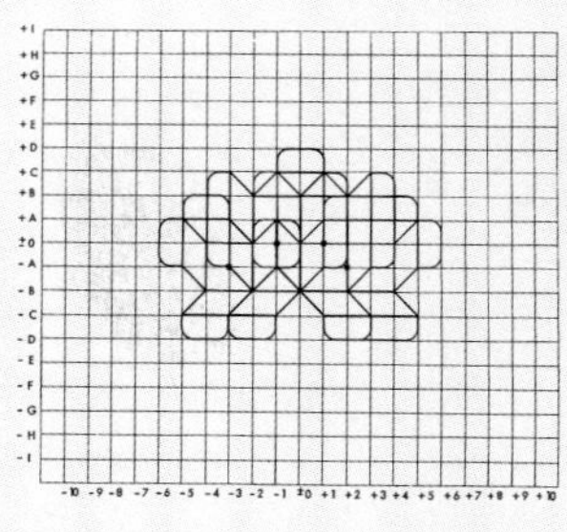

4.2.4 Superzeichen aus 48 Zeichenelementen

Die Produktion der folgenden Figurationen beruht auf einem Programm, das als Gestaltungsprinzip metrische Verfahren einsetzt. Das entwickelte Netz stellt eine Koordinate dar, auf deren x (±)/y (±) – Achse die Zeichen – also die Figurationen oder auch die Menge der Zeichen – placiert werden. Die Zeichen sind Figuren, deren Elementarteile mittels Linien und Kurven Vierecke, Dreiecke, Kreise und Bögen bilden. Sie sind so zusammengefügt, daß isometrische ‚Körper' entstehen.

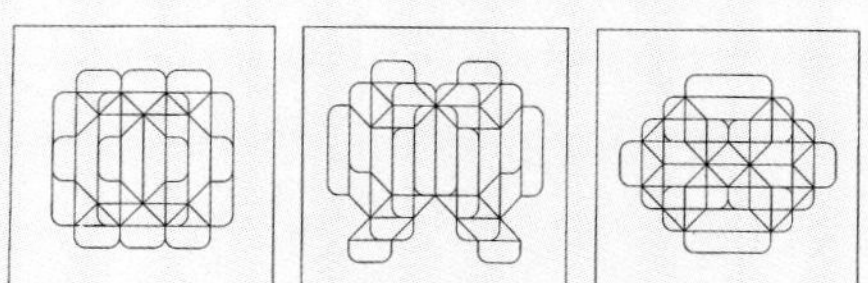

Zeichenfigur aus
L 2.1 / L 2.1 / R 2.1 / R 2.1

Zeichenfigur aus
R 3.3 / R 2.3 / L 3.3 / 2.3

Zeichenfigur aus
L 4.2 / R 4.2 / L 4.2 / R 4.2

80

258

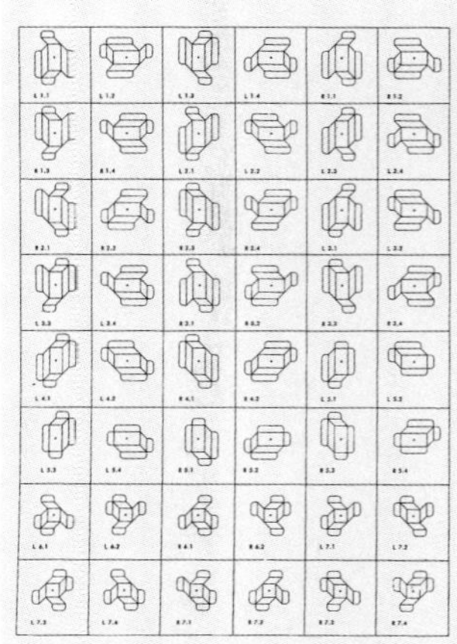

Es sind sieben Grundfiguren, die gespiegelt und gedreht insgesamt 48 Zeichen ergeben. Sie können auf der Koordinate kombiniert werden. Die entstandenen Figurationen, die aus der Menge der Zeichenelemente zusammengetragen werden, sind durch eine ‚programmierte Organisation' von Zeichen zu ‚Superzeichen' transformiert. Durch ihre modulare Verknüpfung können unterschiedliche Artikulationen der Gesamtgestaltung erreicht werden, die wiederum in einer breiten Anwendung von zusätzlichen Gestaltungselementen zum Träger ästhetischer Informationen werden.
Entstehungsjahr 1975

81

259

256–263
Inner pages of "Programmed Design" publication

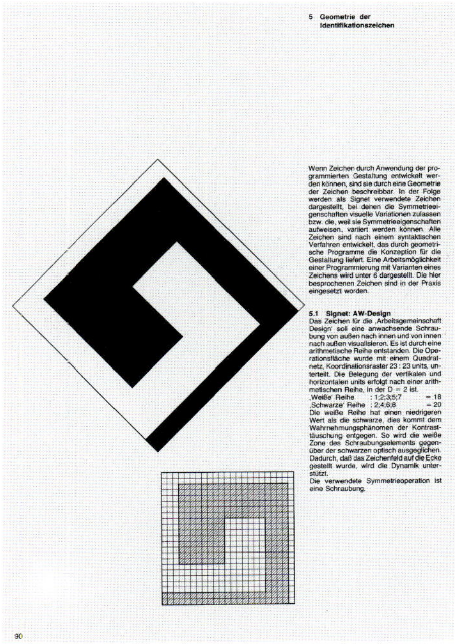
5 Geometrie der Identifikationszeichen

Wenn Zeichen durch Anwendung der programmierten Gestaltung entwickelt werden können, sind sie durch eine Geometrie der Zeichen beschreibbar. In der Folge werden als Signet verwendete Zeichen dargestellt, bei denen die Symmetrieeigenschaften visuelle Variationen zulassen bzw. die, weil sie Symmetrieeigenschaften aufweisen, variiert werden können. Alle Zeichen sind nach einem syntaktischen Verfahren entwickelt, das durch geometrische Programme die Konzeption für die Gestaltung liefert. Eine Arbeitsmöglichkeit einer Programmierung mit Varianten eines Zeichens wird unter 6 dargestellt. Die hier besprochenen Zeichen sind in der Praxis eingesetzt worden.

5.1 Signet: AW-Design
Das Zeichen für die ‚Arbeitsgemeinschaft Design' soll eine anwachsende Schraubung von außen nach innen und von innen nach außen visualisieren. Es ist durch eine arithmetische Reihe entstanden. Die Operationsfläche wurde mit einem Quadratnetz, Koordinationsraster 23 : 23 units, unterteilt. Die Belegung der vertikalen und horizontalen units erfolgt nach einer arithmetischen Reihe, in der D = 2 ist.
‚Weiße' Reihe : 1;2;3;5;7 = 18
‚Schwarze' Reihe : 2;4;6;8 = 20
Die weiße Reihe hat einen niedrigeren Wert als die schwarze, dies kommt dem Wahrnehmungsphänomen der Kontrasttäuschung entgegen. So wird die weiße Zone des Schraubungselements gegenüber der schwarzen optisch ausgeglichen. Dadurch, daß das Zeichenfeld auf die Ecke gestellt wurde, wird die Dynamik unterstützt.
Die verwendete Symmetrieoperation ist eine Schraubung.

90

260

5.2 Signet: Design Center
Ein anderes Zeichen, das auf Grund geometrischer Verfahren entwickelt wurde, ist das Zeichen für das Design Center Stuttgart. Hier ist einem Quadrat eine Pfeilfigur eingezeichnet, die anfangs auf einer diagonalen Symmetrieachse steht. Die Spiegelung der einen Symmetriefläche wurde gestört durch die Einkerbung der Rahmenfigur. Als Gesamtfiguration erscheint sie als Band, das sich von außen nach innen zu einem Pfeil formiert. Bei der Pfeilspitze wurde eine weitere Manipulation vorgenommen, um den optischen Ausgleich des Binnenfeldes zu erreichen. Der vertikale Teil der Pfeilspitze ist länger als der horizontale.
Durch Reihung des Zeichens, bei der die Zeichenfigur an Linienstärke zu- und abnimmt, ist hier ein Muster entstanden, das seine Dynamik von innen nach außen erhält.

91

261

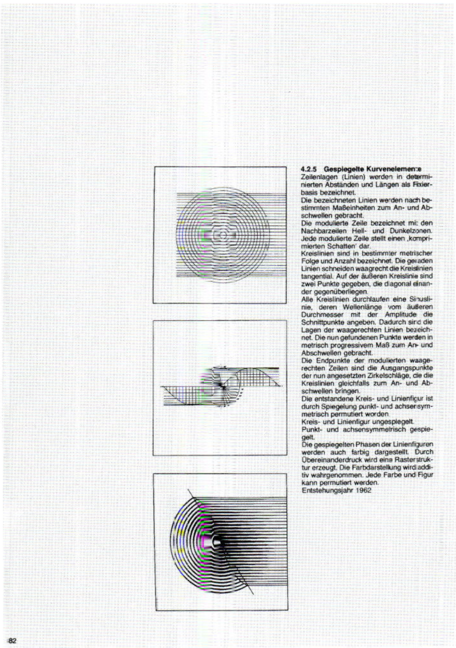
4.2.5 Gespiegelte Kurvenelemente
Zeilenlagen (Linien) werden in determinierten Abständen und Längen als Fixierbasis bezeichnet.
Die bezeichneten Linien werden nach bestimmten Maßeinheiten zum An- und Abschwellen gebracht.
Die modulierte Zeile bezeichnet mit den Nachbarzeilen Hell- und Dunkelzonen. Jede modulierte Zeile stellt einen ‚komprimierten Schatten' dar.
Kreislinien sind in bestimmter metrischer Folge und Anzahl bezeichnet. Die geraden Linien schneiden waagrecht die Kreislinien tangential. Auf der äußeren Kreislinie sind zwei Punkte gegeben, die diagonal einander gegenüberliegen.
Alle Kreislinien durchlaufen eine Sinuslinie, deren Wellenlänge vom äußeren Durchmesser mit der Amplitude die Schnittpunkte angeben. Dadurch sind die Lagen der waagerechten Linien bezeichnet. Die nun gefundenen Punkte werden in metrisch progressivem Maß zum An- und Abschwellen gebracht.
Die Endpunkte der modulierten waagerechten Zeilen sind die Ausgangspunkte der nun angesetzten Zirkelschläge, die die Kreislinien gleichfalls zum An- und Abschwellen bringen.
Die entstandene Kreis- und Linienfigur ist durch Spiegelung punkt- und achsensymmetrisch permutiert worden.
Kreis- und Linienfigur ungespiegelt.
Punkt- und achsensymmetrisch gespiegelt.
Die gespiegelten Phasen der Linienfiguren werden auch farbig dargestellt. Durch Übereinanderdruck wird eine Rasterstruktur erzeugt. Die Farbdarstellung wird additiv wahrgenommen. Jede Farbe und Figur kann permutiert werden.
Entstehungsjahr 1962

82

262

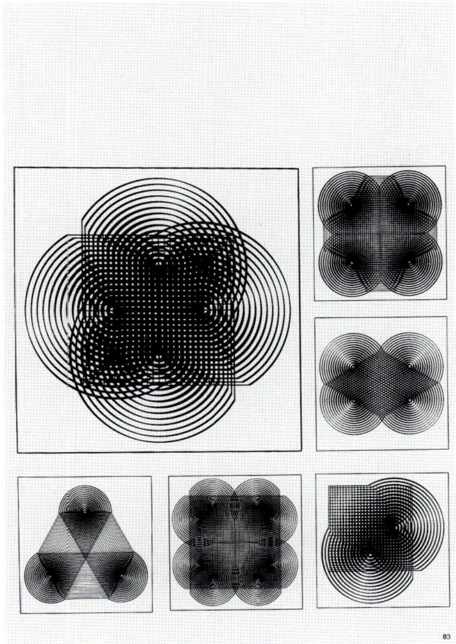
83

263

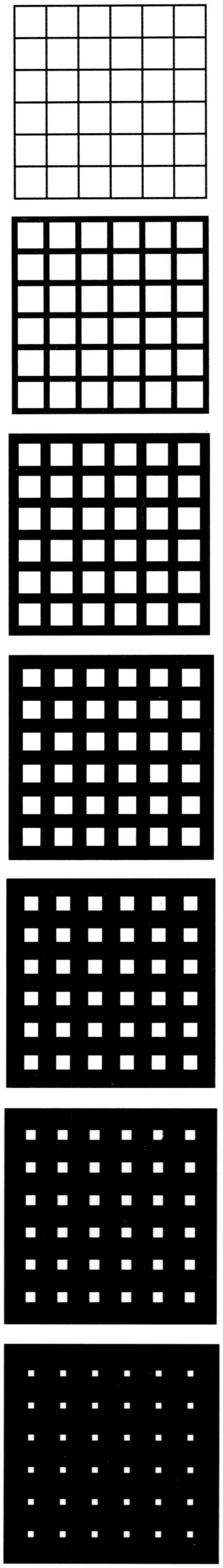

Raster als Gestaltgebung

Wer über den Begriff "Raster" Kenntnis erlangen will, muß sich zunächst über die phänomenologischen Zusammenhänge Klarheit verschaffen. Wie Wittgenstein sagt: "Nur der Satz hat Sinn; nur im Zusammenhang des Satzes hat ein Name Bedeutung."

Der Raster dient als Ordnungskoordinate, als Prinzip einer Gestaltungskonzeption, als Kanon für eine systematische Proportionalität, als Matrix einer harmonischen Maßlichkeit, als "Organon" in den verschiedensten Gestaltungsbereichen, er hat nicht nur operative Substanz, sondern in vielen Fällen auch prozeßhafte Varianz.

Das Wort "Raster" geht zurück auf das lateinische "rastrum", eine mehrzinkige Harke zur Bearbeitung des Bodens. Nach dem dabei entstehenden Liniennetz bedeutet Raster ein System von parallelen und sich kreuzenden Linien bzw. das dadurch gebildete System schmaler Streifen und kleinster Flächen. Die daraus ableitbaren Harmoniegesetze sind in Proportionskanons aufzufinden, die schon in der Antike benutzt wurden. Im Bauhüttenbuch des Kathedralenbaumeisters Villard de Honnecourt um 1235 ist eine sehr einfache Konstruktionsweise beschrieben, die wir bei späteren Baumeistern und bildenden Künstlern in der einen oder anderen Art wiederfinden. Die als Villardscher Kanon bekanntgewordenen Konstruktionsmaße gehen von einem Rechteck aus, das vom Quadrat und von Varianten des Pentagramms abgeleitet ist. Diagonale und Seiten des Quadrats liefern die wichtigsten Konstruktionsprinzipien und Maßlichkeiten.

Ein Raster erfüllt mehrere Funktionen: er dient beim Entwurf als Regulativ, bei der Ausführung als Hilfsmittel zur Übertragung des Plans in die Wirklichkeit, aber auch als Maßordnung, er ist ein Element konstruktiven Machens.

Im allgemeinen Sprachgebrauch bleibt oft die Unterscheidung zwischen Struktur und Konstruktion, Konstruktion und Raster, Raster und Netz verschwommen. Konstruktion betrifft in erster Linie die Tätigkeit, das Zusammenbauen, wie es das lateinische "construere" enthält. Struktur bezieht sich, weitergehend, auf das Ordnungsprinzip, das der Anordnung der einzelnen Bauteile oder Elemente zugrundeliegt. Die Struktur ist ein Beziehungsnetz von Elementen oder Prozessen, sie entsteht durch das Zusammenfügen von Elementen nach bestimmten Gesetzen zu einem sinnvollen Ganzen. Das Ganze ist das "System", das als Prinzip der Anordnung den Zweck erfüllen soll, mit Kräften fertig zu werden. Ein Struktursystem kann verschiedene Gestalteigenschaften repräsentieren. Das Gefüge der Elemente, das Verhältnis von Form und Gestalteigenschaft spiegelt eine Tektonik wider. Diese Begrifflichkeit ist heute wieder im Gebrauch. Ihre Wurzel entstammt ebenfalls der griechischen Architektur und Technologie, die sich ja immer auf die menschliche

The raster as a giver of shape

Anyone wanting to find out about the term "raster" must first have a clear picture of the phenomenological interrelationships. As Wittgenstein says: "Only a sentence gives sense; only in the context of a sentence does a name have meaning."

A raster serves as an ordering coordinate, as the principle of a design concept, as the canon for a systematic proportionality, as the matrix of a harmonious dimensionality, as an organon in the most widely varying fields of design. It has not only an operative substance, but in many cases also possesses a variety of processes.

The word "raster" derives from the Latin "rastrum", a multi-pronged rake for working the soil. Based on the network of lines created in that work, "raster" means a system of parallel lines crossing one another, and also the resultant system of narrow stripes and very small areas. The laws of harmony which can be derived from this are to be found in canons of proportion which were used in classical antiquity. The book of stonemasons' lodges, written by Villard de Honnecourt, the cathedral master builder, in about 1235, describes a very simple method of construction which is to be found again in one form or another in the work of later master builders and visual artists. The structural dimensions which became known as Villard's canon are based on a rectangle derived from a square and from variants of the pentagram. The most important structural principles and dimensionalities are the diagonals and the sides of the square.

A raster fulfils several functions: it serves as a regulative in the design work, and in the actual execution it is an aid to making the plan a reality, but it also orders the dimensions, and is an element of constructive creation.

General language usage often blurs the distinction between structure and construction, construction and raster, raster and network. Construction refers primarily to the activity of assembling, and this is contained in the Latin word "construere". Structure goes further and refers to the ordering principle upon which the arrangement of the individual components or elements is based. Structure is an interrelated network of elements and processes, and is formed by combining elements into a meaningful whole in accordance with particular laws. The whole matter is a system whose principle of arrangement is to fulfil the purpose of managing various forces. A structural system can represent different design elements. The makeup of the elements, and the relationship between form and design, reflect the tectonics. Such concepts are in use again today. Their roots are again to be found in ancient Greek architecture and technology, which were always related to the human activity of giving a recognizable form to anything new. Tectonics

Tätigkeit bezog, dem Neuen eine erkennbare Form zu geben. Tektonik bezeichnet das Zusammenwirken syntaktischer Mittel, das aus einer Maßlichkeit heraus zu einem Gestaltergebnis führt.

Der Gestaltungsraster als harmonische Aufteilung einer Fläche, die, imaginär durch Maß und Zahl bestimmt, als Operationsfeld existiert, kann als Struktur Bedeutung erlangen. Rasterlinien sind Netze in geometrischen Verhältnissen und bilden, je nach Qualität und Bearbeitungskonzept, ein Konstruktionsgefüge.

Grundsätzlich sind zwei Anschaulichkeiten für eine konstruktive oder "programmierte" Gestaltung bestimmend: Einmal ist die Strukturierung durch Raster in eine Gestaltvorstellung integriert, der Raster liegt unter der Oberfläche, er ist imaginär vorhanden und überprüfbar. Die Gestalt ist anschaulich, sie ist unabhängig vom konstruierten Gefüge der Rasterbildung. Unsere Zeichenprogramme, Orientierungssysteme, Hinweis- und Identifikationsmaßnahmen könnten ihre Funktion nicht erfüllen, wenn die Darstellungsweise unsystematisch und expressiv wäre. Ihnen muß notwendigerweise ein nachvollziehbares Konstruktionsschema unterliegen.

Die andere Version einer Anschaulichkeit zeigt die strukturelle Organisation, das Rasternetz, als sichtbare Struktur. Die Darstellung der Beziehungen der Elemente zueinander läßt die gestalterische Absicht erkennen. Die ästhetische Information zum Beispiel eines Quadratrasters bietet durch unterschiedliche Auslegungen, Visualisierungssprünge und Gestaltqualitäten Interpretationsmöglichkeiten, die durch Veränderung der Assoziation verschiedene Gestaltinhalte liefern.

Eine Gestaltung, der eine eindeutige Konzeption auf der Basis geometrischer Verhältnisse zugrundeliegt, wird als programmierte Gestaltung bezeichnet. Struktur und Tektonik, Idee und Aufbau lassen eine visuelle Realität erkennen, die die Gesetze von Reihung und Rhythmus, Progression, Regelmäßigkeit und Polarität berücksichtigt. Die Beachtung von Ordnungsprinzipien und die Kontrolle durch ein Ordnungsschema führen auch bei schöpferischen Prozessen zu logisch nachvollziehbaren Gestaltungsergebnissen. Die Anwendung von programmierten Verfahren als Gestaltungsmethode stellt nicht nur ein syntaktisches Mittel dar, sondern bezieht auch immer eine bestimmte Position gegenüber der sozialen Umwelt, wenn bewußt die Verantwortung für eine Kulturarbeit übernommen wird, die Gestaltung als gesellschaftliches Tun versteht. Klarheit, Überprüfbarkeit, Offenheit, Sparsamkeit, Ehrlichkeit sind Attribute, die eine konstruktive Darstellung auszeichnen.

In der Gestaltung mit typografischen Zeichen, die sich immer auf eine Fläche als Träger der Zeichen und die maßliche Ausdehnung der Zeichen bezieht, ist der Raster ein Anordnungsmittel, das unter der Oberfläche liegt. Diese Ordnungsstruktur bezeichne ich als Typo-Raster.

refers to that interaction of syntactical devices which, on the basis of a dimensionality, produces a result in terms of design.

A design raster – being the harmonious subdivision of a surface which has been imaginarily predetermined by dimensions and numbers and exists as an operational field – can attain meaning as a structure. The raster lines are networks existing in geometrical relationships and, depending on quality and the concept used in the treatment, they form a constructional framework.

In principle, there are two methods of presentation which determine the constructive or "programmed" design. The first is that in which the structuring using a raster is integrated into a design idea. Here the raster lies below the surface, is imaginarily present and can be examined. The design is descriptive, and is not dependent on the constructed framework of the raster formation. Our sign programmes, guidance systems, and instruction and identification procedures, could not fulfil their function if the mode of depiction were expressive and unsystematic. They must necessarily be based on a constructional scheme which can be reconstructed mentally.

The other method of presentation displays the structural organization, the raster network, as a visible structure. The way in which the relationships between the elements are depicted makes it possible to recognize the design intention. Thanks to the differing constructions, leaps in visualization, and design qualities, the aesthetic information provided, for example, by a square raster offers possibilities of interpretation which, by changing the mental associations, give differing meanings to the design.

A design which is based on a clear concept founded on geometrical relationships is known as a programmed design. Structure and tectonics, idea and composition, permit a visual reality to be perceived which takes into account the laws of sequence, rhythm, progression, regularity and polarity. If principles of order are heeded and an ordering scheme is used for control purposes, then this, even in creative processes, leads to design results which can be logically reconstructed. The use of programmed procedures as a design method is not merely a syntactical device, but also always adopts a particular position towards the social environment, provided that there is a sense of deliberate responsibility for a piece of cultural work which understands design as being a social activity. Clarity, examinability, openness, economy and honesty are attributes which distinguish a constructive depiction.

In design work which makes use of typographical characters and is always related not only to a surface as a vehicle for the characters but also to the dimensions of the characters, the raster is a device used for arrangement, located below the surface. I refer to this ordering structure as a typo-raster.

Typo-Raster – ein Arbeitsmittel für die typografische Gestaltung, 1987

Kompendium für eine ökonomische typografische

Typo Raster – a device for typographical design, 1987

Instructions for the economic use of typography

264
Umschlag

265–267
Innenseiten

264
Cover

265–267
Inside pages

264

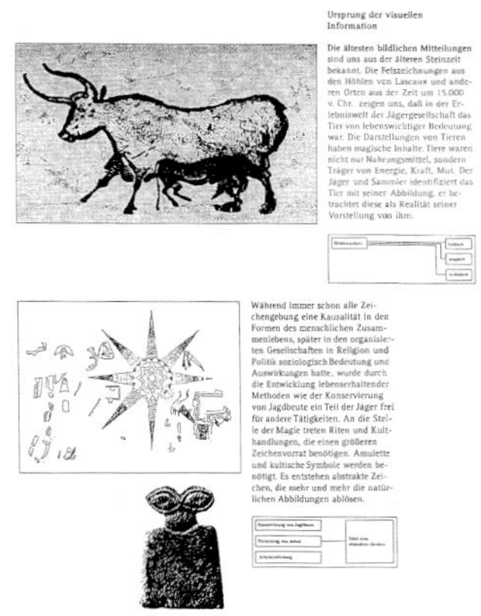

265

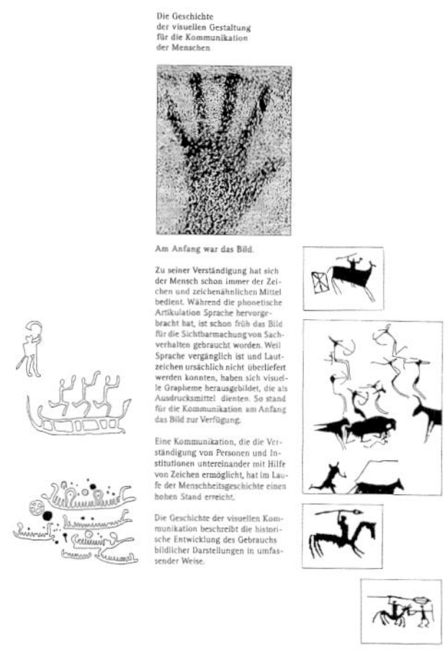

266

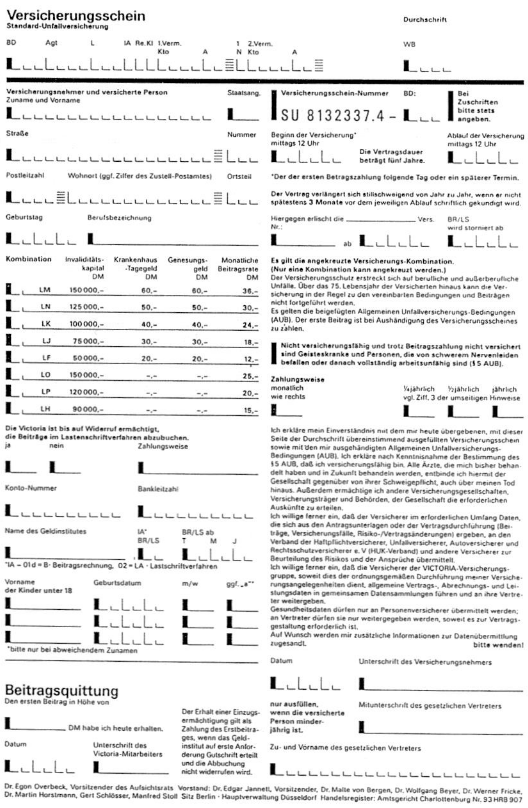

Versicherungsschein
Standard-Unfallversicherung

Durchschrift

BD Agt L IA Re.Kl 1.Verm. Kto A 1 N 2.Verm. Kto A WB

Versicherungsnehmer und versicherte Person
Zuname und Vorname — Staatsang.

Versicherungsschein-Nummer SU 8132337.4 – BD: — Bei Zuschriften bitte stets angeben.

Straße — Nummer

Beginn der Versicherung* mittags 12 Uhr — Die Vertragsdauer beträgt fünf Jahre. — Ablauf der Versicherung mittags 12 Uhr

Postleitzahl — Wohnort (ggf. Ziffer des Zustell-Postamtes) — Ortsteil

*Der der ersten Betragszahlung folgende Tag oder ein späterer Termin.

Der Vertrag verlängert sich stillschweigend von Jahr zu Jahr, wenn er nicht spätestens 3 Monate vor dem jeweiligen Ablauf schriftlich gekündigt wird.

Geburtstag — Berufsbezeichnung

Hiergegen erlischt die ______ Vers. Nr.: ______ ab — BR/LS wird storniert ab

Kombination	Invaliditäts-kapital DM	Krankenhaus-Tagegeld DM	Genesungs-geld DM	Monatliche Beitragsrate DM
LM	150 000,-	60,-	60,-	36,-
LN	125 000,-	50,-	50,-	30,-
LK	100 000,-	40,-	40,-	24,-
LJ	75 000,-	30,-	30,-	18,-
LF	50 000,-	20,-	20,-	12,-
LO	150 000,-	-,-	-,-	25,-
LP	120 000,-	-,-	-,-	20,-
LH	90 000,-	-,-	-,-	15,-

Es gilt die angekreuzte Versicherungs-Kombination. (Nur eine Kombination kann angekreuzt werden.)
Der Versicherungsschutz erstreckt sich auf berufliche und außerberufliche Unfälle. Über das 75. Lebensjahr der Versicherten hinaus kann die Versicherung in der Regel zu den vereinbarten Bedingungen und Beiträgen nicht fortgeführt werden.
Es gelten die beigefügten Allgemeinen Unfallversicherungs-Bedingungen (AUB). Der erste Beitrag ist bei Aushändigung des Versicherungsscheines zu zahlen.

Nicht versicherungsfähig und trotz Beitragszahlung nicht versichert sind Geisteskranke und Personen, die von schwerem Nervenleiden befallen oder danach vollständig arbeitsunfähig sind (§ 5 AUB).

Zahlungsweise
monatlich wie rechts — ¼jährlich — ½jährlich — jährlich
vgl. Ziff. 3 der umseitigen Hinweise

Die Victoria ist bis auf Widerruf ermächtigt, die Beiträge im Lastenschriftverfahren abzubuchen.
ja — nein — Zahlungsweise

Konto-Nummer — Bankleitzahl

Name des Geldinstitutes — IA* BR/LS — BR/LS ab T M J

*IA – 01 d = B · Beitragsrechnung, 02 = LA · Lastschriftverfahren

Vorname der Kinder unter 18 — Geburtsdatum — m/w — ggf. „a"*

*bitte nur bei abweichendem Zunamen

Ich erkläre mein Einverständnis mit dem mir heute übergebenen, mit dieser Seite der Durchschrift übereinstimmend ausgefüllten Versicherungsschein sowie mit den mir ausgehändigten Allgemeinen Unfallversicherungs-Bedingungen (AUB). Ich erkläre nach Kenntnisnahme der Bestimmung des § 5 AUB, daß ich versicherungsfähig bin. Alle Ärzte, die mich bisher behandelt haben und in Zukunft behandeln werden, entbinde ich hiermit der Gesellschaft gegenüber von ihrer Schweigepflicht, auch über meinen Tod hinaus. Außerdem ermächtige ich andere Versicherungsgesellschaften, Versicherungsträger und Behörden, der Gesellschaft die erforderlichen Auskünfte zu erteilen.
Ich willige ferner ein, daß der Versicherer im erforderlichen Umfang Daten, die sich aus den Antragsunterlagen oder der Vertragsdurchführung (Beiträge, Versicherungsfälle, Risiko-/Vertragsänderungen) ergeben, an den Verband der Haftpflichtversicherer, Unfallversicherer, Autoversicherer und Rechtsschutzversicherer e. V (HUK-Verband) und andere Versicherer zur Beurteilung des Risikos und der Ansprüche übermittelt.
Ich willige ferner ein, daß die Versicherer der VICTORIA-Versicherungsgruppe, soweit dies der ordnungsgemäßen Durchführung meiner Versicherungsangelegenheiten dient, allgemeine Vertrags-, Abrechnungs- und Leistungsdaten in gemeinsamen Datensammlungen führen und an ihre Vertreter weitergeben.
Gesundheitsdaten dürfen nur an Personenversicherer übermittelt werden; an Vertreter dürfen sie nur weitergegeben werden, soweit es zur Vertragsgestaltung erforderlich ist.
Auf Wunsch werden mir zusätzliche Informationen zur Datenübermittlung zugesandt. **bitte wenden!**

Datum — Unterschrift des Versicherungsnehmers

Beitragsquittung
Den ersten Beitrag in Höhe von ______ DM habe ich heute erhalten.

Datum — Unterschrift des Victoria-Mitarbeiters

Der Erhalt einer Einzugsermächtigung gilt als Zahlung des Erstbeitrages, wenn das Geldinstitut auf erste Anforderung Gutschrift erteilt und die Abbuchung nicht widerrufen wird.

nur ausfüllen, wenn die versicherte Person minderjährig ist. — Mitunterschrift des gesetzlichen Vertreters

Zu- und Vorname des gesetzlichen Vertreters

Dr. Egon Overbeck, Vorsitzender des Aufsichtsrats Vorstand: Dr. Edgar Jannott, Vorsitzender, Dr. Malte von Bergen, Dr. Wolfgang Beyer, Dr. Werner Fricke, Dr. Martin Horstmann, Gert Schlösser, Manfred Stoll Sitz Berlin · Hauptverwaltung Düsseldorf Handelsregister: Amtsgericht Charlottenburg Nr. 93 HRB 907

267

Der Gestalter, der sich mit elektronischen Gestaltungs- und Produktionsmitteln befaßt, sollte die Grundbedingungen der Typografie beherrschen. Dann besitzt er mit diesem Kompendium ein Arbeitsmittel, das zur sachgerechten Anordnung von Bild und Text in Drucksachen anleitet und damit eine rationelle Arbeitsweise und bessere Gestaltungsqualität verspricht.

Der Verteilung von Text und Bild in einem festgelegten Format, dem Zeichenfeld, muß eine sachgerechte Konzeption zugrundeliegen. Das Rastersystem von zwölf Spalten (units) in einem festgelegten Format und Register erlaubt dann, vom Ta-bellensatz bis zum mehrspaltigen Seitensatz alle Formate von Drucksachen auf ökonomische und rationelle Weise zu gestalten. Die vorgeplante

Designers who use the electronic means of design and production should have at their command the basic principles of typography. This compendium will then supply a working device that will instruct them in the appropriate arrangement of text and image in printed works and thus promises a more rational method of working and a better quality of design.

The distribution of text and typeface within a fixed format, the so-called character area, should be based on an appropriate concept. The raster system of 12 units in a stipulated format and register allows to produce all kinds of printed matter from tabular to multi-column type setting in an economic and rational manner. The pre-planned arrangement and dimensionality of the elements in a given register will, more-over, improve the

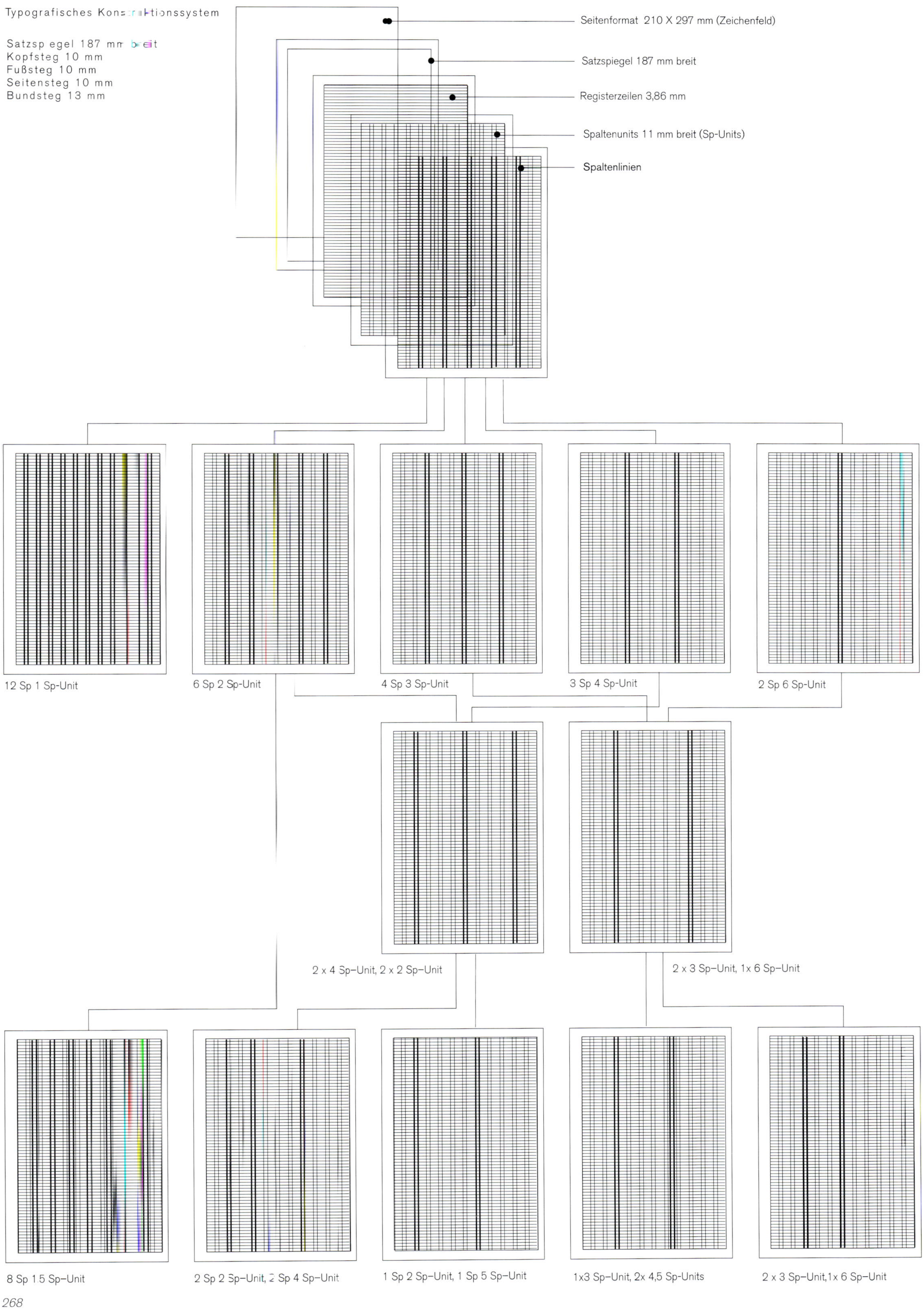

268
Organigramm

Gestalten und visuelles Forschen

Suchen, Finden, Darstellen ist Forschen: Gestaltung ist visuelle Forschung.

Research consists of searching, finding and portraying: Design is visual research.

Forschung wird definiert als Gesamtheit der methodischen und systematischen Verfahren und schöpferisch-geistigen Bemühungen, die im wissenschaftlichen Rahmen zur Gewinnung neuer, auch überprüfbarer Erkenntnisse dienen.

Wird diese Begriffsbestimmung auf die Gestaltung visueller Sachverhalte übertragen, kann das Verfahren der angewandten Forschung benutzt werden, um praktische Aufgaben einer Visualisation und zielgerichteten Anwendung von kommunikativen Maßnahmen oder Wahrnehmungseigenschaften zu lösen. Es ist anwendbar für die Herbeiführung und Abwandlung von Bedingungen zur Gewinnung gestaltungsrelevanter Daten und dient der Bestätigung oder Widerlegung bei der Theoriebildung sowie von Gestaltungshypothesen und Gestaltungsgesetzen. Auch als empirische Methode, wie sie in den Naturwissenschaften üblich ist, liefert sie wichtige Ergebnisse im Sinne von Experimenten, wenn unabhängige visuelle Variablen erfaßt und ihre Wirkung auf abhängige Variablen und andere Faktoren untersucht werden.

Die Grundforderung an denjenigen, der diese Arbeitsmethode benutzt, ist die planmäßige Vorbereitung des Forschungsgegenstands, die Wiederholbarkeit des Experiments und die Ausschaltung von Zufallsmomenten. Im Unterschied zur emotionalen Findung liefert die visuelle Forschung mit den gesammelten Daten einen Fundus an visuellen Konfigurationen, der zusammen mit empirisch gewonnenen Fakten und dem Erfahrungswissen zum Entwerfen visueller ästhetischer Objekte zur Verfügung steht.

Das Entwerfen mit visuellen Mitteln für kommunikative Zwecke hat das Ziel, Botschaften für den Empfänger sichtbar und wahrnehmbar zu machen. Heute werden wissenschaftliche Methoden benutzt, die die funktionsgerechte Anwendung der Gestaltungsmittel sicherstellen sollen. Die Gestaltung der Dinge des täglichen Lebens muß sachgerecht sein, so wie auch die visuellen Botschaften für den weitgefächerten Bedarf an gesellschaftlicher Information sachgerecht sein

Design and visual research

Research is usually defined as the totality of the methodical and systematic procedures and creative intellectual endeavours which, within a scientific framework, are employed to acquire new knowledge that can be examined.

When this definition is transferred to the design of visual situations, the procedure of applied research can be used to perform practical tasks relating to the visualization and purposeful application of communicative processes and perceptional features. The procedure can be applied in order to create and alter the conditions required for obtaining data which are relevant to design, and it serves to confirm or refute not only any theories that are evolved, but also any design hypotheses and design laws. As an empirical method, such as is usual in the natural sciences, this procedure brings about important results in experiments in which independent visual variables are recorded and their effect on dependent variables and other factors is investigated.

The basic requirement for anyone using this method of working lies in preparing the research subject in a well-planned way, so as to be able to repeat the experiment, and eliminate any random factors. In contrast to emotional methods of discovery, visual research using the accumulated data supplies a stock of visual configurations which – together with the empirically ascertained facts and the knowledge which has been gained from experience – is then available for the design of visually aesthetic objects.

The aim of using visual means of design for communicative purposes is to make messages visible and perceptible to their recipients. Today, scientific methods are used which are intended to ensure that the means of design are applied in accordance with their functions. The things of our daily life must be designed so as to suit their purposes, just as the visual messages meeting the wide-ranging demand for social information must also suit their purposes. This is why I maintain that design for purposes of communication

müssen. Deshalb behaupte ich, daß das Gestalten für Kommunikationszwecke viel mehr mit ingenieurhaftem Entwerfen gemeinsam hat als mit genialem Erfinden.

Im Gegensatz dazu vertreten einzelne gesellschaftliche Bereiche und hier vor allem öffentliche Institutionen immer noch die Auffassung, daß ihre Kommunikationsaufgaben vorwiegend mit Mitteln einer persuasiven Information zu erfüllen sind. Die Vorliebe für künstlerische Konfigurationen ist weit verbreitet, eine visuelle Information wird als Aufgabe der "angewandten Kunst" – was immer man darunter verstehen mag – betrachtet. Ein Kunstprodukt, das sein Entstehen einer subjektiven Idee verdankt und als expressive Äußerung erscheint, vermittelt den "schönen Schein", der sich der Sachinformation entzieht. Die sogenannte aufklärende Gestaltung verwendet andere syntaktische Mittel, um bestimmte semantische Funktionen zu erfüllen.

Einer expressiven Bildidee des Künstlers, der die Individualität seiner Vorstellungswelt in Form einer Metapher oder eines Symbols seiner Schöpfung darstellt, fehlt das Sachargument. Denn diese Bildidee begründet nicht, sie setzt etwas, das jedoch den Sachverhalt nicht erläutert. Solche Kunstbilder müssen erst zur Information ernannt werden. Jedoch: Dort, wo es um die alltägliche Umwelt des Menschen geht, um seine Lebensverhältnisse, die sich aus seinen Bedürfnissen ableiten, hat visuelle Gestaltung zu informieren, nicht zu stimulieren. In vielen Fällen entstehen allerdings die visuellen Ergebnisse in Prozessen, die Ähnlichkeit mit künstlerischen Produktionsweisen besitzen, so daß diese gelegentlich als Bewertungsmaßstab dienen und damit als kultureller Anspruch deklariert werden können.

Jede visuelle Gestaltung besitzt als eine ihrer Grundeigenschaften immer einen Anteil an ästhetischer Information. Um diesen aufzuspüren, zu analysieren, zu erforschen, abzustimmen, weiterzuentwickeln, betreibe ich das Entwerfen mit visuellen Mitteln als eine Art angewandte Forschung, die für das Gestalten mit dem Ziel der funktionsgerechten Visualisierung von Sachverhalten unabdingliche Voraussetzung ist.

Damit die Ebenen der Gefallensästhetik sowie der Sachästhetik in einer visuell interpretierbaren Gestaltung festgelegt werden können, müssen sie mit allen verfügbaren Mitteln untersucht werden. Denn es soll keine Idealästhetik als Gestaltungssurrogat eingeführt werden. Ein oft nur empirisch angelegtes Experiment reicht für das Erkennen und Kontrollieren ästhetischer Vorgänge nicht aus. Das intuitive Wissen über die verfügbare Syntax des Entwerfens als einer Art Grammatik des Gestaltens wird durch wissenschaftliche Variablen ergänzt.

Jede Gestaltgebung, die, ausgehend von der Idee über die Formalisierung mit Hilfe rationaler Methoden, in semantischer Zuordnung als Gestaltinhalt sichtbar wird, ist nicht nur von den verwendeten visuellen Variablen abhängig. Sie unterliegt, als einzelnes Ergebnis oder in Kombination, den psychologischen Faktoren, die objektiv oder subjektiv in Erscheinung treten.

has much more in common with engineering design work than with inventive genius.

In contrast to this, some areas of society, especially public institutions, still take the view that their tasks of communication must mainly be carried out by means of persuasive information. There is a widespread preference for artistic configurations, and visual information is regarded as a function of "applied art" – whatever that may mean. An art product which owes its creation to a subjective idea and appears as an expressive utterance conveys a beautiful appearance and avoids giving any factual information. But what is known as informative design uses other syntactical devices to fulfil particular semantic functions.

An expressive pictorial idea by an artist – who depicts the individuality of his imaginative world in the form of a metaphor or symbol which he creates – is lacking in any factual argument. This is because this pictorial idea does not substantiate anything. It puts something in place, but that something does not explain the situation. Such artistic pictures must first be given a name if they are to provide information. But when it is a matter of man's daily environment and of his living circumstances which result from his needs, visual design must inform, and not stimulate. However, in many cases the visual results are created in processes which are similar to artistic methods of production, so that the latter sometimes serve as a yardstick for assessment and can thus be declared to be a cultural requirement.

One of the basic properties of any visual design is that it always contains a certain amount of aesthetic information. In aiming to detect, analyse, investigate and coordinate that information and develop it further, I conduct my drawing work based on visual means as a kind of applied research, which is an indispensable requirement for design work whose objective is to visualize situations in a properly functional way.

If the various levels of aesthetic and objective pleasingness are to be set down in a visually interpretable design, they must be investigated with all the means available. This is because it is not the intention to introduce an ideal aesthetic as a substitute for proper design. An experiment which is often only carried out empirically is not sufficient for the recognition and control of aesthetic processes. An intuitive knowledge of how the available syntax of drawing work can be a kind of grammar of design is supplemented by scientific variables.

Any design work – which proceeds from an idea, passes on to the stage of formalization with the aid of rational methods, is allotted a semantic content, and thus becomes visible as a meaningful design – is not merely dependent on the visual variables employed. Either as an individual result or in combination, it is subject to the psychological factors which become objectively and subjectively evident.

The results of my visual research consist mainly of configurations based on a descriptive geometry. Aesthetic design has manifold methods

Wohl können wir einen Sachverhalt räumlich darstellen, welcher den Grenzen der Physik, aber keinen, der den Grenzen der Geometrie zuwiderliefe.
Ludwig Wittgenstein

We can give a spatial depiction of a situation which contradicts the laws of physics, but not of one which contradicts the limits of geometry.
Ludwig Wittgenstein

Die Ergebnisse meiner visuellen Forschung bestehen vor allem aus Konfigurationen auf der Basis einer anschaulichen Geometrie. In der ästhetischen Gestaltung gibt es mannigfaltige Methoden und Verfahren, ein Entstandenes wahrnehmbar zu machen. Wenn die Gestaltung durch Konstruktion realisiert wird, beruht sie auf einer spezifischen Maßlichkeit. Maßlichkeit ist aber stets in mathematischen Gesetzen geordnet, die mit geometrischen oder arithmetischen Mitteln beschrieben werden können.

Historische Lehrmeinungen oder Manifeste bezeichnen diese Art der Gestaltung als konstruktive, auch als "konkrete" Kunst. Ich spreche lieber von Gestaltungsergebnissen, die als konstruktives Mittel stets die mathematisch-geometrischen Gesetze anwenden und als Folge von wissenschaftlichen Untersuchungen visuelle Sachverhalte aufzeigen. Für die exemplarische Darstellung werden aus den Urzeiten der Menschheitsgeschichte überlieferte Lehrsätze herangezogen. So können Konstruktionen, die sich auf der Grundlage der euklidischen Geometrie oder des pythagoreischen Winkelsatzes zu generativen Strukturen entwickeln lassen, unter anderem belegen, daß eine Gestaltung, hier im zweidimensionalen Bereich, einerseits historische Wurzeln hat, andererseits zur Entwicklung neuer ästhetischer Objekte bereitsteht. Die modernen Erkenntnisse der "strukturalen Ästhetik"* führen zu Gestaltungsergebnissen, deren Ausformung weit über eine einfache Proportionalität hinausgeht. Als Resultat konstruktiver Planung wird eine auf der Programmierung von visuellen Zuständen oder "Einsichten" beruhende Gestaltung verwirklicht.

Nun treten Fragen auf, die sich nicht nur aus dem syntaktischen Zusammenhang ergeben. Es entwickeln sich Sachverhalte, die einerseits das Faktum Gestalt als konstruierbares, mathematisches, andererseits auch ontologisches, vom Sinnlichen her zu bestimmendes Formgebilde behandeln. Das bedeutet, konstruktives Gestalten manifestiert sich in einer generativ-ästhetischen Gestaltung, die neue Proportionseigenschaften besitzt. So sind alte und neue Gestaltungslehren ineinander verflochten. Die Bildergebnisse spiegeln ein ästhetisches Inventar wider, das über eine verallgemeinerte Begriffsordnung hinaus eine neue Welt der Formen und strukturellen Gestalten öffnet.

In einer solchen visuellen Forschung haben Spekulationen oder Weissagungen keinen Platz. Jedoch wird die Beschreibung der Ergebnisse, Verfahrenswege und Sachverhalte ohne einen Gefallensausdruck nicht möglich sein, schließlich handelt es sich um ästhetische Erzeugnisse. Diese können aber beim heutigen Stand der Wissenschaftstheorien und ästhetischen Praktiken als Interpretationsmaterial dienen, das unter Zuhilfenahme von allgemeinen Erfahrungswerten genügend Zuverlässigkeit für eine weitere Beurteilung bietet. Die moderne Ästhetik ist durch Mathematik, Physik und das logische System der Semiotik in der Lage, die Erscheinungen im Sinne einer sogenannten Feststellungsästhetik zu klären.

vgl./cf. Rolf Garnich, "Ästhetik, Konstruktion und Design. Eine strukturale Ästhetik", Ravensburg 1976

The results of my visual research consist above all of configurations on the basis of perceptible geometry. In aesthetic design there are manifold methods and processes for rendering perceptible something which has come into being. If design is put into practice by means of a construction, it is based on a specific dimensionality. But dimensionality is ordered by mathematical laws which can be described geometrically or arithmetically.

Historical doctrines or public statements describe this kind of design as constructive, or as "concrete" art. For myself, in this context, I speak of design results which firstly apply mathematical and geometrical laws as constructive devices, and secondly display visual situations resulting from scientific investigations. Dogmas handed down from the early period of human history are employed for exemplary description. Thus constructions which, on the basis of Euclidian geometry or Pythagoras' theorem, can be developed into generative structures are proof, for example, that a design, in the two-dimensional field in this case, has historical roots but is also available for the development of new aesthetic objects. Modern findings regarding "structural aesthetics"* lead to design results whose final shape goes far beyond any simple proportionality. As a consequence of constructive planning, a design is put into effect which is based on the programming of visual circumstances or insights.

Questions now arise which are not merely the result of the syntactical context. Situations will develop which treat the fact of design as a formation which can be arrived at not only by construction and mathematics, but also by ontology and sensuality. This means that constructive design finds its expression in a generative and aesthetic production which possesses new qualities of proportion. Old and new design teachings are thus intertwined. The pictorial results reflect an aesthetic inventory which passes beyond a universalized system of concepts and opens up a new world of forms and structural shapes.

Speculations and prophecies have no place in such visual research. However, results, methods of procedure, and states of affairs, cannot be described without an expression of pleasure, as these are after all aesthetic products. But in the present state of scientific theories and aesthetic practices, they can serve as a kind of interpretational material which, with the assistance of general pragmatical values, is sufficiently reliable to make further assessment possible. Thanks to mathematics, physics and the logical system of semiotics, modern aesthetics is able to elucidate the phenomena by applying what is known as the aesthetics of observation.

The only reason why Malewitsch stated that his constructions, with their dynamic surfaces, belonged to the field of non-representational painting was that in them he was going on the basis of lines and surfaces, which do not portray the reality of the world of experience. As geometries, they lack emotional links with any realities. Today we know that semiotics supplies levels of experience upon which a geometrical reality can be depicted in such a way that it has sufficient points in common with a sensual reality

Malewitsch hat seine flächendynamischen Konstruktionen nur deshalb der "gegenstandslosen Malerei" zugeordnet, weil er von der Linie, der Fläche ausging, die keine Dinglichkeit der Erfahrungswelt abbilden. Ihnen fehlen als Geometrien die emotionalen Bindungen an Wirklichkeiten. Heute wissen wir, daß die Semiotik die Interpretationsebenen liefert, auf denen eine geometrische Dinglichkeit so dargestellt werden kann, daß sie genügend Gemeinsamkeiten mit einer sinnlichen, aus der naturhaften Umwelt beschreibbaren Dinglichkeit aufweist.

Die Wahrnehmung spezifischer Bildmuster ist durch Abstraktionsschritte gekennzeichnet. Abstraktion ist die mediale Darstellung eines visuellen Vorgangs in einer zeitlichen Folge: Ein Kornfeld im August ist im September ein Stoppelfeld. Die momentane Wirklichkeit des Kornfeldes wird in der Reproduktion als bildliche Vorlage zur Abstraktion, weil ihr das konkrete Umfeld fehlt, auch wenn die Bilddarstellung noch so realistisch ist. Es entsteht das Modell eines Kornfeldes, nicht das Kornfeld an sich.

Der Geometrismus liefert trotz seiner rein geometrischen oder normativen Mittel nicht nur die ungegenständliche oder gegenstandslose Vermittlung visueller Sachverhalte. Das konstruktive Gestalten ist eine Entwicklung von Formen, Körpern, Figuren bis hin zu generativen Strukturen. Dabei stellt eine geometrische Objektwelt der Interpretation weniger Verschlüsselung entgegen als eine amorphe Dinglichkeit. Konstruktionen mit Flächen, Körpern oder Räumen sind nicht a priori gegenstandslos. Die Erscheinungsformen, zum Beispiel die Struktureigenschaften, ihre generierende Komplexität, die Anordnung der Elemente, die Prägnanz der Formen, die Farbgebung etc. vermitteln den Anschein von Dinglichkeit. Sie kann als assoziative Vorlage für die Einordnung in das Modell der Umwelt dienen.

Malevich assigned his dynamic constructions of surfaces to "non-objective painting" only because his starting point was the line and the surface, neither of which represent any concrete objects of the empirical world. As geometrical forms they lack the emotional ties with realities. Today we know that semiotics provides the levels of interpretation on which a concrete geometrical object can be represented in such a way that it has sufficient features in common with a concrete sensory object which can be described on the basis of our natural environment.

The perception of specific pictorial patterns is characterized by steps of abstraction. Abstraction is the use of media to depict a visual process in a chronological sequence: a field of grain in August is a field of stubble in September. When the momentary reality of the field of grain is reproduced as a pictorial subject, it becomes an abstraction, because it lacks any concrete surroundings, however realistic the pictorial representation may be. The model of a field of grain is created, and not the field of grain itself.

Although geometry uses purely geometrical or normative devices, it does more than merely convey visual situations in a non-objective or non-representational way. Constructive design develops shapes, bodies and figures and arrives at generative structures. In this connection, a geometrical world of objects contains less by way of codes – which might be a bar to interpretation – than does an amorphous reality. Constructions which include surfaces, bodies or spaces are not a priori non-representational constructions. The outward manifestations – such as the structural properties, their generative complexity, the arrangement of the elements, the precision of the shapes, the colouring, and other features – impart an appearance of reality. This reality can serve as an associative basis upon which the work can be arranged within the model of the environment.

Das Bild ist ein Modell der Wirklichkeit.
Ludwig Wittgenstein

A picture is a model of reality.
Ludwig Wittgenstein

269–270
Reihungen,
30 x 30 cm,
1960

269–270
Rows,
30 x 30 cm,
1960

269

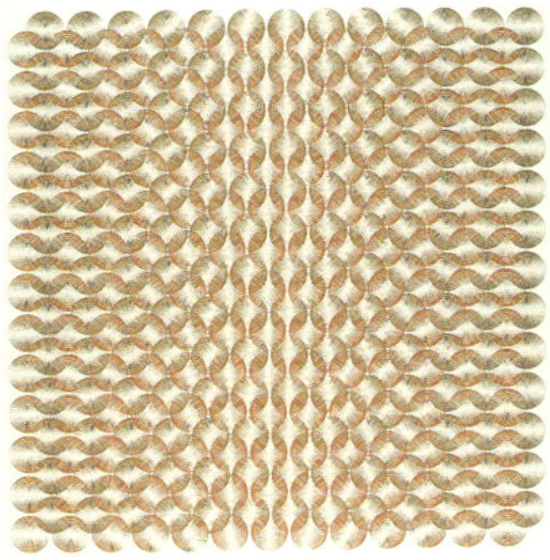
270

271–272
Interferenzen,
46 x 46 cm,
1963

271–272
Interferences,
46 x 46 cm,
1963

271

272

273

274

273–276
Permutationen,
33 x 33 cm,
1964

273–276
Permutations,
33 x 33 cm,
1964

275

276

277

278

279

280

281

277–278
Isometrische Quadraturen,
30 x 30 cm, 1972

279
Isometrische Strukturen,
88 x 58 cm, 1977

280
Isometrische Tektonik
88 x 58 cm, 1977

281
Isometrische Verknotung,
100 x 70 cm, 1979

277–278
Isometric quadratures,
30 x 30 cm, 1972

279
Isometric structures,
88 x 58 cm, 1977

280
Isometric tectonics,
88 x 58 cm, 1977

281
Isometric knotting
100 x 70 cm, 1979

282–284
Kristalle,
73 x 55 cm,
1982

282–284
Crystals,
73 x 55 cm,
1982

282

283

284

285

286

285
Flächenlandung,
18 x 55 cm,
1983

286
Segelflächer,
54 x 55 cm,
1983

287
Windgebäude
54 x 55 cm,
1982

285
Surfaces landing,
18 x 55 cm,
1983

286
Surfaces of sails,
54 x 55 cm,
1983

287
Windy building,
54 x 55 cm,
1982

287

288
SIG 3,
70 x 70 cm,
1987

289
Wege,
80 x 60 cm,
1986/87

288
SIG 3,
70 x 70 cm,
1987

289
Routes,
80 x 60 cm,
1986/87

288

289

290

291

292

290
SIG 4,
70 x 70 cm,
1987

291
SIG 1,
70 x 70 cm,
1987

292
SIG 5,
70 x 70 cm,
1987

293
TER 45/90-9,
50 x 50 cm,
1986

293

"Proportionen" –
Gestaltungsparaphrasen zur
pythagoreischen Geometrie,
1981

"Proportions" –
design paraphrases on the subject
of Pythagorean Geometry,
1981

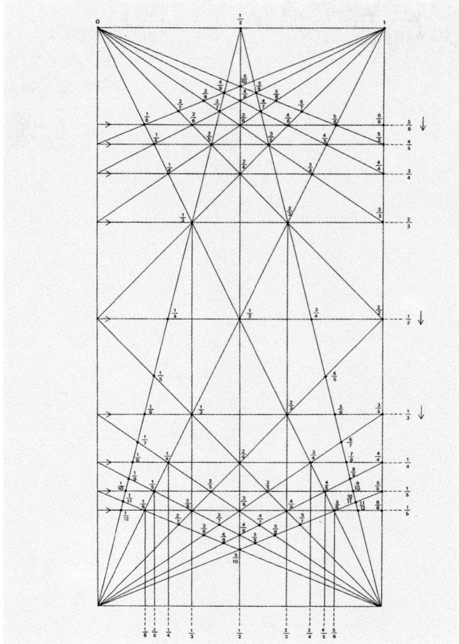

295

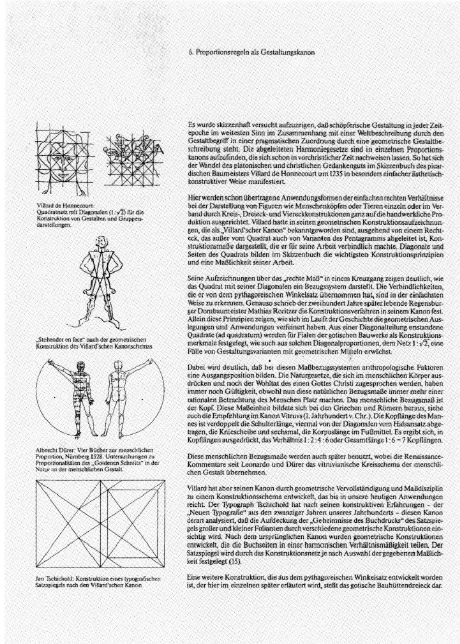

296

294
Umschlag

295–305
Innenseiten

294

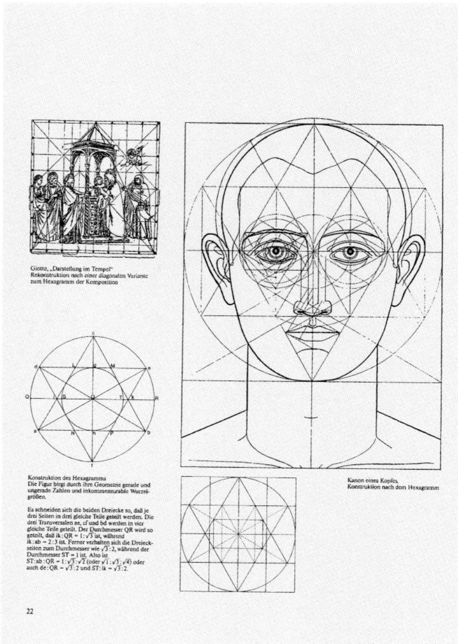

297

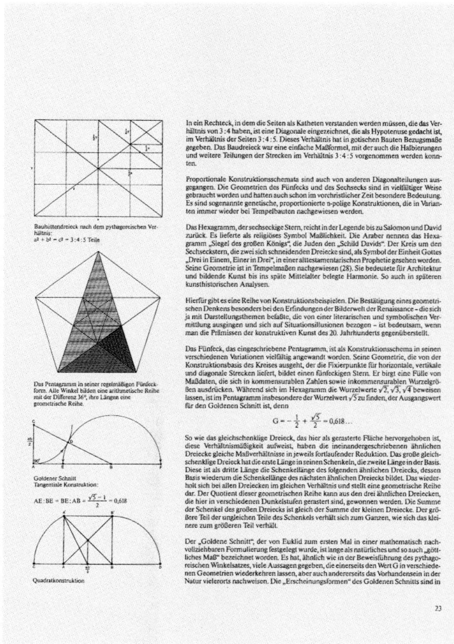

298

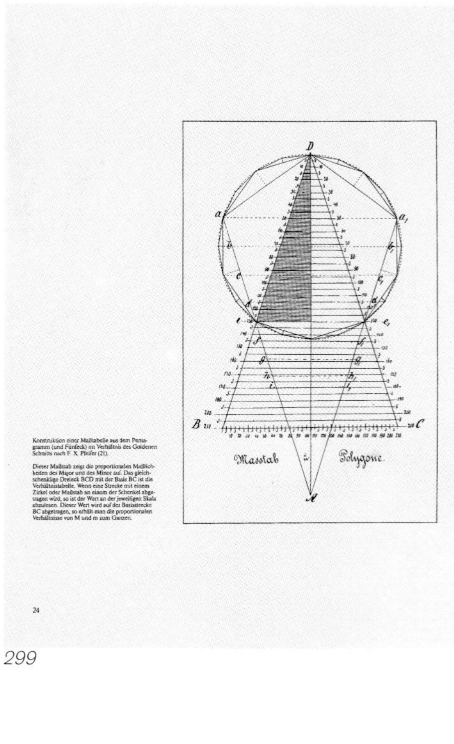

299

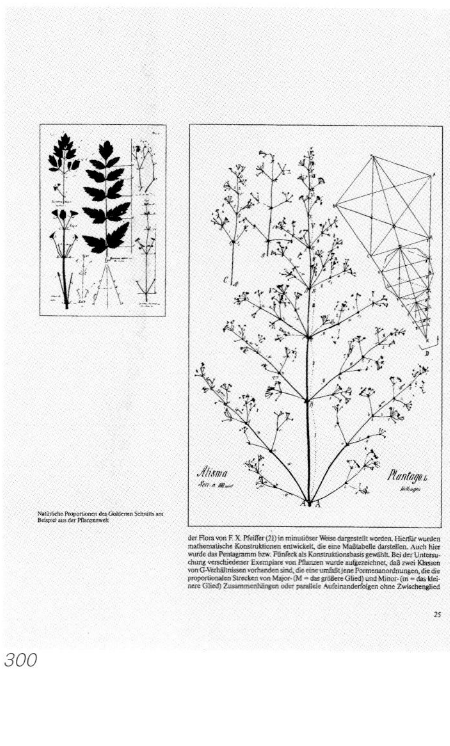

300

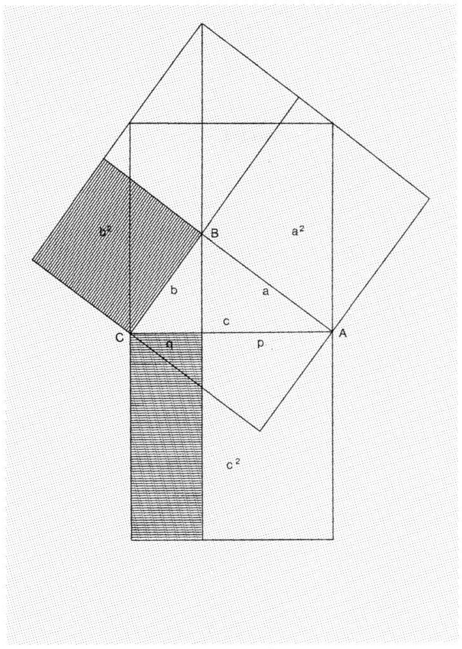

301

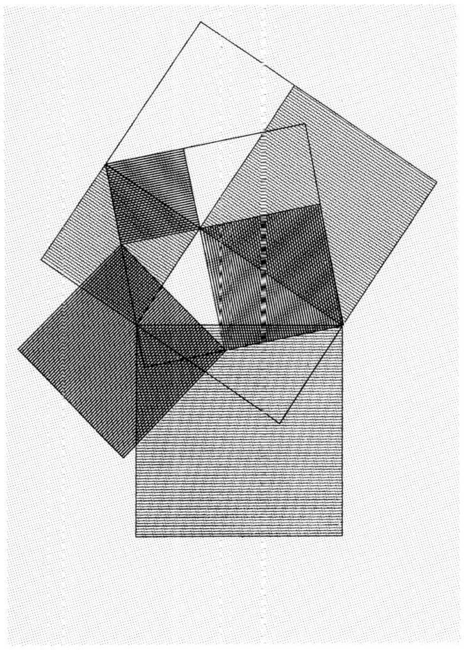

302

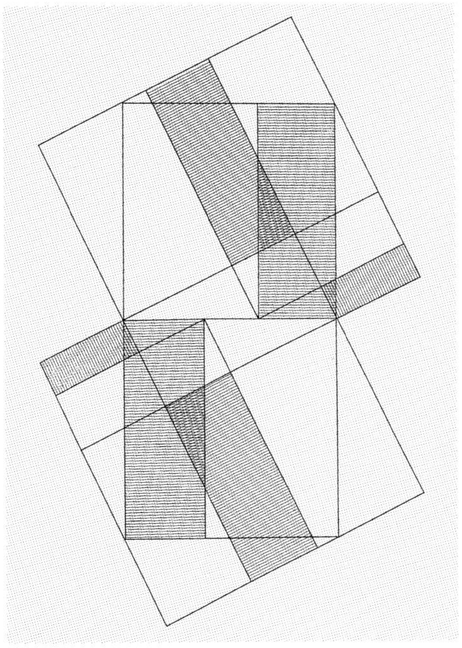

303

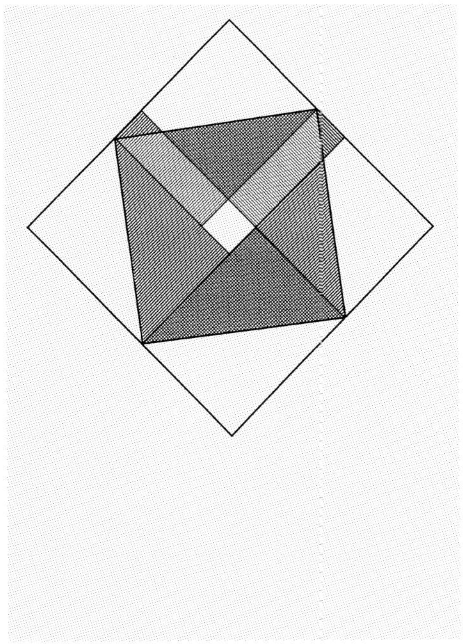

304

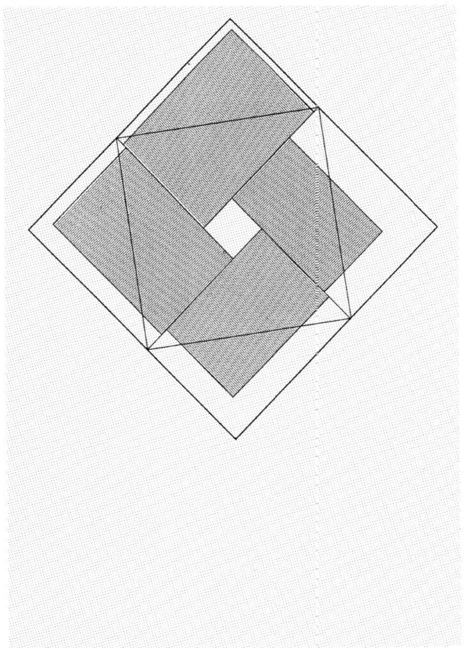

305

294
Book cover

295–305
Inside pages

Der in dieser Publikation enthaltenen Analyse der Entstehung visueller Objekte mit geometrischen Mitteln auf der Basis von Proportionalitätsgesetzen liegt eine Arbeit zugrunde, die sich mit dem Wert der klassischen Axiome für grafische Konstruktionen beschäftigte. Erforscht wurde die Vielfalt der geometrischen Beweise für den pythagoreischen Lehrsatz, um danach die Ergebnisse zu visualisieren. Darüber hinaus sollten die Zusammenhänge einer ästhetischen Produktion mit breitem Anwendungsfeld mit den Möglichkeiten bildnerischer Kreativität dargestellt werden. Wichtig war auch der Hinweis, daß Gestaltungsmethoden und -verfahren historische Ursprünge haben.

Als Ergänzung ist eine Mappe mit 21 Radierungen (Aquatinta) entstanden, die einige der Beweise gestalten.

The present publication analyses how visual objects are created using geometrical devices on the basis of laws of proportionality. This analysis is based on a piece of work which dealt with the value of classical axioms where graphic designs are concerned. The various geometrical proofs of Pythagoras' theorem were investigated with the aim of subsequently visualizing the results. It was further intended to use the possibilities of pictorial creativity to portray the interrelationships of an aesthetic production having a wide field of application. It was also important to point out that design methods and processes have historical origins.

A portfolio of 21 aquatint etchings, with designs of some of those geometrical proofs, was produced as an additional feature.

306–310
Pythagoreische Proportionen,
50 x 50 cm,
1981

306

306–310
Pythagorean proportions, 50 x 50 cm, 1981

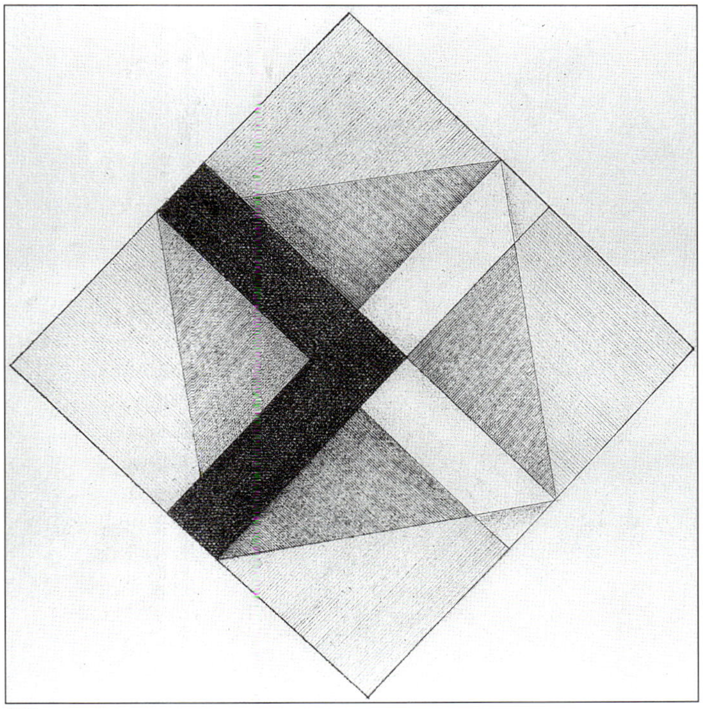

307

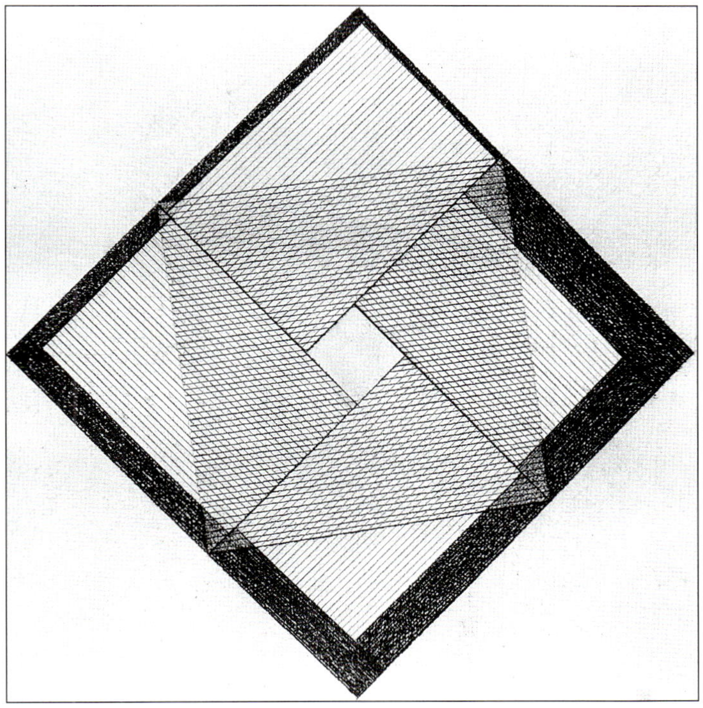

308

309

310

311
Folk 3,
60 x 60 cm,
1987

312
Totem10–2 60°,
70 x 100 cm,
1987

311

312

313

314

315

313–318
Totem 1/1 – 6/1,
60 x 60 cm,
1987

316

317

318

319
Hommage
à Baumeister M5,
31 x 42 cm,
1989

319

320

320
Hommage
à Baumeister M6,
31 x 42 cm,
1989

321–332
Pythagoreische Chiffren,
36 x 54 cm,
1991

321

322

323

324

325

326

321–332
Pythagorean ciphers,
36 x 54 cm,
1991

327

328

329

330

331

332

Variationen des Pentagramms, 1992

Variations on the pentagram, 1992

333
Konstruktion des Anordnungskanons

333
Construction of the canon of arrangement

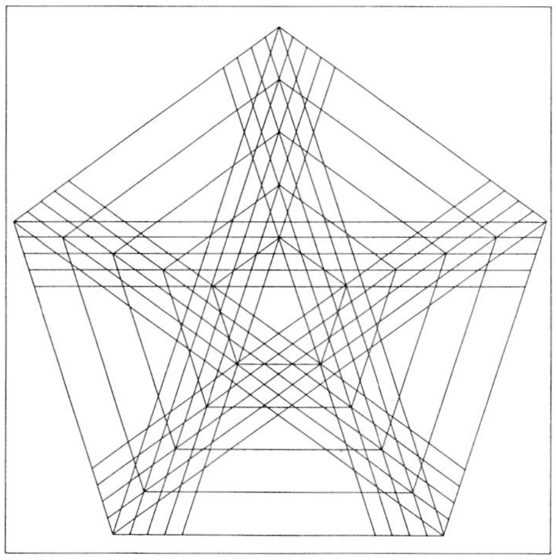

333

Das Pentagramm, ein Fünfeckstern, der im Mittelalter als sogenannter Drudenfuß mit magischen Eigenschaften versehen war, wird aus der Diagonale des regelmäßigen Fünfecks entwickelt.

Bei der Veranschaulichung dynamischer Konfigurationen, die eine konsequente Proportionalität aufweisen sollen, spielt das Pentagramm eine besondere Rolle, denn es bietet in seinen verschiedenen Variationen vielfältige Anwendungsmöglichkeiten als Konstruktionsschema.

Konstruktionsbasis seiner Geometrie ist der Kreis, der die Fixierpunkte für horizontale, vertikale und diagonale Strecken liefert, die den fünfeckigen Stern bilden. Er enthält eine Fülle von Maßdaten, die sich in kommensurablen Zahlen und inkommensurablen Wurzelgrößen ausdrücken. Im Pentagramm ist der Wurzelwert 5 zu finden, dies ist der Ausgangswert für den Goldenen Schnitt.

Ineinandergeschriebene Fünfecke liefern beim verwendeten Konstruktionsschema die Maßpunkte für eine Linienanordnung, die gleichschenklige Dreiecke ergibt. Der erkennbare Fünfeckstern weist in seiner überschriebenen Maßlichkeit die proportionalen Verhältnisse des Goldenen Schnittes auf: In den zirkular eingeschriebenen Dreiecken stellt die Basislinie den Minor dar, die Schenkellinie den Major. Bei unterschiedlicher Anordnung von Linie, Balken und Fläche entstehen sternartige Konfigurationen im Verhältnis des Goldenen Schnitts.

Ein erweitertes Konstruktionsnetz liefert eine Anordnungsmaßlichkeit für die Modulation und Variation von Linien, Strukturen und Flächen. Mit zusätzlicher Farbgebung versehen, wurden zwölf Konfigurationen entwickelt, die in ihrer spezifischen Tektonik verschiedene Visualisationen mit themengebundener Inhaltlichkeit ergaben.

A pentagram is a five-pointed star which was called a pentacle in the Middle Ages, when magic properties were attributed to it. It is formed from the diagonals of a regular pentagon.

The pentagram has a particular part to play in illustrating dynamic configurations which are intended to display a consistent proportionality. This is because its different variations offer manifold possibilities of being used as a constructional scheme.

The constructional basis of its geometry is the circle which supplies the fixing points for horizontal, vertical and diagonal sections that form the five-pointed star. The circle contains an abundance of dimensional data which are expressed in commensurable numbers and incommensurable root values. The pentagram contains the root value 5, which is the initial value for the Golden Section.

For the constructional scheme being employed, pentagons inscribed one inside another provide the dimensional points for a linear arrangement which produces isosceles triangles. The overwritten dimensionality of the five-pointed star which now becomes discernible possesses the proportions of the Golden Section: the base line of the circularly inscribed triangles is the minor, and the lateral side is the major. When the lines, bars and areas are arranged in different ways, star-like configurations are formed in the proportion of the Golden Section.

An expanded constructional grid provides dimensions for arranging the modulation and variation of lines, structures and areas. More colour was added, and twelve configurations were developed whose specific tectonics gave rise to different visualizations having a theme-related content.

334
12 Variationen der Zeichendarstellung

334
12 variations on the pentagram

335–346
Sternfiguren
aus dem
Pentagramm,
28 x 58 cm,
1990

335

336

337

338

339

340

341

342

343

335–346
Stellar figures
from the
pentagram,
28 x 58 cm,
1990

344

345

346

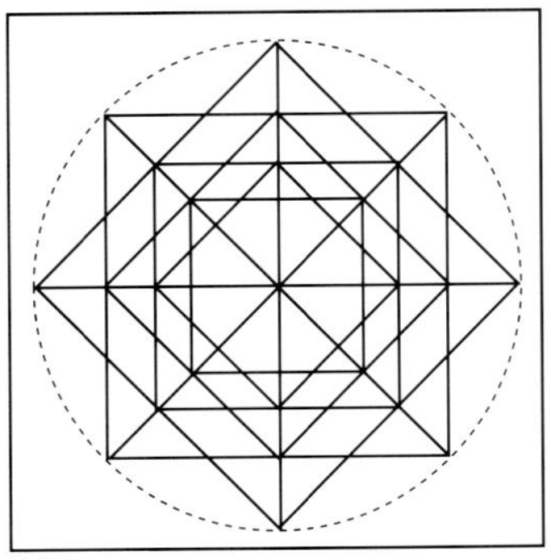

347

347
Quadratur

348
Triangulatur

349
Vierpaß

350
Dreipaß

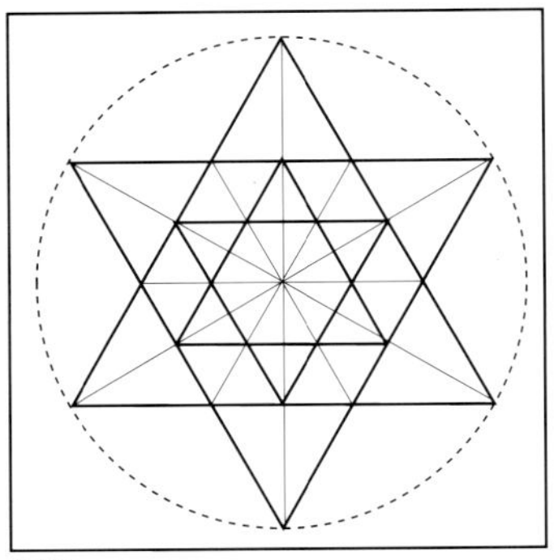

348

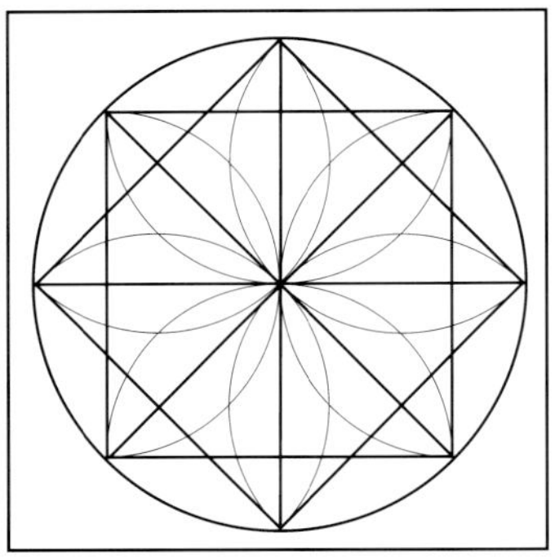

349

347
Quadrature

348
Triangulation

349
Quatrefoil

350
Trefoil

350

351

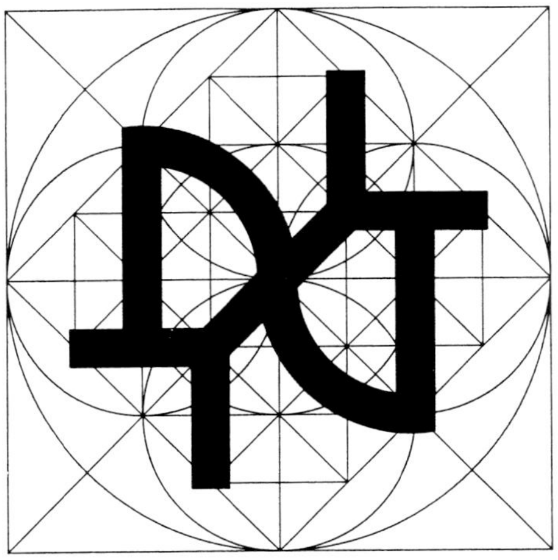

352

Ideografische Texte

Die Bauhüttenzeichen oder Steinmetzzeichen haben seit dem Mittelalter in Europa große Bedeutung. Durch ihre lange Verkehrsgeltung bilden sie einen herausragenden Bestandteil der Kulturgeschichte, sie gelten sogar als Vorläufer der heutigen Markenzeichen.

Die Konstruktionsprinzipien dieser Bauhüttenzeichen beruhen auf geometrischen Zusammenhängen, die in einem Forschungsprojekt untersucht wurden. Als visuelles Ergebnis ist ein ideografischer Zeichencode entwickelt worden. Den Zeichenkonstruktionen liegen unterschiedliche Konstruktionskanons zugrunde:

– Quadratur:
Einbeziehung von sich verjüngenden Quadraten in das Trägerquadrat.

– Triangulatur:
Einbeziehung von sich verjüngenden Dreiecken in ein Trägerdreieck.

– Vierpaß:
Verbindung von Quadrat und Kreis; der Kreisdurchmesser entspricht einer Seite oder einer Diagonale eines eingefügten Quadrats.

– Dreipaß:
Kreise werden in Dreieckfiguren innerhalb des Trägerkreises eingeschrieben.

Ideographic texts

Stonemasons' marks have been of great significance in Europe ever since the Middle Ages. The fact that they remained in circulation so long means that they are a prominent part of cultural history, and they are in fact regarded as the predecessors of today's trademarks.

The design principles of these stonemasons' marks are based on geometrical relationships which were investigated in a research project. An ideographic code of signs was developed to form a visual result. The sign constructions are based on various constructional canons:

– Quadrature:
Inclusion of smaller and smaller squares within the surrounding square.

– Triangulation:
Inclusion of smaller and smaller triangles within a surrounding triangle.

– Quatrefoil:
A combination of square and circle; the diameter of the circle corresponds to a side or diagonal of an inserted square.

– Trefoil:
Circles are inscribed in triangular figures within the surrounding circle.

353

354

355

Ideographischer Text

356

351–355
Ideogramme

356
Ideografischer Text

351–355
Ideograms

356
Ideographic text

Hommage à Bauhausmeister

Reihe von vier Plottergrafien,
1986–1989

Homage to masters of the Bauhaus

A series of four plottergraphies,
1986–1989

357

358

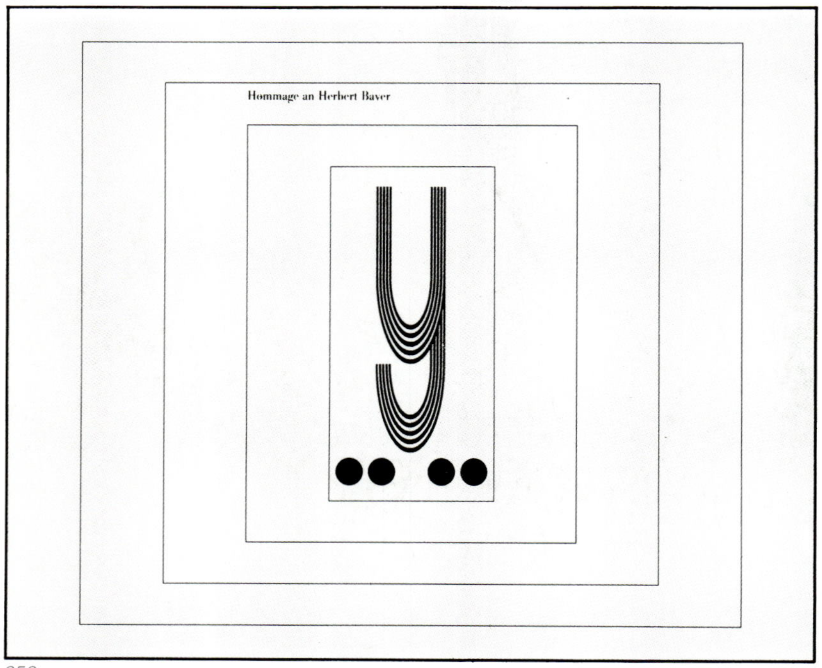

359

357
Kassettenvignetten

358
Präsentationskassette
mit Grafik

359
Titelseite des
Begleitblattes

357
Vignettes on boxes

358
Presentational box
and graphic sheet

359
Title page of
accompanying
text sheet

Die Plottergrafien sind in Kassetten eingelegt. Ein Beiblatt enthält die Biografie des jeweiligen Bauhausmeisters, Beispiele seiner Arbeit, einen Essay von Eugen Gomringer zu Person und Arbeit und den folgenden Aufsatz über Gestaltung mit elektronischen Mitteln.

The plottergraphies are presented in boxes together with supplementary sheets that contain the biography of the respective master of the Bauhaus, some samples of his work, an essay by Eugen Gomringer on the person and his work as well as the following article on design methods using electronic means.

Hommage – das Wort kommt aus dem Lehensrecht und bedeutet eigentlich: dem Lehensherrn huldigen und sich zur Verwaltung seines Gutes verpflichten. Bei Festreden tönt das dann als "verpflichtendes Erbe".

So will ich diese Hommage natürlich nicht verstehen, aber etwas davon ist doch dran. Denn jene Bauhausmeister, denen diese Hommage zugedacht ist: Kandinsky, Schlemmer, Klee, Bayer, haben einen Formenfundus erarbeitet, den wir übernehmen und verwalten konnten und dessetwegen wir auch durchaus diesen Meistern gegenüber in der Pflicht sind.

Ihnen ist gemeinsam, daß sie im ersten Drittel dieses Jahrhunderts jenes gestalterische Instrumentarium entwickelt haben, mit dem wir im letzten Drittel noch immer arbeiten. Sie haben die Visualisierung auf der Fläche erweitert und, wie Schlemmer, das Verhältnis von Körper und Raum neu definiert.

Doch waren alle noch im wortwörtlichen Sinne Handwerksmeister. Die Technik hatte zu ihrer Zeit noch nicht einmal ansatzweise den qualitativen Sprung zur Elektronik, zu informationsverarbeitenden Maschinen vollzogen. Ist ihr Fundus also übertragbar auf die "Neuen Medien"?

Wenn ich mir die Aufgabe stelle, nicht mit Stift und Papier, sondern mit dem elektronischen Tablett zu arbeiten, dann muß ich zuvor prüfen, ob dabei mehr zustande kommen kann als eine Reproduktion oder, bestenfalls, eine "elektronische Replik". Es geht mir ja nicht darum, zum Beispiel Klee mit Hilfe des Computers zu simulieren (es gibt ja auch den Computer als Illusionsmaschine), sondern "more geometrico" parallel zu Klee mit diesem Medium zu arbeiten.

Man muß also die Bedingungen der Möglichkeit formaler Arbeit mit dem Digitalrechner erkennen, bevor man auf innovative Visualisierung durch dieses Medium hinsteuern kann (von Kreativität will ich hier noch nicht sprechen).

Diese Bedingungen werden zunächst festgelegt durch Hardware und Software. Die Konfiguration ist die übliche: Digitalisierungstablett, Bildschirm, Plotter. Und Rechner. Bei einem Rechner dieser Größenordnung muß jeder Formenvorrat reduziert werden auf die Geometrie der Ebene: Punkte sind durch Koordinaten, Gerade durch Punkte, Kreise durch Radien zu definieren. Hier beginnt etwas Faszinierendes : Konkrete Kunst als Modell wird zum Ausgang für einen Abstraktionsvorgang: Descartes begegnet Klee ("Zwei Männer, einander in höherer Stellung vermutend,

The word "homage" derives from feudal law and refers to the tenant's acknowledgement of allegiance to his feudal lord and his undertaking to administer his lord's estate. In ceremonial speeches, this is then referred to as "our heritage, to which we owe allegiance".

Although this is not of course what I mean by homage in this case, something of that notion is nonetheless present. After all, those masters of the Bauhaus school for whom this homage is intended – Kandinsky, Schlemmer, Klee, Bayer – elaborated a stock of shapes which we took over and administered. This is why we are certainly under an obligation towards those masters.

The feature they have in common is that they developed, in the first third of the present century, the set of design instruments with which we are still working in the last third of it. They expanded the idea of visualization on a surface, and Oskar Schlemmer, for example, redefined the relationship between body and space.

But they were all masters of handicraft in the most literal sense. In their day, technology had not even shown the first signs of effecting the qualitative leap into the world of electronics and data-processing machines. Can their stock of shapes be transferred to the new media?

When I give myself the task of working not with pen and paper, but with the electronic keyboard, I have to examine first whether this can produce more than just a reproduction, or at best an electronic response. I am not trying, for example, to simulate Klee with the aid of a computer, although computers are also used to create illusions. What I am interested in is using this medium as a geometrical instrument with which to work in parallel with Klee.

Thus the preconditions for formal work on a digital computer must be known before it becomes possible to aim at innovative visualization using this medium. (I do not yet wish to speak of creativity in this connection.)

These preconditions are initially determined by hardware and software. The configuration is the usual one: digitizing keyboard, VDU screen, plotter, and computer. In a computer of this size, every stock of shapes must be reduced to the geometry of the particular level: dots are to be defined by coordinates, straight lines by dots, circles by radii. This is the start of something fascinating: concrete art as a model becomes the starting point of a process of abstraction: Descartes meets Klee ("Two men meet, each

begegnen sich"); und Leibniz, als Zuchtmeister der binären Logik, muß seinen Segen geben.

Es ist klar: Hier haben die handwerklichen, malerischen Mittel nichts mehr zu suchen, der Prozeß, der hier abläuft, ist Verfahrenstechnik, Systematik beherrscht das Tableau.

So knüpfe ich das Netz, in dessen Maschen ich Formen festhalten kann, knüpfe es so fein und unterteile es so weit, wie es mein Computer erlaubt. Mein Operationsfeld ist ein Raster, der die festgelegte Figur "faßt". Je feiner der Raster, desto mehr Möglichkeiten, mit Linien zu operieren, Flächen zu erzeugen, Durchdringungen, Überlagerungen.

Die kreative Arbeit: Ich analysiere das optische Alphabet, die visuelle Sprache der Alten. Begebe mich auf die Suche nach deren Modulor und Kanon. Wie Dürer von der Natur sagt, sie stecke voller "Figur", man müsse sie nur "herausreißen" – so auch hier, nur: das Gegenüber ist schon Figur, eine "Grammatik erfundener Formen" (Carl Einstein):

Ich arbeite live direkt am Bildschirm. Aber mit Netz und doppeltem Boden. Das Netz ist der Raster. der doppelte Boden der Speicher. Ich arbeite mit ja/nein, gemeint/nicht gemeint. Ich gebe Zeichen (ich zeichne nicht), ich lösche. Ich arbeite bewußt, ich arbeite rational, denn ich arbeite mit einer Maschine, die meine Informationen als Zahlen speichert. Schließlich wird das alles vom Plotter fixiert, ein Blatt ist entstanden als Ergebnis von Programm und Prozeß.

Der Personal Computer ist heute Teil unseres Alltags geworden, selbstverständliches Handwerkszeug für den Installateur, den Architekten, den Steuerberater, den Getränkehändler ... Doch kann der Computer noch etwas anderes als Grundrisse zeichnen, Lagerbestände auflisten, Diagramme erstellen, Statistiken in Balken und Kurven umsetzen.

Hier wird er nun zum idealen Medium einer Hommage, die jene Gestaltungsgrundlagen des Bauhauses in einer modifizierten Formensprache weiterführt, denn die programmierte, mathematisch bedingte, konstruktive und systematische Gestaltung ist ohne das Bauhaus (und das Bauhaus ohne sie) nicht denkbar.

Ich wünsche mir, daß diese CAD-erstellten Objekte Hinweise geben, wie sich diese Tradition fortführen und mit den komplexen Mitteln der Datenverarbeitung um neue Darstellungs- und Erscheinungsweisen erweitern läßt.

thinking that the other is of higher standing"); and Leibniz, being a disciplinarian of binary logic, must give his blessing.

It is clear that the tools of painting as a handicraft no longer have any place here. The procedure taking place here is processing technology. Systematic classification dominates the tableau.

Thus I weave the net in whose meshes I can record my shapes. I weave it in as fine and extensively subdivided a way as my computer permits. My field of operation is a raster which takes hold of the defined figure. The finer the raster is, the more possibilities there are of operating with lines and creating surfaces, penetrations, super-impositions.

In my creative work, I analyse the optical alphabet, the visual language of the old masters. I go on a search for their modulor and canon. What Dürer says of nature, that it is full of figures which only have to be pulled out of it, is also true here: what is located opposite the artist is already a figure, a "grammar of invented shapes" (Carl Einstein).

I work live, directly on screen, but with a net and a double floor. The net is the raster, and the double floor is the memory. I work by stating yes/no, intended/not intended. I give signs (I do not actually draw), I delete, I work deliberately and I work rationally, because I am working with a machine which stores my information as numbers. Finally, everything is fixed by the plotter, and a sheet has come into being as a result of program and process.

Today personal computers have become part of our everyday life. They are self-evident tools used by fitters, architects, tax advisers, drinks merchants ... But a computer can do more than draw ground plans, list inventories, generate diagrams and convert statistics into bars and curves.

In the present instance, it is being used as the ideal medium for a homage which continues, in a modified language of shapes, the basic design principles of the Bauhaus school: programmed, mathematically conditioned, constructive and systematic design work is unthinkable without the Bauhaus school, which is in turn unthinkable without it.

I would like these CAD-generated objects to give some pointers indicating how it will be possible to continue this tradition and expand it by adding new methods of portrayal and presentation using the complex tools of data processing.

360
Hommage à
Wassily Kandinsky,
1986

360

361
Hommage à
Oskar Schlemmer,
1987

361

362
Hommage à
Paul Klee,
1988

362

363
Hommage à
Herbert Bayer,
1989

363

Fotonachweis / Photo credits

Seite / page

8: Conny J. Winter, Stuttgart
15 oben und Mitte / top and centre: Landratsamt Rottweil, Archiv- und Kulturamt
15 unten / bottom: Archiv Baumeister, Stuttgart
18, 20, 24 unten / bottom, 110–111 No. 167–176: Landesgewerbeamt Baden-Württemberg, Fotoarchiv
21 unten / bottom: Fotograf unbekannt / Photographer unknown, 1944, aus / from: Henri Mouron, "Cassandre: Plakatmaler, Typograph, Bühnenbildner", Schirmer/Mosel, 1991
23 unten/bottom: Man Ray
25 aus/from: FHK Henrion, "AGI Annals", Zürich, 1989
26, 29, 35, 37, 39, 40 oben / top: HfG-Archiv, Ulm
30, 48: Fotograf unbekannt/ photographer unknown
109 Nr. 162–164: Harald Strobel, Leonberg

Alle übrigen Fotos und Repros / All remaining photographs and reproductions: H. W. Kapitzki, Institut für visuelle Kommunikation und Design